Negócios Internacionais
e suas aplicações no Brasil

Negócios Internacionais e suas aplicações no Brasil

2013 · 2.ª Edição

Zilda Mendes
Gleriani Torres Carbone Ferreira

Coimbra · Lisboa · São Paulo

NEGÓCIOS INTERNACIONAIS E SUAS APLICAÇÕES NO BRASIL – 2ª Edição
© Almedina, 2013

Zilda Mendes e Gleriani Torres Carbone Ferreira
Diagramação: Otelinda Carvalho
Design de capa: FBA.

ISBN: 978-856-31-8239-5

Dados Internacionais de Catalogação na Publicação (CIP)
(Câmara Brasileira do Livro, SP, Brasil)

Negócios Internacionais e suas aplicações no Brasil / Zilda Mendes e Gleriani Torres Carbone
Ferreira. -- São Paulo : Almedina, 2013.

ISBN: 978-85-63182-39-5

1. Administração 2. Negócios 3. Relações econômicas internacionais
I. Ferreira, Gleriani Torres Carbone. II. Título.

11-05830   CDD–658.49

Índices para catálogo sistemático:
1. Negócios Internacionais : Administração 658.049

Este livro segue as regras do novo Acordo Ortográfico da Língua Portuguesa (1990).

Todos os direitos reservados. Nenhuma parte deste livro, protegido por copyright, pode ser reproduzida, armazenada ou transmitida de alguma forma ou por algum meio, seja eletrônico ou mecânico, inclusive fotocópia, gravação ou qualquer sistema de armazenagem de informações, sem a permissão expressa e por escrito da editora.

Dezembro, 2013

Editora: Almedina Brasil
Rua Maria Paula, 122, Cj. 207/209 | Bela Vista | 01319-000 São Paulo | Brasil
editora@almedina.com.br
www.almedina.com.br

SUMÁRIO

PREFÁCIO   9

APRESENTAÇÃO   11

CAPÍTULO 1 – RELAÇÕES INTERNACIONAIS E A GLOBALIZAÇÃO   15
Relações Internacionais   15
As Relações Internacionais pós-Guerra Fria   16
Globalização Econômica   18
Integração Econômica, a formação de Organismos Internacionais e os Blocos
    Regionais   22
Organismos Internacionais   25
Blocos Econômicos   44
Outros Blocos Econômicos na América Latina   73
Agrupamentos de Países   77
Questões para Debater   81

CAPÍTULO 2 – NOVOS RUMOS PARA OS NEGÓCIOS INTERNACIONAIS   83
Introdução   83
Principais Atos Internacionais de Defesa do Meio Ambiente   83
Meio Ambiente e Sociedade   87
Fair Trade – Comércio Justo   87
Questões para Debater   100

CAPÍTULO 3 – INTERNACIONALIZAÇÃO DAS EMPRESAS   101
Conceitos e Definições   101
Meios de Internacionalizar uma Empresa   104
Comércio Internacional   114
Questões para Debater   115

NEGÓCIOS INTERNACIONAIS E SUAS APLICAÇÕES NO BRASIL

Capítulo 4 – SISTEMÁTICA DE EXPORTAÇÃO E IMPORTAÇÃO	117
Comércio Internacional Brasileiro	117
Sistemática de Exportação	139
Sistemática de Importação	148
Questões para Debater	155

Capítulo 5 – LOGÍSTICA, TRANSPORTES INTERNACIONAIS E SEGUROS	157
Logística	157
Transportes Internacionais	162
Transporte Aquaviário	169
Transporte Terrestre	174
Transporte Aéreo	177
Seguro de Cargas	179
Questões para Debater	182

Capítulo 6 – MARKETING INTERNACIONAL	183
Introdução ao Marketing	183
Composto de Marketing	184
Feiras Internacionais	191
Análise Ambiental	194
Orientações Administrativas	205
Panorama Atual e Tendências do Marketing	206
Questões para Debater	207

Capítulo 7 – MERCADOS E SISTEMAS CAMBIAIS	209
Operações de Comércio Internacional e Operações de Câmbio	209
Mercados de Câmbio	210
Moedas e Regimes de Taxas Cambiais	216
Modalidades de Pagamento	221
Adiantamentos e Financiamentos para os Exportadores e Importadores	238
Seguro de Crédito à Exportação	243
Garantias Internacionais	245
Balanço de Pagamentos, Reservas Internacionais e Dívida Externa	247
Questões para Debater	257

Capítulo 8 – CONTRATOS INTERNACIONAIS	259
Conceitos e Definições	259
Tipos de Contratos Utilizados nos Negócios Internacionais	266
Questões para Debater	278

Referências	281
Siglas	289

ÍNDICE DE TABELAS, QUADROS E FIGURAS

Tabela 1.1 – Cotas de contribuição ao FMI	35
Tabela 1.2 – Equipes por Nacionalidade na OMC	43
Tabela 5.1 – Matriz de Transportes – ano 2005	166

Quadro 4.1 – Evolução das Exportações Brasileiras	139
Quadro 4.2 – Evolução Percentual das Exportações Brasileiras e Mundiais	140
Quadro 4.3 – Exportação dos Setores Industriais por Intensidade Tecnológica	141
Quadro 4.4 – Evolução do Saldo Comercial	141
Quadro 4.5 – Evolução das Importações Brasileiras	149
Quadro 4.6 – Importação por Categorias de Uso	149
Quadro 7.1 – Balanço de Pagamentos – Brasil	150
Quadro 7.2 – Demonstrativo de Variação das Reservas Internacionais	152
Quadro 7.3 – Dívida Externa Brasileira – Bruta – dezembro/2012	154

Figura 6.1 – Modelo de Canal de Distribuição	190
Figura 6.2 – Principais Forças do Macroambiente da Empresa	195
Figura 6.3 – Pirâmide das Necessidades de Maslow	204
Figura 7.1 – Fluxograma – Pagamento Antecipado	223
Figura 7.2 – Fluxograma – Remessa Direta de Documentos	224
Figura 7.3 – Fluxograma – Cobrança Documentária à vista	227
Figura 7.4 – Fluxograma – Cobrança Documentária a prazo	228
Figura 7.5 – Fluxograma – Carta de Crédito	233

PREFÁCIO

As atividades de Coordenador Didático de Comércio Exterior e de Professor Responsável pela Linha de Formação Específica em Comércio Internacional, e posteriormente no curso de Administração do Centro de Ciências Sociais e Aplicadas (CCSA), da Universidade Presbiteriana Mackenzie, trouxeram-me a possibilidade de discutir, organizar e implementar algumas grades curriculares relacionadas com a formação de profissionais da área de Comércio Exterior e, mais recentemente, de Comércio Internacional – esta com importância mais ampla, diante do grau de evolução e sofisticação da economia brasileira.

De maneira simultânea, tive a satisfação de compartilhar atividades com as Professoras Zilda Mendes e Gleriani Torres Carbone Ferreira, tanto em grupo de pesquisa como na discussão de conteúdos das disciplinas que elas lecionam.

O resultado que pudemos obter nessas atividades foi muito valioso e, neste momento, recebo a distinção de prefaciar a obra que essas dedicadas e competentes Professoras acabam de concluir.

Trata-se de obra didática direcionada à formação de profissionais para atuação nos diversos segmentos dos negócios internacionais, com abordagem conceitual e prática nos vários temas que compõem a significativa área de Comércio Internacional (tanto nos aspectos mercadológicos como nos financeiros e operacionais).

Com essas importantes características, tenho a certeza de que esta obra servirá tanto de referência para os estudantes como também de guia para aqueles que já exercem uma atividade profissional na área.

Ao mesmo tempo que cumprimento as Autoras, desejo aos leitores que tenham muito sucesso em suas respectivas atividades.

PROF. DR. FRANCISCO AMÉRICO CASSANO

APRESENTAÇÃO

Viver nos dias atuais significa ter infinitas possibilidades. Às crianças são oferecidas inúmeras opções de recreação e de aprendizado, aos jovens é garantida a liberdade para escolher entre centenas de profissões e aos adultos é garantida a chance de recomeçar, quantas vezes forem necessárias. Nos tempos modernos os processos de construção e desconstrução são contínuos, cíclicos, porém, também têm seus dissabores: a necessidade de aperfeiçoamento e de descobertas não dá folga, a concorrência não tira férias e a sociedade instituiu que o segundo lugar é do perdedor. Neste contexto, só nos resta vencer.

Com o grande desafio de apresentar o comércio internacional para jovens estudantes e empresários ávidos por novos desafios, este livro retrata anos de experiência profissional e acadêmica, associada à pesquisa e observação, com um objetivo simples, porém grandioso: oferecer conhecimento para que mentes iluminadas possam criar e aproveitar oportunidades.

O segmento de Comércio Internacional é considerado por muitos multidisciplinar. Aqui nós o tratamos como interdisciplinar, pois os temas apresentados estão diretamente relacionados uns aos outros, daí a dificuldade de ordená-los de forma a possibilitar que o leitor faça uma leitura dentro de uma sequência lógica.

A sequência que escolhemos para apresentar os capítulos foi mudada diversas vezes para facilitar o entendimento do leitor, mas nada impede que, em uma próxima edição, essa ordem seja alterada novamente. A verdade é que o profissional de Comércio Internacional precisa ter conhecimento sobre diversas áreas e capacidade de relacioná-las em seu dia a dia, em seu trabalho, de forma a buscar a excelência nos negócios.

Embora muitos pensem que o fato de esse profissional ser exigido por ter conhecimentos de várias disciplinas que compõem o Comércio Internacional, isso não quer dizer que é uma área inacessível, muito pelo contrário, é preferível dizer que é uma área apaixonante, dinâmica e surpreendente. Isto significa que, diante de tantas possibilidades e de tantas oportunidades de trabalho, quem optar por seguir essa carreira dificilmente morrerá de tédio, uma vez que cada dia, cada negócio fechado vai ser diferente do outro.

E, por falar em oportunidades de trabalho, dificilmente o profissional com conhecimento das teorias e práticas de negócios internacionais terá dificuldade de se colocar no mercado. As empresas, não importa seu tamanho ou segmento, a partir do momento que criam um site na internet, já estão no mundo. Mesmo que a intenção não seja atuar no mercado internacional, ela vai ser visitada por fornecedores e clientes em potencial que acabarão oferecendo algo ou se interessando por seus produtos ou serviços. Daí é um passo para se internacionalizar.

Além das empresas, há opções em órgãos estatais, participando de concursos públicos, para trabalhar, por exemplo, no Ministério do Desenvolvimento, Indústria e Comércio Exterior (MDIC) e no Ministério das Relações Exteriores (MRE), no Banco Central, no Banco do Brasil e mesmo em autarquias e empresas estatais para atuar na área internacional. Não se pode esquecer a possibilidade de carreira diplomática, participando das seleções do Instituto Rio Branco. Bancos comerciais, bancos de desenvolvimento, corretoras de câmbio, transportadoras, seguradoras e despachantes aduaneiros também são alternativas para os profissionais. E não podemos deixar de mencionar as possibilidades como educadores e consultores, que foi a nossa opção.

Assim, buscando desmistificar a conjuntura econômica, política e gestacional que dita as relações diplomáticas e as regras comerciais, os capítulos deste livro foram divididos da seguinte forma:

No primeiro capítulo apresentamos o panorama atual das Relações Internacionais e contextualizamos os principais elementos do mundo globalizado, para que os negócios internacionais possam ser compreendidos em perspectiva. São apresentados ainda os principais blocos comerciais e os agrupamentos de países que formam hoje o cenário de integração mundial.

O segundo capítulo tem como objetivo abordar alguns temas relativamente recentes, mas que já estão sendo tratados como estratégicos e essenciais para as empresas que atuam neste século. Sem a pretensão de esgotá-los, busca-se convidar o leitor a uma reflexão sobre as transformações do mundo atual.

O terceiro capítulo apresentará as diversas formas de uma empresa se inserir e atuar em outros países, destacando as formas mais frequentes de investimentos diretos no exterior, parcerias e comercialização de seus produtos.

O objetivo do quarto capítulo é apresentar os conceitos necessários para que o estudante ou profissional da área de Comércio Exterior possa compreender os interesses políticos que cercam cada decisão de abertura ou restrição do mercado, como também as rotinas relacionadas às atividades de exportação e importação.

O início do quinto capítulo apresenta os conceitos relacionados à logística, demonstrando a abrangência desse tema e sua importância na busca por um diferencial competitivo. Em seguida, são apresentados os modais de transporte com ênfase nas especificidades de cada um, abordando suas vantagens e desvantagens. Na última parte, são tratados os conceitos e os aspectos práticos para a contratação do seguro para cargas internacionais.

O sexto capítulo apresenta os conceitos centrais para o entendimento do marketing, que servirão como base para os conceitos de marketing internacional apresentados na sequência. Buscando levar compreensão de uma forma clara e inédita, os tópicos são acompanhados de exemplos e reflexões.

No sétimo capítulo são apresentados os conceitos e definições sobre mercado de câmbio, os regimes de taxas cambiais, as formas de entrega de moedas estrangeiras, as modalidades de pagamentos e os procedimentos para as operações cambiais de acordo com o sistema e o regulamento cambial brasileiro. Também são abordados temas como balanço de pagamentos, reservas internacionais e dívida externa. Por fim, o último capítulo apresenta os conceitos, os tipos e as principais cláusulas dos contratos firmados com mais frequência nos negócios internacionais.

Devido ao dinamismo deste segmento, nesta segunda edição, cada capítulo teve seus dados atualizados e também foram acrescentadas informações sobre os temas apresentados. Entre elas, no primeiro capítulo, está a nomeação do embaixador brasileiro Roberto Carvalho Azevêdo como diretor-geral da OMC, a criação do novo bloco econômico "Aliança do Pacífico", formado por Chile, Colômbia, Peru e México, além de comentários sobre a situação da União Europeia, da Alca e do Mercosul. No segundo capítulo, "Novos Rumos para os Negócios Internacionais", foram acrescentadas informações sobre o evento Rio+20, e, nos demais capítulos, cada tema foi ajustado de acordo com a legislação, os regulamentos e as normas nacionais e internacionais, buscando facilitar os procedimentos e as rotinas dos profissionais de negócios internacionais.

Desejamos a todos uma excelente leitura!

Capítulo 1

Relações Internacionais e a Globalização

RELAÇÕES INTERNACIONAIS

A primeira cátedra sobre Relações Internacionais foi criada em 1919, no Reino Unido. Os primeiros estudos nasceram nos departamentos de Direito Internacional Público e tinham como objetivo a busca de soluções e de direitos que garantiriam a paz entre as nações, de modo a evitar as guerras, sabendo como preveni-las.

Hoje, a teoria das Relações Internacionais estuda as relações entre as nações que não possuem uma autoridade superior, e seus temas não se restringem apenas às guerras e à paz entre elas.

Os temas dos estudos das Relações Internacionais incluem agora outras questões e outros atores, como os novos Estados decorrentes da dissolução do bloco soviético; as organizações não governamentais; as empresas; as corporações; a sociedade civil; os organismos internacionais e muitos outros.

As questões que têm despertado o interesse nos estudiosos são sobre os direitos humanos; o meio ambiente e a sustentabilidade; as relações bilaterais e multilaterais entre países; as relações econômico-financeiras internacionais; as relações entre países desenvolvidos e subdesenvolvidos; os movimentos terroristas, étnicos, religiosos; os crimes organizados internacionais; somente para citar alguns.

A necessidade de estudos sobre temas que antes aparentemente não tinham tanta importância, embora sempre estivessem presentes no dia a dia dos países, deve-se à mudança no sistema internacional, das estruturas de política externa e interna dos países, da emergência da economia global, da economia de mercado, ou seja, de uma nova ordem internacional em que os conceitos anteriores não conseguiam mais responder aos novos acontecimentos, sistemas e ordenamentos de poder no mundo.

Essa nova ordem mundial que se apresenta imprevisível e instável obriga os países a reformular sua política externa e as relações com outras nações. Com isso, nota-se que as relações econômicas, políticas e militares entre países, que formam a base das relações internacionais, têm ocorrido de maneira independente. Albuquerque (2006, p. 14) explica da seguinte maneira:

> Assim é que as rivalidades comerciais reacendidas entre a Europa, o Japão e os Estados Unidos dificilmente deixarão de estar acompanhadas de cooperação política e militar. Em cada uma dessas três dimensões – econômica, política e militar, que formam hoje a matriz das relações internacionais – será possível cooperar em uma, rivalizar em outra e confrontar-se na terceira, independentemente do que ocorra em cada uma das demais.

Todas as questões sobre as relações internacionais entre os países são importantíssimas, pois afetam o cotidiano dos cidadãos, embora muitas vezes de forma imperceptível. Daí a necessidade do acompanhamento de cada ação, de cada movimento dos dirigentes quando formulam suas estratégias, normas e leis, que, muitas vezes, atendem a interesses que não são os dos países que governam.

AS RELAÇÕES INTERNACIONAIS PÓS-GUERRA FRIA

Guerra Fria é o termo usado para definir o período que se estendeu desde o fim da Segunda Guerra Mundial, em 1945, até a dissolução do bloco soviético iniciada com a ascensão de Mikhail Gorbachev, que introduziu a reestruturação (*perestroika*) e a transparência (*glasnost*) nos sistemas político e econômico do bloco, levando à abertura e à democratização da região e pondo fim à rígida estrutura do governo e à falência da economia soviética. O símbolo do fim da Guerra Fria foi a queda do muro de Berlim, em 1989, que uniu a República Democrática Alemã (RDA) e a República Federal da Alemanha (RFA).

O período pós-Guerra Fria é marcado por vários acontecimentos, guerras civis e reestruturações entre os países que pertenciam ao bloco soviético. A Polônia passou por um processo de mudança de lideranças que

RELAÇÕES INTERNACIONAIS E A GLOBALIZAÇÃO

permitiu a eleição para presidente de Lech Walesa, um dos fundadores do comitê *Solidarnosc* [Solidariedade], criado para coordenar os movimentos sindicais e apoiado pelos poloneses que estavam insatisfeitos com a situação político-econômica do país.

A Tchecoslováquia foi dividida em República Tcheca e Eslováquia, em um dos processos mais tranquilos registrados durante a implantação dessa nova estrutura. Já a Iugoslávia teve um dos mais sangrentos processos de separação de suas regiões do mundo. Quem não acompanhou os conflitos entre Sérvia, Montenegro, Bósnia, Kosovo, Macedônia e Croácia, que até hoje se mostram presentes? Talvez a separação menos dolorosa tenha sido a da Eslovênia, que, após um conflito que durou aproximadamente dez dias, declarou-se independente em 1991 e, em 2004, passou a integrar a União Europeia.

Ainda como consequência da dissolução do bloco soviético, outras nações se tornaram independentes: Armênia, Azerbaijão, Bielo-Rússia, Casaquistão, Estônia, Geórgia, Letônia, Lituânia, Moldávia, Quirguistão, Rússia, Tadjiquistão, Turcomenistão, Ucrânia e Uzbequistão.

Entre os fatos marcantes, não se pode deixar de registrar o fim do *apartheid* na África do Sul, a invasão do Kuwait pelo Iraque, a decisão de adotar uma moeda única – o euro – na União Europeia e o ataque terrorista ao World Trade Center, em Nova York.

A partir daí a dinâmica do mundo passou a ser outra. Em meio a tantas mudanças e preocupações quanto à segurança mundial, surgiram novos focos de poder como a China, que passa a ser uma ameaça à hegemonia norte-americana, com suas transformações econômicas, adotando, em parte, as leis de mercado e se tornando membro da Organização Mundial do Comércio (OMC).

O Brasil se destacou como um dos atores importantes nesse novo cenário, adotando posições em defesa de sua independência e soberania nos fóruns internacionais, como a condenação no Conselho de Segurança da Organização das Nações Unidas (ONU) pela invasão iraquiana no Kuwait, em 1990, participando intensivamente dos debates sobre os mais diversos temas e sediando eventos como a Conferência das Nações Unidas para o Meio Ambiente e o Desenvolvimento, no Rio de Janeiro, em 1992, e buscando a integração regional com a assinatura do Tratado de Assunção, juntamente com a Argentina, Paraguai e Uruguai, criando o Mercado Comum do Sul (Mercosul). Também se destacou por adotar algumas posições que causaram polêmicas quando se absteve de apoiar a resolução da ONU que condenava a prática de pena de morte por apedrejamento de mulheres no Irã e na votação do Comitê de Direitos Humanos da ONU sobre Cuba, Mianmar e Coreia do Norte.

Khanna (2010) faz uma análise sobre a nova ordem mundial e a chama de "nova nova ordem mundial" em um artigo sobre a multipolaridade do mundo nos dias de hoje. Destaca que, em vez de termos "um mundo de alianças", o que se observa é "um mundo de múltiplos alinhamentos", completando que "a globalização significa jamais precisar escolher um lado" e citando como exemplo que:

> [...] basta olhar os Estados do Golfo Pérsico. Eles fazem acordos de armamentos milionários com Washington, compram armas para reciclar seus petrodólares e dissuadir o Irã, assinam acordos comerciais com a China, para onde flui cada vez mais o seu petróleo, e negociam, ao mesmo tempo, acordos monetários com a União Europeia.

Esta nova ordem mundial levou ainda à capacitação de instituições não governamentais e corporações que exercem um papel que antes se esperava somente dos governos, o que acaba dando autoridade e legitimidade a elas. Khanna (2010) destaca que a "Fundação Gates distribui mais dinheiro que qualquer país europeu" e que "os habitantes dos povoados na Nigéria ficam à espera de mantimentos oferecidos pela Shell, e não pelo governo".

GLOBALIZAÇÃO ECONÔMICA

O termo "globalização" é um dos mais ouvidos, lidos, comentados e definidos nas últimas décadas. E tinha que ser assim mesmo, pois não se pode ignorar a importância de discutir esse termo quando nos referimos às relações e aos negócios internacionais. Para compreendê-lo, nada melhor que buscarmos na história alguns fatos e compará-los ao que ocorre atualmente.

Sabe-se que há séculos os governantes de regiões ou países já adotavam medidas que propiciassem a expansão e domínio de seus poderes, não só em relação à manutenção e expansão de seus territórios, mas também em relação à proteção de seus mercados, indústrias e às práticas do comércio internacional.

O que se vê atualmente nos negócios internacionais e no comportamento dos países e blocos econômicos no que se refere às suas relações internacionais não é nenhuma novidade ao se comparar com a história de países que já há muito tempo se "globalizaram".

Ao lermos a obra de Georg Friedrich List (1789-1846), temos a impressão que ela foi escrita nos dias atuais. Quando ele descreve a situação dos italianos, holandeses, portugueses, ingleses, alemães, norte-americanos e dos hanseáticos, no que diz respeito à história de seu comércio, indústria e relação com outros países ou regiões, é como se estivéssemos lendo sobre o que os países têm feito hoje em dia, obviamente resguardando as diferenças de época, costumes, valores, necessidades e desenvolvimento tecnológico.

Os hanseáticos pertenciam a uma liga criada em 1241 pelas cidades de Hamburgo e Lübeck, banhadas pelo mar Báltico no norte da Alemanha, que a princípio tinham como objetivo se unirem para se protegerem e se defenderem dos ataques de assaltantes e piratas. Essa união, antes mesmo de terminar o século XIII, contava com a participação de todas as cidades costeiras do mar Báltico e foi chamada de "Hansa", o que, traduzido de um dialeto do idioma alemão, significa "liga". O resultado satisfatório de tal união levou-os a estabelecer uma política comercial que propiciou o desenvolvimento e prosperidade daquela região, assim como a formação dos blocos econômicos e acordos comerciais que temos hoje. Observe algumas citações que podem ser comparadas perfeitamente ao que ocorre atualmente.

Sobre o protecionismo adotado pelos hanseáticos, List (1986, p. 15-16) descreve:

> [...] os hanseáticos criaram uma poderosa esquadra naval; convencidos, além disso, de que o poderio naval de um país é grande ou pequeno em razão da extensão de sua marinha mercante e de seus postos de pesca marítima, sancionaram uma lei em virtude da qual os bens e produtos da Hansa só poderiam ser transportados por embarcações de bandeira hanseática e, ao mesmo tempo, fundaram um grande número de postos de pesca.

Sobre a importância da mão de obra qualificada para o desenvolvimento dos países, a estratégia dos ingleses descrita por List (1986, p. 33) foi a seguinte:

> Já no reino de Isabel, proibira-se a importação de artigos de metal e de couro, e de muitos outros produtos manufaturados, encorajando-se, por outro lado, a imigração de mineiros alemães e trabalhadores em metal. De início, a Ingla-

terra comprava navios dos hanseáticos, ou, então, encomendava a construção dos mesmos nos portos do mar Báltico. Posteriormente, porém, a rainha encontrou meios de promover a construção naval no próprio país, impondo restrições à importação e estimulando a imigração de mão de obra qualificada.

[...] o reino insular extraiu de cada país do continente europeu a sua habilidade em setores específicos da indústria, implantando-os em solo britânico, sob a proteção de seu sistema alfandegário. Veneza tinha para oferecer à Inglaterra (entre outras produções de artigos de luxo) a arte da manufatura de vidro, ao passo que a Pérsia tinha para oferecer a arte da tecelagem e da tinturaria de tapetes.

Hoje é muito comum profissionais serem contratados ou transferidos para outros países por causa de sua qualificação e especialização em algum segmento.

A Austrália, em razão da falta de mão de obra especializada, tem facilitado a imigração legal de profissionais das áreas de Contabilidade, Engenharia e Informática. Na Irlanda, frigoríficos têm importado mão de obra especializada do Brasil; na China, há brasileiros trabalhando na área de curtimento de couro; e nos Estados Unidos, França, Itália, Espanha e Países Baixos[1] não é difícil encontrar brasileiros formados em moda trabalhando nas mais diversas empresas.

Sobre a importância do conhecimento, assimilação e intercâmbio de outras culturas, List (1986, p. 216) oferece como exemplo a Suíça, que mesmo sendo um país sem costas marítimas, sem ter indústrias de bens de consumo geral nem outras condições de desenvolvimento apresentadas pelos outros países europeus naquela época, fundamentou sua prosperidade ao permitir a entrada de capitais e talentos do exterior, oferecendo abrigo e asilo a todos aqueles que, por diversos motivos, como as guerras, preferiam deixar sua terra natal. Em seu texto coloca:

[...] as excelentes oportunidades de se familiarizarem com as línguas, leis, instituições e circunstâncias dos três países que os rodeiam devem ter dado aos

---

[1] O Reino dos Países Baixos é uma nação localizada na Europa Ocidental, constituída pelas províncias Noord-Brabant, Drenthe, Flevoland, Friesland, Groningen, Gelderland, Zuid--Holland, Noord-Holland, Limburg, Overijssel, Utrecht e Zeeland. O termo Holanda é frequentemente usado como sinônimo de Países Baixos.

suíços grandes vantagens no comércio intermediário, bem como sob qualquer outro ponto de vista. A liberdade civil e religiosa, assim como a educação generalizada do povo, tem despertado nos suíços uma operosidade de um espírito empresarial que, considerando-se os estreitos limites da agricultura do país, dos recursos naturais para manter a sua população, atraíram os suíços a países estrangeiros, onde conseguiram acumular riquezas, por meio do serviço militar, do comércio e das indústrias de todo tipo, levando mais tarde de volta ao país essa riqueza.

A importância do que foi exposto pode ser observada nas ações adotadas em alguns países, como a que se deu no início de 2011, no Brasil, quando foi inaugurado o Núcleo de Informação e Apoio aos Trabalhadores Brasileiros Retornados do Exterior, criado pelo Ministério do Trabalho e Emprego, na cidade de São Paulo, com o objetivo de orientar os trabalhadores sobre as oportunidades de emprego disponíveis na capital, considerando as experiências acumuladas e absorvidas durante suas estadas no exterior e também como forma de readaptá-los ao mercado de trabalho local. Esse projeto piloto foi implantando primeira na comunidade japonesa, porque, além de numerosa na região onde se instalou o núcleo, o número de trabalhadores que nas últimas décadas foram para o Japão em busca de melhores oportunidades de trabalho – os decasséguis – e que agora estão retornando ao Brasil é bastante significativo. Isso também pode ser verificado com os brasileiros que foram para os Estados Unidos e agora retornam para cá. As razões do retorno em massa desses trabalhadores são justificadas principalmente pelas dificuldades que enfrentavam nos países onde estavam trabalhando, devido às consequências da crise financeira global iniciada em 2008 e que ainda se reflete em muitas economias.

Uma definição única e precisa para o termo "globalização" talvez ainda não exista, mas pode-se considerar que a troca de informações entre os habitantes de todos os países, sejam elas referentes à educação, artes, economia, política ou qualquer outro aspecto das relações humanas, sem que as barreiras tradicionais constituam empecilho para o acesso ao conhecimento e a assimilação de outras culturas, é um processo de globalização.

INTEGRAÇÃO ECONÔMICA, A FORMAÇÃO DE ORGANISMOS INTERNACIONAIS E OS BLOCOS REGIONAIS

Como já foi exposto, as conversações e tratativas entre as nações ocorrem há séculos e, normalmente, ao final dos encontros entre os governantes ou seus representantes, o resultado é a formação de um grupo, de um bloco econômico, da assinatura de um tratado ou de um acordo ou somente os registros em atas dos objetivos e determinações acertadas entre os participantes.

Nas últimas décadas o que se viu é que, além dos governos dos países, outros grupos são formados com base na sociedade civil, que, muitas vezes inconformados com as determinações e atitudes dos governantes e com a falta de resultados eficientes para as causas que defendem, partem em busca de soluções ou reivindicações que chegam a ter abrangência mundial. Tais grupos, formados não por representantes dos Estados, e sim pela sociedade civil, são chamados de Organizações Não Governamentais – as ONGs.

Os objetivos para a formação dessas organizações e acertos internacionais são os mais diversos e permitem que os interessados, sejam governamentais ou não, participem de tantos grupos quanto julgarem interessantes para defender seus interesses. Porém, antes de serem apresentados as organizações e os grupos formados entre países, serão apresentadas as definições dos atos internacionais celebrados por eles.

Tratados Internacionais

A Convenção de Viena sobre Direito dos Tratados de 1969 escolheu este termo, "tratado", para definir de forma geral um acordo internacional, seja bilateral ou multilateral, celebrado por países, que vigorará por determinado período e que definirá as relações de qualquer natureza estabelecidas entre as partes. Ratti (2004) caracteriza um tratado com sendo bastante amplo e complexo, podendo abranger diversos aspectos e vigorar por um prazo longo e determinado. A história nos traz inúmeros tratados, datados há séculos, como o famoso Tratado de Tordesilhas, assinado por Portugal e Espanha em 7 de junho de 1494, determinando o domínio das terras descobertas a oeste das ilhas de Cabo Verde, no Oceano Atlântico. Outros exemplos são: o Tratado de Amizade, Comércio e Navegação assinado pelo Brasil e Japão, em 5 de novembro de 1895, determinando que "haverá paz perpétua e amizade constante entre os Estados Unidos do Brasil e o

Império do Japão, assim como entre seus cidadãos e súditos respectivos";
o Tratado de Assunção, assinado em 26 de março de 1991 pelo Brasil,
Paraguai, Uruguai e Argentina, criando o Mercado Comum do Sul, o
Mercosul; e o Tratado de Maastrich, assinado em 7 de fevereiro de 1992
pelos 12 países que na época integravam a União Europeia, estabelecendo
que a completa integração do bloco se daria até 1999 e a introdução de
uma moeda única, até 2002. Em geral, um tratado leva o nome da cidade
onde foi celebrado.

Convenções Internacionais

Emprega-se este termo geralmente para atos multilaterais decorrentes de
conferências internacionais sobre um assunto de interesse global, como a
Convenção das Nações Unidas sobre o Direito do Mar, assinada em 10 de
dezembro de 1982, em Montego Bay, na Jamaica, e que entrou em vigor
no Brasil e demais países em 16 de novembro de 1994, determinando as
regras de soberania do país sobre sua costa marítima e também os critérios
da gestão dos recursos marítimos e o controle ambiental. Outro exemplo
é a Convenção de Viena sobre Relações Diplomáticas, celebrada em 18 de
abril de 1961, em Viena, na Áustria.

Acordos Internacionais

São atos celebrados entre países que objetivam facilitar suas relações
ou, ainda, definir procedimentos e práticas de qualquer natureza, sejam
culturais, comerciais, políticas, técnicas, entre outras. Um acordo pode
ser celebrado também entre um país e uma organização internacional.
Sobre os acordos comerciais, Ratti (2009) considera que estes se limitam
aos aspectos referentes a um ou diversos produtos, a algum segmento da
economia – por exemplo, o setor automotivo –, e tem a intenção de regular
o comércio entre os países que o assinaram. Os acordos podem vigorar
dentro de um prazo determinado ou indeterminado, sendo que em geral
não há um prazo de duração, mas cláusulas que determinam como deverão
ser os procedimentos no caso de uma das partes decidir por rescindi-lo
ou renová-lo. O Acordo Geral sobre Tarifas e Comércio (GATT, do inglês
General Agreement on Tariffs and Trade), assinado em 1947, estabelecia
uma série de normas e concessões tarifárias com a finalidade de promover o comércio internacional entre seus signatários e combater medidas
protecionistas. Outro exemplo é o Acordo entre a República Federativa do

Brasil e a República Portuguesa sobre Facilitação de Circulação de Pessoas, celebrado em Lisboa, em 11 de julho de 2003, que isenta os cidadãos de ambos os países da necessidade de obter visto para aqueles que desejam permanecer nos países signatários do acordo por um período de até 90 dias.

Ajustes ou Acordos Complementares

Quando o ato internacional determina procedimentos ou regulamenta outro ato anterior, esteja este concluído ou em vigor, denomina-se "ajuste" ou "acordo complementar". O Ministério das Relações Exteriores do Brasil considera que:

> É o ato que dá execução a outro, anterior, devidamente concluído e em vigor, ou que detalha áreas de entendimento específicas, abrangidas por aquele ato. Por este motivo, são usualmente colocados ao abrigo de um acordo-quadro ou acordo-básico.

Convênios Internacionais

São acertos de caráter específico, de qualquer espécie, feitos por dois ou mais países, por instituições públicas ou privadas, cujos interesses são convergentes, ou seja, todos os participantes têm os mesmos objetivos. Os prazos de vigência dos convênios podem ser indeterminados, podendo rescindi-los ou renová-los de acordo com o interesse das partes. Como exemplo, o Convênio de Créditos Recíprocos (CCR), assinado pelos bancos centrais dos países-membros da Associação Latino-Americana de Desenvolvimento e Integração (Aladi), em 25 de agosto de 1982, que estabelece um sistema de compensação de pagamentos entre os signatários. Outro exemplo é o Convênio Especial entre o Conselho Nacional de Desenvolvimento Científico e Tecnológico (CNPq), do Brasil, e a Deutsche Forschungsgemeinschaft (DFG), da Alemanha, visando a cooperação em pesquisa científica, assinado em 15 de dezembro de 1983, em Brasília, no Brasil. Diversos convênios internacionais são celebrados entre universidades interessadas em realizar intercâmbio de pesquisadores, professores e alunos.

Protocolos Internacionais

Geralmente este termo é usado quando os países pretendem formalizar um acordo ou um tratado futuro, registrando um compromisso entre as partes. Segundo o Ministério das Relações Exteriores do Brasil, o termo é usado também para "designar a ata final de uma conferência internacional". Como exemplo, o Protocolo de Intenções entre o Ministério do Desenvolvimento, Indústria e Comércio Exterior (MDIC), do Brasil, e o Ministério do Desenvolvimento Econômico, da Itália, assinado em 11 de novembro de 2008, em Roma, na Itália, que, baseado no interesse desses países, pretende desenvolver a colaboração comercial, econômica e industrial entre as micro e pequenas empresas dos setores têxtil-vestuário, alimentício, agropecuário, sucroalcooleiro, entre outros. Outro exemplo é o Protocolo de Intenções entre o Instituto Rio Branco do Ministério das Relações Exteriores do Brasil e a Academia Diplomática dos Negócios Estrangeiros da Rússia, assinado em 4 de abril de 2006, em Brasília, no Brasil, que objetiva "promover a formação e capacitação do pessoal do serviço exterior de ambos os países e o desenvolvimento de pesquisas que lhe são próprias".

Memorandos de Entendimento
São atos internacionais registrados de forma simplificada a fim de estabelecer os princípios gerais que nortearão as relações de qualquer natureza entre os países. Como exemplo, o Memorando de Entendimento de Cooperação Técnica na Área de Serviços Postais para Micro e Pequenas Empresas entre o Brasil e o Peru, assinado em 9 de dezembro de 2004, em Cuzco, no Peru, com o objetivo de realizar a integração regional e o incremento das ações do comércio internacional entre os países voltados à inserção das micro e pequenas empresas no mercado exportador. Outro exemplo é o Memorando de Entendimento entre o Brasil e a Síria para o estabelecimento de consultas entre os seus Ministérios das Relações Exteriores e dos Negócios Estrangeiros, na certeza de que tais consultas beneficiarão o desenvolvimento de relações bilaterais e a cooperação nos mais diversos campos, assinado em 9 de fevereiro de 2009, em Damasco, na Síria.

ORGANISMOS INTERNACIONAIS
Serão apresentadas neste item algumas das organizações e grupos formados que atualmente estão em atividade, destacando quando foram criados, quais são seus integrantes, seus objetivos e suas funções. Considerando que se vive em um mundo globalizado, em que os movimentos de cada indivíduo, de cada grupo, estão direta ou indiretamente conectados, não será difícil concluir que para os negócios internacionais todos os

organismos ou grupos apresentados a seguir serão de grande importância para a tomada de decisões e na elaboração do planejamento estratégico para atuação internacional.

International Chamber of Commerce (ICC)/Câmara de Comércio Internacional (CCI)

Criação: em 1919, em Paris, com a intenção de promover o comércio internacional entre as nações, acreditando que este seria um meio favorável para a prosperidade e a paz do mundo.

Sede: Paris, na França.

Objetivos: A CCI é uma organização mundial empresarial que considera a globalização da economia uma força para o desenvolvimento dos países. Seu principal objetivo é facilitar as negociações internacionais, criando regras e normas que possam contribuir para uma interpretação precisa dos termos utilizados nos contratos comerciais internacionais, lutando contra a corrupção e os crimes comerciais e atuando também como fórum de arbitragem e resolução de conflitos.

Membros: Empresas de todos os portes, setores e segmentos da economia em mais de 120[2] países. Seus membros participam diretamente da formulação de regras, normas e políticas que serão aplicadas no dia a dia dos profissionais que atuam com o comércio internacional.

Entre as publicações da Câmara de Comércio Internacional que trazem as regras uniformes para os negócios internacionais são: a Publicação ICC n.º 715/2010, que apresenta a última versão dos International Commercial Terms (*Incoterms*®), que entrou em vigor em 1 de janeiro de 2011; a Publicação ICC n.º 758/2010, Uniform Rules for Demand Guarantees (URDG), que entrou em vigor em 1 de julho de 2010; e a Publicação ICC n.º 600/2007, Uniform Customs and Pratice for Documentary Credits.

Estrutura: *ICC World Council* – composto por representantes das empresas que formam a organização. Esse Conselho possui a mesma função de uma assembleia geral que reúne representantes de todos os países que fazem parte de uma organização. É o órgão supremo que rege a Câmara de Comércio Internacional.

---

[2] Os dados apresentados sobre os organismos internacionais, blocos econômicos e agrupamento de países foram obtidos nos sites oficiais das referidas instituições.

Comitês Nacionais e Grupos – formados por representantes da CCI em seus respectivos países, responsáveis por identificar as questões que preocupam as empresas nacionais no que diz respeito às políticas de comércio adotadas pelos governos e organizações internacionais.

Comissões – formadas por representantes das empresas e associações empresariais, representam a base da instituição, pois, por meio de seus especialistas, formulam suas políticas e elaboram as regras dos negócios internacionais.

É importante esclarecer que o uso das regras formuladas pelas comissões da CCI é facultativo, ou seja, as partes negociadoras podem optar por não segui-las quando estiverem fechando um negócio. Caso decidam por adotá-las, deve ser mencionada nos contratos internacionais a versão da publicação que está dando base à negociação. Contudo, é importante também destacar que quando não se opta por negociar com base nas regras da CCI, nos casos de haver conflitos entre as partes, não haverá nenhum amparo "legal" para solucionar o problema.

Inter-American Development Bank (IDB)/Banco Interamericano de Desenvolvimento (BID)

Criação: 8 de abril de 1959, após diversas tentativas de criar uma instituição que contribuísse com o desenvolvimento dos países latino-americanos, bem como de ajudar no fortalecimento de seus sistemas monetários e equilíbrio de suas economias, uma vez que o Fundo Monetário Internacional (FMI) e o Banco Internacional para Reconstrução e Desenvolvimento (BIRD) até aquele momento praticamente estavam atendendo somente aos países europeus. Com a situação político-econômica dos países latino-americanos agravando a cada dia e a pressão por busca de soluções e, em especial, a Operação Pan-Americana instituída pelo presidente brasileiro Juscelino Kubitschek que visava atender domesticamente as necessidades desses países, os Estados Unidos decidiram elaborar um anteprojeto para a criação do BID, que foi apresentado e aprovado durante uma conferência que ocorreu na data já mencionada.

Sede: Washington, D.C., nos Estados Unidos.

Objetivos: O objetivo principal é contribuir para o desenvolvimento econômico sustentável de seus países-membros, hoje chamados de acionistas, por meio de financiamentos de projetos voltados para o desenvolvimento rural e agrícola, urbano, industrial, para a educação e infraestrutura física, além de prestar assistência técnica, elaborar pesquisas e até mesmo fazer doações.

Membros: 48 países (2013) – 26 membros da América Latina e Caribe, com participação majoritária no BID, que são chamados de "países membros mutuários". Esses países são divididos em dois grupos segundo seu Produto Interno Bruto (PIB) *per capita*. São eles:

Grupo I – Argentina, Bahamas, Barbados, Brasil, Chile, México, Trinidad e Tobago, Uruguai e Venezuela.

Grupo II – Belize, Bolívia, Colômbia, Costa Rica, El Salvador, Equador, Guatemala, Guiana, Haiti, Honduras, Jamaica, Nicarágua, Panamá, Paraguai, Peru, República Dominicana e Suriname.

Os outros 22 países-membros são denominados "países-membros não regionais" ou "países membros não mutuários". Esses países participam dos processos de aquisições e contratações, uma vez que, segundo os critérios do BID, as contratações e o fornecimento de bens e serviços somente poderão ser feitos pelos países que integram o banco. Os países-membros não mutuários são: Alemanha, Áustria, Bélgica, Canadá, China, Coreia do Sul, Croácia, Dinamarca, Eslovênia, Espanha, Estados Unidos, Finlândia, França, Países Baixos, Israel, Itália, Japão, Noruega, Portugal, Reino Unido, Suécia e Suíça.

Beneficiários: Governos dos países-membros e suas divisões políticas, empresas estatais, empresas privadas e organizações não governamentais.

Estrutura: O BID é dirigido pela "Assembleia de Governadores", composta por representantes de seus países-membros, que se reúnem todos os anos para a tomada de decisões referentes às questões pertinentes aos objetivos da organização e, com base no que foi decidido, a Diretoria Executiva, por meio de seus Comitês, estabelece os critérios e as políticas operacionais do banco.

Instituição filiada: Corporação Interamericana de Investimento (CII), que iniciou suas atividades em 1989, atendendo a pequenas e médias empresas para que tivessem acesso a financiamentos, assistência técnica para aumentar e melhorar suas atividades, criar postos de trabalho, promover a sustentabilidade ambiental e social e, ainda, apoiar a criatividade e inovação.

Fundos de investimentos: Fundo para Operações Especiais (FOE), que fornece financiamento para os países-membros mais vulneráveis;

Fondo Multilateral de Inversiones (Fomin – Fundo Multilateral de Investimentos), que atende a comunidades de baixa renda, empresas familiares, micro e pequenas empresas do setor e outros.

North Atlantic Treaty Organization (Nato)/Organização do Tratado do Atlântico Norte (Otan)

Criação: 1949, pelo Tratado do Atlântico Norte, assinado em 4 de abril, em Washington, D.C., nos Estados Unidos.

Sede: Bruxelas, na Bélgica.

Objetivos: A Otan foi criada como uma aliança militar formada por países que faziam oposição ao antigo bloco soviético que, em contrapartida, anos depois, estabeleceu o Pacto de Varsóvia, que uniu os países do Leste Europeu, formando também uma aliança militar. O compromisso assumido pelos países da Otan era de cooperação e obrigação de auxílio mútuo em caso de ataques a qualquer de seus países. Com a dissolução do bloco soviético, os objetivos da Otan passaram a ser outros; os países que antes faziam parte do bloco soviético, hoje pertencem à esta organização intergovernamental. Segundo Leal (2004), o objetivo geral da Otan é o que está no artigo 52.º da Carta das Nações Unidas, que é "salvaguardar a liberdade dos seus povos, a sua herança comum e a sua civilização, fundadas nos princípios da democracia, das suas liberdades individuais e do respeito pelo direito" e "garantir a estabilidade e o bem-estar na área do Atlântico Norte", mas, com a nova ordem mundial do pós-Guerra Fria, o que se vê é que a Otan tem se apresentado como uma organização que luta contra o terrorismo e as novas ameaças globais não só nos países situados no Atlântico Norte como em qualquer outra região do planeta.

Membros: 28 países (2013) – Albânia, Alemanha, Bélgica, Bulgária, Canadá, Croácia, Dinamarca, Eslováquia, Eslovênia, Espanha, Estados Unidos, Estônia, França, Grécia, Países Baixos, Hungria, Islândia, Itália, Letônia, Lituânia, Luxemburgo, Noruega, Polônia, Portugal, República Checa, Reino Unido, Romênia e Turquia.

Estrutura: Conselho do Atlântico Norte (NAC – North Atlantic Council), que é a autoridade máxima, com poder de decisão, composto pelos representantes dos países-membros; Comitê de Planejamento de Defesa (DCP), responsável pelas questões relacionadas com a defesa e com os planos de defesa coletiva; Grupo de Planejamento Nuclear (NPG – Nuclear Planning Group), responsável pelas questões de âmbito nuclear.

O NAC é composto pela Estrutura Civil, que é composta pelo Secretariado Internacional e por Divisões Especializadas e pela Estrutura Militar.

Divisões especializadas da estrutura civil: São responsáveis pelas questões referentes a orçamento, armamentos, infraestrutura, economia e finanças, ciência, planos civis de emergência, comunicações, ambiente, desafios da sociedade moderna e defesa nuclear.

Divisões da estrutura militar: Difere da Estrutura Civil uma vez que é hierarquizada, tendo em seu topo o Comitê Militar, responsável pelas recomendações ao Comitê dos Planos de Defesa e envio de diretrizes aos diversos comandos aliados. Dentro do Comitê Militar há o Estado Maior Internacional (IMS), órgão executivo responsável pela preparação de estudos referentes às questões de caráter militar e também pela garantia da aplicação das decisões e diretrizes ditadas pelo Comitê Militar. Há ainda as agências especializadas que tratam de assuntos como comunicações e transmissões, pesquisa antissubmarina, entre outros.

Parcerias: Conselho de Parceria Euro-Atlântico (EAPC – Euro-Atlantic Partnership Council), Parceria para a Paz (PfP – Partnership for Peace), Associação do Tratado do Atlântico (ATA), Confederação Interaliada de Oficiais na Reserva (Cior) e Confederação Interaliada de Oficiais Médicos na Reserva (CIOMR).

Organization of American States (OAS)/Organização dos Estados Americanos (OEA)

Criação: 30 de abril de 1948, durante a 9.ª Conferência Internacional Americana que ocorreu em Bogotá, na Colômbia, quando 21 países adotaram a Carta da Organização dos Estados Americanos (OEA), o Tratado Americano sobre Soluções Pacíficas – Pacto de Bogotá, a Declaração Americana dos Direitos do Homem e, ainda, o Acordo Econômico de Bogotá, que pretendia promover a cooperação econômica, sendo que esse acordo nunca chegou a entrar em vigor. Posteriormente, a Carta da OEA sofreu várias modificações.

Sede: Washington, D.C., nos Estados Unidos.

Objetivos: Estabelecer "uma ordem de paz e de justiça, para promover sua solidariedade, intensificar sua colaboração e defender sua soberania, sua integridade territorial e sua independência", como está estabelecido no artigo 1.º da Carta da OEA.

Membros: 35 países (2013) – Antígua e Barbuda, Argentina, Bahamas, Barbados, Belize, Bolívia, Brasil, Canadá, Chile, Colômbia, Costa Rica, Cuba (excluída da participação formal desde 1962), Dominica, El Salvador, Equador, Estados Unidos, Granada, Guatemala, Guiana, Haiti, Honduras, Jamaica, México, Nicarágua, Panamá, Paraguai, Peru, República Dominicana, Saint Kitts e Nevis, Santa Lúcia, São Vicente e Granadinas, Suriname, Trinidad e Tobago, Uruguai e Venezuela.

Na OEA, além dos países-membros, mais de 60 países participam como observadores das atividades desenvolvidas.

Estrutura: Assembleia Geral, Reunião de Consulta dos Ministros das Relações Exteriores, Conselho Permanente e Conselho Interamericano de Desenvolvimento Integral, Comissão Jurídica Interamericana, Comissão Interamericana de Direitos Humanos, Secretaria Geral e Conferências Especializadas.

Organismos especializados: Organização Pan-Americana da Saúde, Instituto Interamericano da Criança, Comissão Interamericana de Mulheres, Instituto Pan-Americano de Geografia e História, Instituto Indigenista Interamericano e Instituto Interamericano de Cooperação para a Agricultura.

Organization for Economic Co-operation and Development (OECD)/Organização para a Cooperação e Desenvolvimento Econômico (OCDE)

Criação: Em 1947 foi criada a Organização Europeia de Cooperação Econômica (OECE – Organisation Européenne de Coopération Economique) para administrar o Plano Marshall, instituído pelos Estados Unidos para financiar a reconstrução dos países europeus que foram destruídos pela Segunda Guerra Mundial. Por causa dos resultados alcançados e vendo a possibilidade de expandir esse programa para o resto do mundo, o Canadá e os Estados Unidos se juntaram e instituíram oficialmente a Organização para a Cooperação do Desenvolvimento Econômico, em 30 de setembro de 1961.

Sede: Paris, na França.

Objetivos: O principal objetivo é promover o bem-estar econômico e social e estimular investimentos em países em desenvolvimento.

Membros: 34 países (2013) – Alemanha, Austrália, Áustria, Bélgica, Canadá, Chile, Dinamarca, Eslováquia, Eslovênia, Espanha, Estados Unidos, Estônia, Finlândia, França, Grécia, Países Baixos, Hungria, Islândia,

Irlanda, Israel, Itália, Japão, Coreia do Sul, Luxemburgo, México, Nova Zelândia, Noruega, Polônia, Portugal, Reino Unido, República Checa, Suécia, Suíça e Turquia.

Mesmo não sendo membros permanentes, alguns países participam da OCDE como colaboradores, entre eles o Brasil, a China, a Índia e economias em desenvolvimento na África, Ásia, América Latina e Caribe.

Estrutura: Conselho da OCDE – composto por um representante de cada país-membro e um representante da Comissão Europeia, que se reúnem uma vez por ano para tratar de questões pertinentes à organização e definir prioridades de trabalho, que deverão ser realizadas pelo Secretariado da OCDE.

Comissões especializadas: Representantes dos países-membros participam de comissões especializadas que tratam de questões sobre economia, mercados, emprego, educação, entre outras.

Além das comissões especializadas, na OCDE existem aproximadamente 250 comitês, grupos de trabalho e de peritos que também estão envolvidos nas questões colocadas anteriormente.

International Monetary Fund (IMF)/Fundo Monetário Internacional (FMI)

Criação: Em 1 de julho de 1944, durante a Conferência de Bretton Woods, em New Hampshire, nos Estados Unidos, quando representantes de 45 países, prevendo o fim da Segunda Guerra Mundial, se reuniram para buscar uma forma de reconstruir os países atingidos pela guerra. Entre as propostas apresentadas, foi aprovada pelos países que participaram da conferência a criação do Fundo Monetário Internacional (FMI) e do Banco Internacional de Reconstrução e Desenvolvimento (Bird).

Sede: Washington, D.C., nos Estados Unidos.

Objetivos: Embora as razões pelas quais o FMI foi criado já não façam mais parte do cenário atual, a organização tem como objetivos cooperar para as solução dos problemas monetários internacionais, facilitar o crescimento do comércio internacional, promover a estabilidade cambial e conceder empréstimos aos países-membros para que resolvam problemas de balanço de pagamentos.

Membros: 188 países (2013) – um dos últimos países a se tornar membro do FMI foi Kosovo, em junho de 2009. Para participar, os países precisam ser aceitos pelos demais países-membros e contribuir com uma cota que é determinada de acordo com o tamanho de sua economia, suas reservas internacionais e outros dados, e o poder de voto de cada membro será basicamente proporcional a sua contribuição. As contribuições são feitas na moeda do FMI – Direito Especial de Saque (DES) –, em moedas fortes como o euro, iene e dólar norte-americano e parte na moeda do país associado. Os financiamentos concedidos pelo FMI aos seus membros também têm como base a sua contribuição, ou seja, cada país terá um limite de crédito determinado de acordo com a sua cota.

Para a concessão desses créditos, o FMI exige que os países proponentes adotem medidas rigorosas para conter os gastos públicos, estancar o processo inflacionário e pagar a sua dívida externa, para dizer o mínimo. O país é obrigado a apresentar um documento que se chama "Carta de Intenções", descrevendo todas as ações e políticas que pretende adotar dentro do contexto de sua solicitação para receber o empréstimo. Normalmente, para cumprir tudo o que está sendo prometido ao Fundo, cortam-se os investimentos de ordem social, educação, saúde, o que acaba gerando protestos e manifestações por parte da sociedade, de organizações não governamentais e de partidos de oposição ao governo local.

No site oficial do FMI (2013) podem-se encontrar cartas de intenções apresentadas ao Fundo, divulgadas com o consentimento dos países, como uma "Carta de Intenções do Governo de Moçambique na qual se descrevem as políticas que o país pretende adotar no contexto da sua solicitação de apoio financeiro do FMI", datada em 07 de dezembro de 2012 e a Carta de Intenções enviada pelo governo brasileiro, em 2 de dezembro de 2004, informando os resultados auferidos pelo Brasil com a adoção de políticas econômicas "sólidas e sustentadas", como o crescimento do PIB, a geração de novos postos de trabalho e o controle do processo inflacionário. Os representantes do Brasil na época, Antônio Palocci Filho, Ministro da Fazenda e Henrique de Campos Meirelles, Presidente do Banco Central do Brasil, finalizam o documento com as seguintes palavras:

> "Todos os critérios de desempenho relevantes foram observados (...). Por isso, pedimos a conclusão da nona revisão nos termos do acordo disponível. Vamos continuar a considerar o acordo uma precaução. Como de costume, vamos manter uma política de diálogo estreito com o FMI e estaremos prontos para tomar as medidas adicionais necessárias para garantir a realização dos objetivos do programa."

O Fundo disponibiliza vários tipos de empréstimos que são concedidos aos países, conforme a sua necessidade. São eles: SBA – *Stand-by Agreement*, para países com problemas de curto prazo em seu balanço de pagamentos; ESF – *Exogenous Shocks Facility*, para países que, por conta de influência de fatores externos, como desastres naturais em outros países, flutuações no preço de *commodities*, guerras ou crises financeiras internacionais que acabaram impactando em sua economia; EFF – *Extended Fund Facility*, para países que possuem problemas em seu balanço de pagamentos e que necessitam fazer mudanças estruturais em sua economia; SRF – *Supplemental Reserve Facility*, para países resolverem seus problemas de curto prazo, mas de difícil solução, como a falta de investidores em um país em razão de seu alto índice de risco; PRGF – *Poverty Reduction And Growth Facility*, destinado aos países onde a pobreza prevalece e que precisa retomar ou iniciar um processo de desenvolvimento e crescimento sustentáveis; e *Emergency Assistance*, para assistir países que sofreram catástrofes naturais, passaram por conflitos internos e precisam reestabilizar sua economia.

A Tabela 1.1 demonstra a situação de alguns países em relação à sua cota de contribuição e ao seu poder de voto.

Estrutura: Assembleia de Governadores – composta por representantes dos países-membros, geralmente o Ministro da Fazenda ou o Presidente do Banco Central, e por um representante suplente. Com poder máximo de decisão, esse conselho se reúne uma vez por ano.

Comitê Monetário e Financeiro Internacional – sua função é assessorar e manter informada a Assembleia de Governadores sobre o sistema financeiro e monetário internacional.

Comitê do Desenvolvimento – conhecido oficialmente como Comitê Ministerial que reúne as Assembleias de Governadores do Banco Mundial e do FMI para atender países em desenvolvimento.

Diretoria Executiva – composta por 24 diretores, nomeados ou eleitos pelos países-membros ou por grupos de países, é responsável pela gestão operacional do FMI, reportando-se à Assembleia de Governadores.

Gabinete de Avaliação Independente (IEO – Independent Evaluation Office) – foi criado como um órgão independente, cuja função é analisar as atividades e política do Fundo. Ao final dos trabalhos, é emitido um relatório contendo as conclusões e recomendações do IEO, que servirão de base para as decisões futuras.

TABELA 1.1 – Cotas de Contribuição ao FMI

Membros	COTAS Milhões de DES	% do Total	VOTOS Número	% do Total
Albânia	60	0,03	1.337	0,05
Angola	286,3	0,12	3.113	0,14
Argentina	2.117,1	0,89	21.908	0,87
Austrália	3.236,4	1,36	33.101	1,31
Brasil	4.250,5	1,79	43.242	1,72
China	9.525,9	4,0	95.996	3,81
França	10.738,5	4,51	108.122	4,29
Hungria	1.038,4	0,44	11.121	0,44
Índia	5.821,5	2,44	58.952	2,34
Israel	1.061,1	0,45	11.348	0,45
Itália	7.882,3	3,31	79.560	3,16
Japão	15.628,5	6,56	157.022	6,23
Moçambique	113,6	0,05	1.873	0,07
Portugal	1.029,7	0,43	11.034	0,44
Rússia	5.945,4	2,50	60.191	2,39
Reino Unido	10.738,5	4,51	108.122	4,29
EUA	42.122,4	17,69	421.961	16,75
Uruguai	306,5	0,12	3.493	0,14

Fonte: Dados retirados do site do FMI em maio/2013.

Organization of the Petroleum Exporting Countries (Opec)/Organização dos Países Exportadores de Petróleo (Opep)

Criação: 14 de setembro de 1960, na Conferência de Bagdá pelos países Irã, Iraque, Kuwait, Arábia Saudita e Venezuela, produtores e exportadores de petróleo.

Sede: Viena, na Áustria.

Objetivos: Segundo o artigo 2 do Estatuto da Opep, aprovado pela Conferência de janeiro de 1961 em Caracas, na Venezuela, "o principal objetivo da Organização é a coordenação e unificação das políticas de petróleo dos países-membros e a determinação dos melhores meios para salvaguardar seus interesses, individual e coletivamente".

Membros: 12 países (2013) – Angola, Arábia Saudita, Argélia, Catar, Emirados Árabes Unidos, Equador, Irã, Iraque, Kuwait, Líbia, Nigéria e Venezuela.

Estrutura: Secretaria, responsável pela execução das decisões tomadas pelos membros, constituída pelo Gabinete do Secretário-Geral, Gabinete Jurídico, Divisão de Investigação e de Apoio à Divisão de Serviços e Divisão de Pesquisa.

Divisões especializadas e fundo de fomento: A Divisão de Pesquisa compreende os Serviços de Dados, Estudos de Petróleo e o Departamento de Estudos Energéticos, e a Divisão de Serviços de Suporte que inclui Relações Públicas e Informações, Finanças, Recursos Humanos e Administração e Departamento de Tecnologia da Informação.

Em março de 1975, em uma Reunião de Cúpula da Opep em Argel, na Argélia, foi criado o Opec Fund for International Development (Ofid – Fundo da Opep para o Desenvolvimento Internacional) a fim de promover o desenvolvimento dos países-membros da Opep e de outros países em desenvolvimento.

United Nations (UN)/Organização das Nações Unidas (ONU)

Criação: 24 de outubro 1945, data em que foi promulgada a Carta das Nações Unidas, um tratado internacional que enuncia os direitos e deveres de seus membros, assinada por 51 países.

Sede: Todos os seus órgãos ficam na cidade de Nova York, nos Estados Unidos, exceto o Tribunal Internacional de Justiça, que fica em Haia, na Países Baixos.

Objetivos: Manter a paz e a segurança no mundo, fomentar relações cordiais entre as nações, promover progresso social, melhores padrões de vida e direitos humanos.

Membros: 193 países (2013). Em 29 de novembro de 2012, a Assembleia Geral da ONU reconheceu a Palestina como um Estado observador não membro. Este status, semelhante ao do Vaticano, não garante à Palestina direito a voto, mas significou uma grande vitória política para que os palestinos obtenham o reconhecimento pleno, transformando-a em mais um país-membro da ONU.

Estrutura: a Assembleia Geral, o Conselho de Segurança, a Comissão dos Direitos Humanos, o Conselho Econômico e Social, o Conselho de Tutela, o Tribunal Internacional de Justiça e o Secretariado.

Organismos especializados: Organização Mundial da Saúde (OMS), Organização Internacional do Trabalho (OIT), Organização das Nações Unidas para a Agricultura e a Alimentação (FAO – Food and Agriculture Organization), Organização das Nações Unidas para a Educação, a Ciência e Cultura (Unesco), Organização de Aviação Civil Internacional (Oaci), Organização Marítima Internacional (OMI), União Internacional de Telecomunicações (UIT), União Postal Universal (UPU), Organização Meteorológica Mundial (OMM), Organização Mundial da Propriedade Intelectual (Ompi), Fundo Internacional do Desenvolvimento Agrícola (Fida), Organização das Nações Unidas para o Desenvolvimento Industrial (Onudi), Fundo Monetário Internacional (FMI) e Banco Mundial.

Comissões orgânicas: Entre as diversas comissões orgânicas destacamos a Comissão de Desenvolvimento Social, a Comissão sobre o Desenvolvimento Sustentável e a Comissão da Condição Jurídica e Social da Mulher.

Comissões regionais: Comissão Econômica para a África (Cepa), Comissão Econômica para a Europa (Cece), Comissão Econômica para a América Latina e Caribe (Cepal), Comissão Econômica e Social para a Ásia e o Pacífico (Cespap) e a Comissão Econômica e Social para a Ásia Ocidental (Cespac).

Programas: Entre os diversos programas e fundos criados pela ONU, destacamos o Programa das Nações Unidas para o Desenvolvimento (Pnud), o Fundo das Nações Unidas para a Infância (Unicef), o Programa das Nações Unidas para o Meio Ambiente (Pnuma) e a Conferência das Nações Unidas sobre o Comércio e Desenvolvimento (Unctad).

World Customs Organization (WCO)/Organização Mundial de Aduanas (OMA)

Criação: A OMA foi criada em 1952, como Conselho de Cooperação Alfandegária (CCA). Em 1994, seus membros adotaram oficialmente o nome de Organização Mundial das Aduanas.

Sede: Bruxelas, na Bélgica.

Objetivos: Como única organização intergovernamental mundial independente, a OMA procura melhorar a eficácia e eficiência das gestões aduaneiras no mundo, mantendo um fórum de diálogo permanente e a troca de experiências entre seus membros. Dentre seus principais objetivos estão a harmonização e simplificação dos sistemas e regimes aduaneiros e o controle e a luta contra as fraudes comerciais.

Membros: 179 aduanas (2013), nas quais ocorrem 98% do comércio mundial.

Estrutura: A OMA é dirigida por um Conselho formado por todos os seus membros, que se reúne uma vez por ano para definir e aprovar as ações que deverão ser implementadas por seus Comitês e Comissões especializadas.

Comitês e Comissões: Comissão de Política Geral, Comitê Financeiro, Comitê de Auditoria, Comitê Técnico sobre as Regras de Origem, Comitê Técnico sobre Valoração Aduaneira, Comitê do Sistema Harmonizado e Comitê Técnico Permanente (responsável pelas atividades referentes à harmonização e à simplificação dos regimes aduaneiros).

World Bank/Banco Mundial

Criação: Em 1 de julho de 1944, o Banco Internacional de Reconstrução e Desenvolvimento (Bird) foi criado durante a Conferência de Bretton Woods, em New Hampshire, nos Estados Unidos, juntamente com o Fundo Monetário Internacional (FMI). A princípio, o Banco Mundial foi criado como uma instituição única para financiar projetos de reconstrução e desenvolvimento dos países atingidos durante os conflitos. Atualmente, ele é composto pelo Bird e pela Associação Internacional de Desenvolvimento (AID). Outras três instituições, a Corporação Financeira Internacional (IFC – International Finance Corporation), a Agência Multilateral de Garantia de Investimentos (Miga – Multilateral Investment Guarantee Agency) e o Centro Internacional de Solução de Controvérsia sobre Investimentos (ICSID – International Centre for Settlement of Investment Disputes), que são filiadas ao Banco Mundial, formam o Grupo Banco Mundial.

Sede: Washington, D.C., nos Estados Unidos, com escritórios em diversos países.

Objetivos: O Banco Mundial foi criado com o objetivo de financiar projetos para a reconstrução dos países devastados pela Segunda Guerra Mundial. Hoje, os financiamentos aprovados são para atender a projetos em várias áreas, como saúde, infraestrutura, agricultura, meio ambiente e educação, que proporcionem a redução da pobreza e o desenvolvimento dos países-membros. Os projetos são desenvolvidos pelos governos ou pela iniciativa privada e recebem apoio técnico e financeiro do Banco Mundial.

Membros: 188 países (2013), considerados acionistas do Banco. Os principais acionistas são a Alemanha, os Estados Unidos, a França, o Japão e o Reino Unido. O total dos países-membros nas instituições filiadas AID, IFC, Miga e Ciadi é de 172, 184, 179 e 148, respectivamente.

Estrutura: Os acionistas são representados por uma Junta de Governadores, formada por representantes dos países-membros, que se reúnem anualmente para decidir e formular as políticas do Banco Mundial. A Junta de Governadores delega responsabilidades específicas para 24 Diretores Executivos, dirigidos por um presidente que é o responsável pela administração geral do Banco. Os diretores executivos são os responsáveis pela aprovação dos empréstimos, garantias, aplicação de novas políticas, pelas estratégias de assistência aos países, entre outras funções.

Instituições filiadas

Banco Internacional de Reconstrução e Desenvolvimento (Bird) – constituído para fornecer crédito de médio e longo prazos, sendo que os recursos para este fim são oriundos das cotas de subscrição e capital dos países-membros, de empréstimos lançados nos mercados internacionais de capital e dos resultados líquidos das operações do banco.

Associação Internacional de Desenvolvimento (AID) – constituída para promover o desenvolvimento econômico em países menos desenvolvidos, oferecendo empréstimos com condições mais flexíveis e prazos maiores para liquidá-los, podendo chegar a 50 anos os prazos para pagamento.

Corporação Financeira Internacional (IFC) – constituída com a finalidade de conceder crédito à iniciativa privada sob a forma de empréstimos ou subscrevendo ações da empresa que podem ser negociadas posteriormente.

Agência Multilateral de Garantia de Investimentos (Miga) – constituída para promover os investimentos diretos internacionais, fornece seguro de risco político, serviços de resolução de controvérsias, entre outros, auxiliando assim no crescimento econômico e na redução da pobreza dos países em desenvolvimento.

Centro Internacional de Solução de Controvérsia sobre Investimentos (ICSID) – órgão constituído para atuar na busca de solução de conflitos entre os países-membros.

World Trade Organization (WTO)/Organização Mundial do Comércio (OMC)

Criação: Um ano antes do fim da Segunda Guerra Mundial, os países aliados já estavam pensando no quê e como fazer para que os países, em especial aqueles que sofreram diretamente com o conflito, se reconstruíssem e retomassem seu crescimento e desenvolvimento econômico. Como já visto, algumas organizações foram criadas para esse fim, como o FMI e o Banco Mundial. No que dizia respeito ao comércio internacional, foi proposta a criação da "Organização Internacional do Comércio", que trataria das questões referentes a esse segmento, mas o que acabou sendo criado foi um acordo denominado General Agreement on Tariffs and Trade (GATT – Acordo Geral sobre Tarifas Aduaneiras e Comércio), em 30 de outubro de 1947, em Genebra, na Suíça, que entrou em vigor em 1 de janeiro de 1948.

Os acordos assinados no âmbito do GATT, a princípio, tinham como objetivo incentivar o comércio entre os países-membros, adotando a redução das tarifas alfandegárias. Atuava ainda como um fórum de solução de conflitos e, com base nas decisões de seus membros, adotava regras de comércio internacional. Uma das regras criadas e que até hoje persiste é o "Princípio da Nação Mais Favorecida", que prevê que todos os países--membros dispensem o mesmo tratamento a todos os países no que diz respeito ao comércio entre eles.

O estabelecimento de novos acordos, as alterações nos acordos existentes e as discussões sobre novas questões referentes ao comércio internacional eram decididos durante as rodadas de negociação entre os países-membros. Em toda a existência do GATT foram promovidas as seguintes rodadas de negociação:

1.ª rodada: Genebra/1947, com a participação de 23 países. Tema debatido: tarifas.

2.ª rodada: Annecy/1949, com a participação de 13 países. Tema debatido: tarifas.

3.ª rodada: Torquay/1950 a 1951, com a participação de 38 países. Tema debatido: tarifas.

4.ª rodada: Genebra/1955 a 1956, com a participação de 26 países. Tema debatido: tarifas.

5.ª rodada: Dillon/1960 a 1961, com a participação de 26 países. Tema debatido: tarifas.

6.ª rodada: Kennedy/1964 a 1967, com a participação de 62 países. Temas debatidos: tarifas e medidas *antidumping*.

7.ª rodada: Tóquio/1973 a 1979, com a participação de 102 países. Temas debatidos: tarifas, medidas não tarifárias, cláusula de habilitação.

8.ª rodada: Uruguai/1986 a 1993, com a participação de 123 países. Temas debatidos: tarifas, agricultura, serviços, propriedade intelectual, medidas de investimento, novo marco jurídico e a criação da Organização Mundial do Comércio (OMC).

Os acordos estabelecidos na Rodada do Uruguai foram aprovados na Conferência Ministerial de Marrakesh, no Marrocos, realizada de 12 a 15 de abril de 1994, e em 1 de janeiro de 1995 a OMC substituiu o GATT.

Após a Conferência de Marrakesh, diversas reuniões ministeriais ocorreram e poderiam ter dado início a uma nova rodada de negociações, mas não obtiveram êxito, como a reunião que ocorreu em Seattle, nos Estados Unidos, em 1999 e que se chamaria "Rodada do Milênio". Mesmo diante de uma série de entraves e falta de consenso entre os países-membros e, ainda, em meio às manifestações de grupos e organizações contrários aos princípios e política da OMC, em 2001 foi realizada uma reunião com os países-membros em Doha, no Catar, dando início a uma nova rodada de negociações e que foi denominada "Rodada do Desenvolvimento", mas que até agora não mostrou nenhum resultado concreto e consenso entre seus membros sobre as questões em pauta. Em maio de 2013, o embaixador brasileiro Roberto Carvalho de Azevêdo foi nomeado diretor-geral da OMC para um mandato de quatro anos a partir de sua posse em 1 de setembro do mesmo ano. A retomada das negociações da Rodada de Doha será seu principal desafio para a liberação do comércio mundial e o apoio ao desenvolvimento dos países mais pobres.

Sede: Genebra, na Suíça.

Objetivos: O principal objetivo da OMC é promover o desenvolvimento das nações por meio da liberalização do comércio mundial com base em princípios, acordos e protocolos assinados consensualmente pelos países--membros.

Funções: Segundo a OMC (2013), suas funções são: administrar os acordos comerciais assinados por seus integrantes, atuar como foro para as negociações comerciais, buscar resolver as diferenças comerciais, supervisionar as políticas comerciais nacionais, oferecer assistência técnica e cursos de formação para os países em desenvolvimento e cooperar com outras organizações internacionais.

Membros: 159 países (2013). Diversos países participam da organização como observadores: é o caso do Líbano, Sérvia, Irã, Líbia e Bahamas. Esses países, após obterem a condição de observadores, têm um prazo de até cinco anos para dar início às negociações de adesão à OMC.

Estrutura: Conferência Ministerial – reúne a cada dois anos os representantes de todos os países-membros ou blocos regionais para decidirem sobre todas as questões referentes aos acordos comerciais multilaterais.

Conselho Geral – reúne regularmente representantes dos países--membros, geralmente embaixadores ou equivalentes, com poder decisório e autoridade para atuar em nome da Conferência Ministerial; atua ainda como órgão de solução de controvérsias e como órgão de supervisão de políticas comerciais.

Secretaria – sua função é fornecer suporte técnico e profissional em todas as atividades da OMC desenvolvidas pelos diversos conselhos e comissões, facilitando as negociações entre os países-membros, a fim de que possam adotar medidas e políticas que venham atender aos propósitos da organização. Entre as Divisões, destacamos a Divisão de Agricultura e Commodities, a Divisão de Desenvolvimento, a Divisão de Estudos Econômicos e Estatísticos e a Divisão de Propriedade Intelectual.

A equipe da Secretaria é formada por profissionais, em sua maioria, especializados em política de comércio internacional, economia e advocacia, que representam dezenas de nacionalidades. Para se ter uma ideia, em maio de 2013, a organização informava que o quadro do pessoal que trabalhava regularmente era de mais de 600 pessoas, de diversas nacionalidades, homens e mulheres. A Tabela 1.2 apresenta alguns países e o número de profissionais que os representam, segundo informações da OMC.

Paris Club/Clube de Paris

Criação: 1956, podendo-se dizer que foi criado logo que a Argentina aceitou encontrar com seus credores em Paris para renegociar sua dívida externa. A partir de então um grupo informal de credores passou a renegociar e fechar centenas de acordos com países endividados. Ratti (2009) observa que um ano antes, em 1955, houve uma reunião na Países Baixos para tratar da dívida externa brasileira com seus credores, chegando a ser

RELAÇÕES INTERNACIONAIS E A GLOBALIZAÇÃO

TABELA 1.2 – Equipes por Nacionalidade na OMC

País	Mulher	Homem	Total
Alemanha	5	11	16
Argentina	3	5	8
Brasil	3	5	8
Canadá	8	15	23
Chile	3	2	5
China	3	2	5
Espanha	30	16	46
Estados Unidos	21	9	30
Estônia	1		1
França	103	78	181
Reino Unido	54	18	72
Suíça	27	17	44
Uruguai	1	5	6
Venezuela	1	3	4

Fonte: Dados retirados do site da OMC em maio/2013.

chamado este encontro de "Clube de Haia", sendo que no ano seguinte passou a ser chamado Clube de Paris.

Sede: Paris, na França, onde está situada a Secretaria do Clube de Paris.

Objetivos: Renegociar as dívidas externas de países com os credores, como meio de ajudá-los a restabelecer sua situação financeira.

Membros: O Clube de Paris (2013) é formado por 19 membros permanentes que são os maiores credores do mundo e que adotam as regras e princípios do "Clube" para renegociar as dívidas com seus devedores. Além dos governos dos países, entre os membros permanentes também se encontram instituições públicas e privadas, como as agências de crédito à exportação. Alemanha, Canadá, França, Estados Unidos, Noruega, Japão e Rússia estão entre os países que mais concederam créditos a terceiros.

Participam do Clube de Paris outros credores que são considerados "membros associados" e que, a convite dos membros permanentes, assistem às sessões de negociações entre credores e devedores. Entre eles estão Argentina, Brasil, Portugal e África do Sul.

Organizações internacionais e representantes de países que não são membros do Clube de Paris, como o FMI, Banco Mundial, Banco Interamericano de Desenvolvimento, entre outras, são convidadas a participar das reuniões de negociação como observadoras, não tendo nenhuma participação direta nos acordos formalizados.

Estrutura: Presidência do Clube de Paris, cujo presidente tradicionalmente é um alto funcionário do tesouro do governo francês, tendo como colaboradores um copresidente e um vice-presidente.

A Secretaria, juntamente com a presidência do Clube de Paris, prepara as sessões de renegociação das dívidas entre credores e devedores. É composta por funcionários do tesouro francês.

BLOCOS ECONÔMICOS

Considerando que a globalização é um processo de integração que une países ou regiões para os mais diversos fins, os acordos bilaterais e multilaterais são apresentados de formas diferenciadas, dependendo do que se pretende com essa união. Aqui, vamos apresentar os acertos celebrados tendo como base a integração econômica entre os países, embora, algumas vezes, esses acertos, além das questões econômicas, agreguem outros interesses dos países-membros que não se relacionam diretamente à economia.

Quando países se unem para estabelecerem relações que vão incrementar ou facilitar o comércio de bens e serviços entre eles, diz-se que foi criado um "bloco econômico".

Em geral, a formação de um bloco econômico prevê diversas fases para atingir seu objetivo, e é por esse motivo que alguns estudiosos consideram que a integração econômica entre países passa por diversas fases, mas isso não significa que todos os blocos econômicos precisam passar necessariamente por todas essas fases para que atinjam seus ideais. Cada bloco formado, de acordo com as pretensões de seus membros, estabelece em seu ato de instituição até onde irá e como se dará a integração entre os países-membros.

Há diversas formas de dois ou mais países se unirem para celebrarem um acordo formando um bloco econômico, sendo que as mais usuais são: acordo de preferência tarifária, área ou zona de livre comércio, união aduaneira, mercado comum, união econômica e monetária e integração total.

Esses formatos de acordos e formação de blocos se caracterizam da seguinte maneira:

Acordo de Preferência Tarifária – neste tipo de acordo, os países estão eliminando somente as barreiras tarifárias entre eles, seja isentando os impostos de importação de determinados produtos ou de um segmento de produtos, seja diminuindo a alíquota desse imposto, desde que, logicamente, a sua origem seja dos países que celebraram o acordo.

Área ou Zona de Livre Comércio – quando dois ou mais países decidem criar uma área de livre comércio, a intenção é eliminar não só as barreiras tarifárias, mas também outros obstáculos que dificultam o comércio entre eles. Neste caso, os países que assinaram o acordo mantêm sua política de comércio internacional com países que não pertencem ao bloco.

União Aduaneira – neste tipo de acordo, pode-se dizer que o processo de integração entre os países, além de eliminar barreiras tarifárias e não tarifárias entre eles, adota uma Tarifa Externa Comum (TEC) em relação aos países que não pertencem ao bloco.

Mercado Comum – quando países decidem constituir um mercado comum significa que o acordo celebrado vai além da constituição de união aduaneira, ou seja, além de adotarem o livre trânsito de bens entre eles, a tarifa externa comum em relação a outros países, também está previsto o livre trânsito de serviços, pessoas e capital.

União Econômica – considerada um dos "estágios" mais avançados de integração econômica, pois os países que compõem o bloco, além de terem adotado todas as formas de livre circulação de bens, serviços, pessoas e capital, passam a definir políticas econômico-financeiras comuns, culminando com a adoção de uma moeda única e, consequentemente, passando a ter um único Banco Central.

Integração Econômica Total – este seria o "estágio" mais avançado de integração entre países, uma vez que, adotadas políticas econômico--financeiras comuns, uma moeda única também unifica as políticas fiscais, sociais e outras, delegando-se a uma autoridade supranacional poderes para legislar e executar sobre todos os membros do bloco.

As informações sobre os blocos que a seguir serão apresentados foram coletadas de órgãos oficiais de cada um deles, que disponibilizam os documentos oficiais das suas constituições, como os tratados e acordos assinados pelos representantes dos países. É importante salientar que neste momento não será feita uma avaliação das atividades e resultados de cada um dos blocos, e sim a apresentação das intenções dos dirigentes em integrar a região pelos mais diversos motivos. Sabe-se que não é raro os blocos ficarem estagnados por algum tempo, geralmente por problemas econômicos e políticos de um dos países-membros ou, ainda, por razões externas que os impedem de dar prosseguimento a seus propósitos. No início de 2011, por exemplo, por mais de duas semanas um intenso e sangrento movimento popular ocorreu no Egito, onde a sociedade civil lutou por democracia e pelo fim do governo ditatorial de Hosni Mubarak, resultando em sua renúncia no dia 11 de fevereiro.

No caso do Egito, a bolsa de valores ficou fechada por mais de dez dias, grande parte do comércio do Cairo, capital egípcia, permaneceu fechada, causando desabastecimento e corrida da população por alimentos, as escolas ficaram fechadas, os pontos turísticos e os bancos também permaneceram fechados por vários dias, a libra egípcia foi desvalorizada em 17% em 14 dias, considerada a maior desvalorização em seis anos, e já havia uma estimativa de que a economia do País estava perdendo no mínimo US$ 310 milhões por dia.

Após a saída de Hosni Mubarak, uma junta militar assume o poder no Egito e, sob forte pressão popular, prepara o país para eleger um novo presidente. Mohamed Morsi é eleito democraticamente e toma posse como presidente do Egito em 30 de junho de 2012. Cinco meses depois, o povo insatisfeito com a situação econômica e política do país vai às ruas para manifestar-se contra o acúmulo de poderes e autoritarismo do governo de Morsi. Protestos e violentos confrontos entre os opositores e partidários de Morsi se tornaram frequentes até que, em 03 de julho de 2013, o exército anuncia a deposição de Mohamed Morsi e empossa Adly Mansour como presidente interino até que novas eleições escolham um novo presidente para o Egito.

Denominado de "Primavera Árabe", movimentos populares similares também ocorreram na Argélia, Líbia, Marrocos, Mauritânia, Síria, Jordânia, Bahreim, Omã e Iêmen, basicamente pelos mesmos motivos, ou seja, a população pedia por liberdade, dignidade e direito de expressão, entre outras coisas.

Na Líbia, o movimento resultou na queda do ditador Muamar Kadafi, que estava no poder desde 1969. Um governo interino, com a ajuda da Otan, assumiu o controle do país em meio a um combate sangrento entre os adeptos do antigo governo e o interino, culminando com a captura e morte de Kadhafi em 20 de outubro de 2011.

O estopim desses movimentos começou na Tunísia, quando o jovem Khaled ateou fogo no próprio corpo como protesto contra o confisco de sua banca de legumes em um país onde o índice de desemprego entre os jovens é muito alto, e as ações do governo ditatorial estavam longe de atender às necessidades básicas da população. Sendo apoiado inicialmente pelos jovens que foram às ruas protestar e, em seguida, pela sociedade em geral, esse movimento culminou com a queda do governo de Zine El Abine Ben Ali, que estava no poder há 32 anos.

Esse movimento tunisiano foi chamado de "Revolução de Jasmim". Em 23 de outubro de 2011, na Tunísia realizou a primeira eleição da Primavera Árabe para eleger o congresso que escreveria a nova constituição, onde a população esperava que a democracia substituísse os regimes ditatoriais. Os 217 assentos na assembleia foram disputadas por mais de 11 mil candidatos, representando 110 partidos. O partido islâmico moderado Ennahda venceu o pleito e a partir de então o país passou por uma grave crise política e social que levou à renúncia do primeiro-ministro Hamadi Jebali em fevereiro de 2013.

Não só nos países árabes foram registrados movimentos populares que levaram a mudanças nas políticas governamentais. Os movimentos ocorridos no Brasil tomaram força no primeiro semestre de 2013 e levaram a uma série de tomadas de decisões políticas pelos governantes em um momento em que a economia do país começava a apresentar números preocupantes em relação ao PIB, geração de empregos e aumento da inflação.

Tais manifestações certamente impactaram e continuam impactando diretamente nas relações comercias não só entre os países envolvidos, mas em todo o planeta. Para um profissional da área internacional é importantíssimo que ele saiba desses movimentos que ocorrem no mundo e em seu país e acompanhe cada um deles no seu dia a dia, a fim de avaliar adequadamente as oportunidades e riscos para seus negócios com o mercado externo.

African Union (AU)/União Africana (UA)
Criação: 25 de maio de 1963, quando 32 países africanos independentes assinaram a Constituição da Organização da Unidade Africana (OUA). Em 9 de julho de 2002, a OUA foi substituída pela União Africana.

Sede: Adis Abeba, na Etiópia.

Objetivos: Segundo a sua Constituição, os objetivos da UA são: promover a unidade e solidariedade entre os Estados africanos; coordenar e intensificar a cooperação entre os Estados africanos, no sentido de atingir uma vida melhor para os povos de África; defender a soberania, integridade territorial e independência dos Estados africanos; erradicar todas as formas de colonialismo da África; promover a cooperação internacional, respeitando a Carta das Nações Unidas e a Declaração Universal dos Direitos Humanos; coordenar e harmonizar as políticas dos Estados-membros nas esferas política, diplomática, econômica, educacional, cultural, da saúde, bem-estar, ciência, técnica e de defesa.

Membros: 54 países (2013) – África do Sul, Argélia, Angola, Benim, Botswana, Burkina Faso, Burundi, Cabo Verde, Camarões, Chade, Comores, República Democrática do Congo, República do Congo, Costa do Marfim, Djibuti, Egito, Eritreia, Etiópia, Gabão, Gâmbia, Gana, Guiné, Guiné-Bissau, Guiné Equatorial, Lesoto, Libéria, Líbia, Madagascar, Malauí, Mali, Ilhas Maurício, Mauritânia, Moçambique, Namíbia, Níger, Nigéria, Quênia, República Centro-Africana, Ruanda, Saara Ocidental, São Tomé e Príncipe, Senegal, Serra Leoa, Seychelles, Somália, Suazilândia, Sudão, Sudão do Sul, Tanzânia, Togo, Tunísia, Uganda, Zâmbia e Zimbábue.

Estrutura: Assembleia da UA, que é formada pelos chefes de Estado e de Governo dos países-membros; Conselho Executivo da UA, formado por ministros ou outras autoridades dos países-membros; Comissão da UA, responsável pela execução das decisões tomadas pela Assembleia; Comitê de Representantes Permanentes da UA; Comitê de Paz e Segurança da UA; Parlamento Pan-Africano; Conselho Econômico Social e Cultural da UA; e diversos Comitês Técnicos Especializados.

Alianza del Pacífico/Aliança do Pacífico

Criação: Em 28 de abril de 2011, os presidentes do Chile, Colômbia, México e Peru assinaram a Declaração de Lima estabelecendo a Aliança do Pacífico com o propósito de promover a livre circulação de bens, serviços, capitais e pessoas entre seus países. Em 06 de junho de 2012, em Paranal – Antofagasta, no Chile, durante IV Cúpula da Aliança do Pacífico, foi assinado o Acordo Marco para o estabelecimento do bloco, como um instrumento jurídico que define as bases de integração regional. As decisões para adotar medidas e acordos entre os participantes do bloco mostram-se bem dinâmicas.

Um ano após a sua criação, em maio de 2013, durante a VII Cúpula da Aliança do Pacífico, realizada em Cali, na Colômbia, os líderes dos países que integram o bloco decidiram reduzir as tarifas de importação. A princípio, serão beneficiados 90% dos bens comercializados entre eles e, dentro de um prazo e procedimentos acertados, todos os bens comercializados pelo bloco poderão ter tarifas de importação zeradas. Costa Rica, que atualmente participa como país observador candidato do bloco, também aderiu ao acordo de redução das tarifas de importação. Esta decisão certamente impulsionará os esforços de integração econômica na América Latina. Há quem diga que este bloco é uma continuação das negociações para a formação Alca – Área de Livre Comércio das Américas, que desde 2005 estão paralisadas. Em paralelo à reunião de Cali foi realizado o primeiro Encontro Empresarial da Aliança do Pacífico, que reuniu mais de 500 empresários e representantes dos governos para discutirem sobre as oportunidades de comércio e investimentos entre eles.

Os acordos previstos pela Aliança do Pacífico incluem questões como regras de origem, facilitações de comércio e cooperação aduaneira, medidas sanitárias e fitossanitárias, barreiras técnicas ao comércio, serviços financeiros, serviços de telecomunicações, transportes marítimo e aéreo e investimentos de capitais. O bloco conta com o apoio do BID – Banco Interamericano de Desenvolvimento que oferecerá assistência técnica e financeira para os grupos técnicos do bloco e para o Conselho Empresarial.

Diversas outras medidas foram anunciadas durante a VII Reunião de Cúpula da Aliança do Pacífico, entre elas: a adoção do Visto Aliança do Pacífico para que turistas de terceiros países possam visitar todos os países do bloco com um único visto de entrada e a criação de um fundo para promover os quatro países como destino turístico; para as questões diplomáticas e promover negócios, foram anunciadas instalações de embaixadas conjuntas em Gana e em Cingapura e a ampliação dos escritórios de promoção comercial conjunta entre todos os países do bloco ou pares de países da Aliança do Pacífico e, na área de educação, a concessão de bolsas de estudos e incentivos à iniciação científica para os estudantes do bloco.

Objetivos: Construir, forma participativa e consensual, um espaço de integração profunda para avançar progressivamente para a livre circulação de bens, serviços, capitais e pessoas; estreitar as relações bilaterais, aprofundar o intercâmbio comercial, a cooperação e intensificar os fluxos de investimentos entre a Aliança do Pacífico e outros mercados.

Membros: quatro países (2013) – Chile, Colômbia, México e Peru.
Países Observadores Candidatos: Costa Rica e Panamá.

Países Observadores: Austrália, Canadá, El Salvador, Equador, Espanha, França, Guatemala, Honduras, Japão, Nova Zelândia, Paraguai, Portugal, República Dominicana e Uruguai.

Estrutura: Cúpula de Presidentes – reunião dos presidentes dos países-membros, que é a mais alta instância de decisão da Aliança do Pacífico.

Conselho de Ministros – composto pelos ministros das Relações Exteriores e do Comércio Exterior dos países-membros, responsável pela tomada de decisões para alcançar os objetivos e ações específicas do bloco, pela avaliação periódica dos resultados alcançados, pela aprovação dos programas de trabalho e orientações políticas que definem o processo de integração, entre outras atribuições.

Grupo de Alto Nível (GAN) – composto pelos vice-ministros das Relações Exteriores e do Comércio Exterior dos países-membros. Este grupo monitora o progresso dos grupos técnicos, avalia e elabora propostas para o planejamento e as relações externas com outras organizações ou grupos regionais.

Grupos Técnicos – direcionados para cada área da integração, ou seja: comércio e integração; serviços e capitais; mobilidade de pessoas; cooperação e institucional.

Associação Latino-Americana de Desenvolvimento e Integração (ALADI)/*Associación Latinoamericana de Integración*

Criação: A Aladi foi criada pelo Tratado de Montevidéu, assinado em 12 de agosto de 1980, em substituição à Associação Latino-Americana de Livre Comércio (ALALC), criada durante uma reunião em Montevidéu (Uruguai) em fevereiro de 1960.

Sede: Montevidéu, no Uruguai, onde fica a Secretaria Geral da Aladi.

Objetivos: Estabelecer um mercado comum latino-americano, mediante uma zona de preferências tarifárias que entrariam em vigor de forma gradual e progressiva, e que não haveria a obrigatoriedade de se estender a todos os membros. Segundo Ratti (2009), os mecanismos para estabelecer essa zona de preferências tarifárias são: preferência tarifária regional em relação a países terceiros, acordos de alcance regional, os quais todos os países-membros obrigatoriamente devem assinar, e os acordos de alcance parcial dos quais participam apenas alguns dos países-membros, embora estejam abertos para todos. Os acordos comerciais podem ser de natureza comercial, de complementação econômica, agropecuário ou de outras naturezas.

Membros: 14 países (2013) – Argentina, Bolívia, Brasil, Chile, Colômbia, Cuba, Equador, México, Nicarágua, Panamá, Paraguai, Peru, Uruguai e Venezuela.

A adesão da Nicarágua ocorreu em agosto de 2011 e no momento está em fase de cumprimento das condições estabelecidas para se tornar membro pleno do bloco.

A Aladi permite que países e organismos internacionais participem como observadores das sessões públicas do Comitê de Representantes e tenham acesso aos documentos quando estes não tenham caráter reservado. Entre os países observadores (2013) estão Costa Rica, China, El Salvador, Guatemala, Honduras, Espanha, Portugal, República Dominicana e Rússia. Entre os organismos internacionais (2013) estão OEA – Organização dos Estados Americanos, BID – Banco Interamericano de Desenvolvimento e o PNUD – Programa das Nações Unidas para o Desenvolvimento.

Com vigência desde 1 de janeiro de 1990, a Aladi adotou a Naladi/SH, que consiste em uma estrutura de oito dígitos, com base no Sistema Harmonizado de Designação e Codificação de Mercadorias.

Sistemas de Pagamento da Aladi – Os países integrantes desse bloco, exceto Cuba, mais a República Dominicana, em 25 de agosto de 1982, assinaram o Convênio de Créditos Recíprocos (CCR), que é um sistema operacionalizado pelos bancos centrais da Argentina, Bolívia, Brasil, Chile, Colômbia, Equador, México, Paraguai, Peru, Uruguai, Venezuela e da República Dominicana, por meio do qual os pagamentos decorrentes do comércio de bens, prestação de serviços e transferências financeiras são cursados e compensados em períodos de quatro meses, sendo que, ao final desse período, somente se transfere ou recebe os valores de acordo com o saldo apresentado no acerto das contas feito entre os bancos centrais.

Outro sistema de pagamentos adotado no âmbito da Aladi é o Sistema de Pagamento em Moeda Local (SML). O SML é um acordo bilateral, assinado entre os Bancos Centrais, que permite que os pagamentos e recebimentos referentes às exportações e importações entre os países signatários sejam cursados em suas moedas locais, desde que essas operações tenham sido contratadas e registradas previamente em moedas dos países em questão, ou seja, um exportador brasileiro deverá fazer sua venda em reais e um importador brasileiro deve fechar seu negócio em moeda local do país fornecedor. Os importadores farão os pagamentos de suas importações em moeda de seu país, por meio de uma instituição financeira que registrará a operação em seu respectivo Banco Central. Uma vez feitos os registros, os Bancos Centrais farão entre eles a compensação dos valores em moeda local e, em seguida, a liberação dos créditos para os exportadores por meio dos bancos comerciais.

As vantagens para o exportador e importador são a redução de custos operacionais, uma vez que se eliminam as operações de câmbio e, em princípio, a taxa SML tende a ser favorável, pois é formada pelas taxas interbancárias, além dos procedimentos simplificados para a remessa ou recebimento dos valores das operações. Esse sistema tem sido utilizado pelo Brasil e Argentina, sendo que outros países já demonstraram interesse em adotá-lo.

Estrutura: Conselho de Ministros – formado pelos ministros das Relações Exteriores dos países-membros, é responsável pelas tomadas de decisões e adoção de políticas para a integração econômica.

Conferência de Avaliação e Convergência – formada por representantes de seus membros, é responsável pela análise e promoção dos mecanismos previstos pelo tratado que criou o bloco.

Comitê de Representantes – formado por representantes dos países-membros, é um órgão permanente responsável pela elaboração e cumprimento dos acordos celebrados e pela administração orçamentária do bloco.

Secretaria Geral – composta por técnicos e administradores, é responsável pela proposição, avaliação e estudos que visem uma melhor maneira de atingir os objetivos do bloco.

Association of Southeast Asian Nations (Asean)/Associação de Nações do Sudeste Asiático (Ansa)

Criação: 8 de agosto de 1967, em Bangkok, na Tailândia, foi assinada a Declaração da Asean pelos ministros dos Negócios Estrangeiros de Cingapura, Filipinas, Malásia e Tailândia.

Sede: Jacarta, na Indonésia, onde fica a Secretaria da Asean.

Objetivos: Os principais objetivos estabelecidos pela Declaração da Asean são acelerar o crescimento econômico, o progresso social e o desenvolvimento cultural da região, promover a paz e a estabilidade regionais por meio do respeito pela justiça e pela lei de relacionamento entre seus integrantes.

A Asean é composta pelos pilares: Asean Política de Segurança, Asean Comunidade Econômica, Asean Comunidade Sociocultural, sendo que cada um deles tem o próprio projeto e em conjunto atuam para a integração do bloco, e Asean Relações Exteriores.

Membros: 10 países (2013) – Brunei, Camboja, Cingapura, Filipinas, Indonésia, Laos, Malásia, Mianmar, Tailândia e Vietnã.

Estrutura: *Asean Coordinating Council* – formado pelos ministros de Negócios Internacionais dos países-membros do bloco, que se reúnem pelo menos duas vezes ao ano.

Asean Community Councils – composto por três conselhos: *Asean Political--Security Community Council, Asean Economic Community Council e Asean Socio-Cultural Community Council,* sendo que em cada um deles participam representantes de todos os países-membros e tratam de questões específicas relacionadas ao bloco.

Committee of Permanent Representatives (CPR) – composto por representantes permanentes de cada país-membro, sua responsabilidade é dar apoio aos demais conselhos e órgãos setoriais do bloco e facilitar as negociações entre os integrantes e suas relações com países que não pertencem à Asean.

Asean Secretariaty-General – a Secretaria Geral da Asean é responsável por coordenar e facilitar as atividades entre seus órgãos e países-membros para que os princípios do bloco sejam respeitados e seus objetivos sejam alcançados.

National Secretariats – o bloco mantém secretarias nacionais em cada país-membro.

Committees Abroad – são comitês instalados em outros países que representam todos os países-membros da Asean ou determinados países que integram o bloco. Em 2013 o bloco contava com 37 comitês, entre eles o Comitê da Asean em Genebra, na Suíça – representa todos os países integrantes do bloco; Comitê da Asean em Amã, na Jordânia – representa os países Brunei, Filipinas, Indonésia, Malásia, e Tailândia; Comitê da Asean em Beijing, na China – representa todos os países-membros; Comitê da Asean em Seul, na Coreia do Sul – representa todos os países-membros; Comitê da Asean em Pretória, na África do Sul – representa a Cingapura, Filipinas, Indonésia, Malásia, Mianmar, Tailândia e Vietnã; Comitê de Wellington, na Nova Zelândia – representa a Cingapura, Filipinas, Indonésia, Malásia, Tailândia e Vietnã e o Comitê de Brasília, no Brasil.

Asian-Pacific Economic Cooperation (Apec)/Cooperação Econômica da Ásia e do Pacífico

Criação: Uma visita do primeiro ministro da Austrália, em Seul, na Coreia do Sul, em janeiro de 1989, deu início à instalação de um fórum de conversações informais entre dirigentes de países asiáticos banhados pelo oceano Pacífico. Em um encontro em Camberra, na Austrália, os países Austrália, Brunei, Canadá, Cingapura, Coreia do Sul, Estados Unidos, Indonésia, Japão, Malásia, Nova Zelândia e Tailândia instituíram a Apec. De 1989 a 1992 outros países participaram das reuniões "informais" do bloco até que, em 1993, a Apec foi formalizada como um bloco econômico.

Sede: Cingapura, em Cingapura, onde está sediada a Secretaria Geral.

Objetivos: Seu objetivo geral é apoiar o crescimento econômico sustentável e a prosperidade da região Ásia-Pacífico, promovendo o livre comércio, a cooperação econômica e técnica e facilitando um ambiente empresarial favorável entre seus membros.

Membros: 21 países (2013) – Austrália, Brunei, Canadá, Cingapura, Chile, China, Coreia do Sul, Estados Unidos, Filipinas, Hong Kong (China), Indonésia, Japão, Malásia, México, Nova Zelândia, Papua Nova Guiné, Peru, Rússia, Taiwan, Tailândia e Vietnã.

Estrutura: Três grandes áreas são os pilares das atividades desenvolvidas pela Apec para atingir seus objetivos: Liberalização do Comércio e Investimentos, Facilitação de Negócios e Cooperação Econômica e Técnica.

As decisões políticas da Apec são tomadas pelos representantes dos países-membros. Também são realizadas reuniões com líderes de cada governo para tratar de assuntos específicos por setores como educação, energia, desenvolvimento sustentável, recursos humanos, ciência regional e cooperação tecnológica, pequenas e médias empresas, telecomunicações, comércio, entre outros.

Secretaria da Apec – responsável pelo apoio, coordenação, assessoria técnica, gestão de informação, comunicação ao bloco, bem como gerenciamento dos projetos desenvolvidos pela Apec. É dirigida por um diretor executivo nomeado a cada três anos. A Secretaria da Apec obteve a Certificação de Gestão de Qualidade ISO 9001 em 2002, considerada pioneira na obtenção desse certificado entre as secretarias desse tipo de instituição multilateral.

Comunidad Andina/Comunidade Andina (CAN) ou Pacto Andino

Criação: Em 26 de maio de 1969, pelo Acordo de Cartagena assinado por dirigentes da Bolívia, Colômbia, Chile, Equador e Peru. Este acordo tinha como objetivo melhorar o nível de vida dos habitantes desses países mediante a integração e a cooperação econômica e social. Esse grupo de países passou a ser chamado de Pacto Andino, depois de Grupo Andino e, hoje, é conhecido como Comunidade Andina (CAN). No decorrer dos anos algumas alterações foram feitas no acordo assinado entre os países, adaptando-o às necessidades e realidades vividas pelos países. A CAN, desde 1993, é uma zona de livre comércio, em que as mercadorias entre os países que a integram circulam livremente, sendo liberados também os serviços, em especial o de transportes. Outras ações conjuntas são desenvolvidas pelo bloco, como as relacionadas às questões de emprego, saúde, educação e meio ambiente.

A Venezuela participou do bloco de fevereiro de 1973 a abril de 2006. O Chile retirou-se do bloco em outubro de 1976 e, em setembro de 2006, retornou na condição de país-membro associado da CAN.

Sede: Lima, no Peru, onde está sediada a Secretaria Geral da Comunidade Andina.

Objetivos: Melhorar conjuntamente o nível de vida de seus habitantes, mediante a cooperação econômica e social e a integração andina, sul-americana e latino-americana.

Membros: quatro países (2013) – Bolívia, Colômbia, Equador e Peru, cinco países-membros associados – Argentina, Brasil, Chile, Paraguai e Uruguai e um país observador – Espanha.

Estrutura: O bloco estabeleceu o Sistema Andino de Integração (SAI), que congrega todos os órgãos e instituições da CAN. São eles: Conselho Presidencial Andino – responsável por elaborar as políticas de integração do bloco, as quais deverão ser seguidas pelos demais órgãos de acordo com o exercício de suas funções, sendo eles o Conselho Andino de Ministros de Relações Exteriores, a Comissão da Comunidade Andina, a Secretaria da Comunidade Andina, o Tribunal de Justiça da Comunidade Andina, o Parlamento Andino, o Conselho Consultivo Empresarial, o Conselho Consultivo Laboral, a Corporação Andina de Fomento, o Fundo Latino-Americano de Reservas e a Universidade Andina Simon Bolívar, todos regidos pelo Acordo de Cartagena, pelos respectivos tratados que o constituíram e pelos protocolos de alterações.

Além dos órgãos e instituições mencionados, integram também a SAI:

Convênio Simon Rodríguez – é um fórum de debates, participação e coordenação para as questões sociais e trabalhistas da CAN.

Organismo Andino de Saúde – Convênio Hipólito Unanue – instituição criada para coordenar e apoiar as ações dos países-membros no sentido de melhorar a saúde de suas populações.

Caribbean Community/Mercado Comum do Caribe (Caricom)

Criação: Em 4 de julho de 1973, na ilha de Trinidad, foi assinado pelos dirigentes de Barbados, Guiana, Jamaica e Trinidad e Tobago o Tratado de Chaguaramas, que criou o Mercado Comum do Caribe (Caricom), substituindo a Associação de Livre Comércio do Caribe (Carifta), estabelecida desde 1 de maio de 1968.

Sede: Georgetown, na Guiana.

Objetivos: Os principais objetivos do bloco são incrementar e diversificar o comércio livre com a eliminação de entraves aduaneiros e redução de tarifas e cotas das exportações e importações realizadas pelos países do bloco, e desenvolver ações para promover o desenvolvimento sustentável e a competitividade da região.

Membros: 15 países (2013) – Antígua e Barbuda, Bahamas, Barbados, Belize, Dominica, Granada, Guiana, Haiti, Jamaica, Montserrat, Santa Lucia, São Cristovão e Nevis, São Vicente e Granadinas, Suriname e Trinidad e Tobago.

Membros associados: Anguilla, Bermudas, Ilhas Virgens Britânicas, Ilhas Cayman e Ilhas Turks e Caicos.

Estrutura: Secretaria – é o principal órgão administrativo, dirigida por um Secretário Geral, responsável pela gestão estratégica para implementação das decisões tomadas pelo Conselho de acordo com os objetivos do bloco.

Communauté Économique des États de L'Afrique Centrale (CEEAC)/ Comunidade Econômica dos Estados da África Central

Criação: A CEEAC foi criada em outubro de 1983, em Libreville, no Gabão, pelo Tratado de Instituição da Comunidade Econômica dos Estados da África Central, entrando em vigor em dezembro de 1984. Em consequência das crises internas ocorridas em seus países-membros, de 1992 a 1998, as atividades do bloco ficaram paralisadas, sendo que, durante este último ano, os dirigentes dos países-membros decidiram retomá-las e dar prosseguimento aos acordos por eles assinados.

Sede: Libreville, no Gabão.

Objetivos: Os objetivos principais são a promoção da estabilidade econômica e melhoria da qualidade de vida de seus integrantes por meio da eliminação dos impostos alfandegários entre os países-membros, consolidando assim o livre comércio de bens, bem como o livre trânsito de serviços e pessoas. A melhoria do setor industrial, de transportes, comunicações, a unificação dos bancos e a criação de um fundo de desenvolvimento também estão entre os objetivos do bloco.

Membros: 10 países (2013) – Angola, Burundi, Camarões, República Centro-Africana, Chade, Congo, Guiné Equatorial, Gabão, São Tomé e Príncipe e República Democrática do Congo.

Estrutura: A instituição é composta pela Conferência dos Chefes de Estados e de governo, com a participação dos governantes dos países-membros, que é o "órgão" supremo da CEEAC; o Conselho de Ministros; a Corte de Justiça, embora já tenha sido constituída, ainda não está em operação; a Secretaria Geral, que é o órgão executivo do bloco; a Comissão Consultiva; e diversos comitês técnicos especializados.

Economic Community of West African States (ECOWAS)/Comunidade Econômica dos Estados da África Ocidental (Cedeao)

Criação: Em 28 de maio 1975, em Lagos, na Nigéria, pelo Tratado de Lagos, os dirigentes de 15 países do Oeste da África constituíram a Comunidade Econômica dos Estados da África Ocidental (Cedeao), decidindo entre os participantes que essa instituição seria a única comunidade econômica na região.

Sede: Abuja, na Nigéria.

Objetivos: Promover a integração econômica em todos os segmentos, sobretudo no que se refere a indústria, transportes, telecomunicações, energia, agricultura, recursos naturais, comércio, questões monetárias e financeiras e questões sociais e culturais. Cinco países-membros – Gâmbia, Gana, Guiné-Conakry, Nigéria e Serra Leoa – constituíram a Zona Monetária do Oeste da África (ZMAO) e têm como objetivo o lançamento de uma união monetária até 2015, criando um Banco Central e introduzindo uma moeda comum, o ECO.

Membros: 15 países (2013) – Benin, Burkina Faso, Cabo Verde, Costa do Marfim, Gâmbia, Gana, Guiné, Guiné-Bissau, Libéria, Mali, Níger, Nigéria, Senegal, Serra Leoa e Togo. Cabo Verde tornou-se membro do bloco em 1976 e a Mauritânia, que foi um dos países que assinou o Tratado de Lagos, retirou-se do bloco em 2002.

Estrutura: A Cedeao é constituída por quatro instituições: a Comissão da Cedeao, o Parlamento da Comunidade, o Tribunal da Comunidade e o Banco de Investimento e Desenvolvimento (Ebid). A Comissão da Cedeao e o Ebid são os principais órgãos do bloco, responsáveis pela aplicação da política, dos programas e projetos de desenvolvimento dos países-membros. O Parlamento da Cedeao é composto por representantes dos países-membros, que se reúnem para dialogarem e discutirem sobre questões inerentes ao bloco com vistas à sua integração.

Common Market for Eastern and Southern Africa (Comesa)/Mercado Comum para África Oriental e Austral

Criação: Em 5 novembro de 1993, em Kampala, na Uganda, e ratificado em 8 de dezembro de 1994, em Lilongue, no Malauí, substituindo a antiga Zona de Comércio Preferencial que existia na região desde 1981. Embora o nome do bloco sugira que os países-membros pertencem às regiões central e oriental do continente africano, dois países do norte – Egito e Líbia – também integram o bloco.

Sede: Lusaka, na Zâmbia, onde está situada a Secretaria do Comesa.

Objetivos: O principal objetivo do bloco é o desenvolvimento econômico dos países-membros, criando um mercado comum. De acordo com o artigo 3.º do Capítulo 3 do Tratado que criou o Comesa, algumas das metas e objetivos do bloco são:

> [...] alcançar um crescimento sustentável e desenvolvimento dos Estados-membros, promovendo um desenvolvimento mais equilibrado e harmonioso de sua produção e estrutura de mercado; promover o desenvolvimento conjunto de todos os setores da atividade econômica e a adoção de políticas macroeconômicas e programas para elevar o padrão de vida de seus povos, promovendo relações mais estreitas entre os Estados-membros.

Membros: 19 países (2013) – Burundi, Comores, Congo, Djibuti, Egito, Eritreia, Etiópia, Quênia, Líbia, Madagascar, Malauí, Ilhas Maurício, Ruanda, Seychelles, Sudão, Suazilândia, Uganda,Zâmbia e Zimbábue.

Estrutura: Todos os órgãos que compõem o Comesa atuam de acordo com as decisões das autoridades que representam cada país-membro e que são responsáveis por estabelecer políticas para o desempenho do bloco, que deverão ser cumpridas pelo Conselho de Ministros no exercício de suas funções. Também fazem parte da estrutura do bloco o Tribunal de Justiça, o Comitê dos Governadores dos Bancos Centrais, os Comitês Técnicos, o Comitê Consultivo e a Secretaria que sedia as reuniões e negociações intergovernamentais, além de realizar as próprias funções.

East African Community (EAC)/Comunidade da África Oriental (CAO)

Criação: Em 30 de novembro de 1999, pelo Tratado para o Estabelecimento da Comunidade da África Oriental, assinado pelos presidentes do Quênia, Uganda e Tanzânia, na cidade de Arusha, na Tanzânia, entrando em vigor no dia 7 de julho de 2000. Na reunião de cúpula de 30 de novembro de 2006 foi aprovado o ingresso de Burundi e Ruanda no bloco e, em 18 de junho de 2007, esses dois países ingressaram efetivamente na CAO.

Este bloco, embora tenha sido criado na última década, foi formado das relações de integração que já ocorriam com seus membros há quase um século. Quênia e Uganda, em 1917, formaram uma união aduaneira, sendo que mais tarde teve a adesão da Tanganica, país que à época pertencia à Comunidade Britânica e que hoje, após unir-se com a ilha de Zanzibar, passou a se chamar Tanzânia e é um dos exemplos sobre as iniciativas no continente africano para integração de seus países em prol do desenvolvimento regional.

Sede: Arusha, na Tanzânia.

Objetivos: Aprofundar a cooperação entre os países-membros em todos os campos, contribuindo assim para o seu desenvolvimento.

Membros: cinco países (2013) – Burundi, Quênia, Ruanda, Tanzânia e Uganda.

Estrutura: Cúpula do bloco, composta pelos Chefes de Estado ou de Governo dos países-membros; Conselho de Ministros, composto pelos ministros responsáveis pela cooperação regional de cada país; Comissão de Coordenação, composta por secretários permanentes representando seus países; Comitês Setoriais, criados para darem andamento quando necessário para a realização dos objetivos do Tratado que instituiu o bloco; Tribunal de Justiça do Leste Africano; Assembleia Legislativa do Leste Africano; e Secretaria Geral, órgão executivo da CAO.

European Free Trade Association (EFTA)/Associação Europeia de Livre Comércio (AELC)

Criação: 4 de janeiro de 1960, pela Convenção de Estocolmo assinada pelos representantes da Áustria, Dinamarca, Noruega, Portugal, Suécia, Suíça e Reino Unido. Um ano mais tarde, a Finlândia se associou ao bloco; em 1970, foi a vez da Islândia; e, em 1991, Liechtenstein se associou à EFTA. Vários acordos de livre comércio bilaterais e multilaterais foram assinados pelo bloco, como o Acordo Espaço Econômico Europeu (EEE), que une a União Europeia e a EFTA, e diversos acordos com países de outros continentes. Hoje, alguns países que integravam a EFTA deixaram de fazer parte do bloco e passaram a integrar a União Europeia.

Sede: Genebra, na Suíça, onde são administrados os acordos entre os países da EFTA, e em Bruxelas, na Bélgica, onde são administrados os acordos do EEE.

Objetivos: Como uma organização intergovernamental, seu principal objetivo é promover o crescimento e desenvolvimento de seus países-membros por meio do livre comércio entre eles e manter relações de cooperação com os demais países europeus, contribuindo, desse modo, para o crescimento do comércio internacional no mundo.

Membros: quatro países (2013) – Islândia, Liechtenstein, Noruega e Suíça.

Estrutura: Conselho da EFTA – composto por representantes dos países-membros denominados de Chefes de Delegações Permanentes, com status de ministros, responsáveis por negociar e decidir sobre as questões políticas do bloco não só no que se refere às relações intrabloco, mas também em relação aos países da União Europeia e à administração da EFTA.

Comitês específicos: Uma subestrutura do Conselho da EFTA apresenta diversos comitês para tratar de assuntos específicos, entre eles o *Committee on Third Country Relations*, que trata das relações com países que não pertencem ao bloco, supervisionando o funcionamento e o desenvolvimento do livre comércio e o cumprimento de acordos de cooperação firmados por eles.

Órgãos consultivos: Comitê Consultivo da EFTA – fórum composto por representantes de sindicatos e organizações dos países-membros, servindo como elo entre os parceiros do bloco e da União Europeia.

Comissão Parlamentar da EFTA – fórum composto por parlamentares dos países-membros, que busca manter um vínculo entre os sistemas políticos intrabloco e também entre o bloco e a União Europeia.

European Union (EU)/União Europeia (UE)

Criação: Em 1 de janeiro de 1958, pelo Tratado de Roma que instituiu o Mercado Comum Europeu (MCE), assinado pela Alemanha, Bélgica, França, Itália, Luxemburgo e Países Baixos, dando continuidade às atividades da Comunidade Europeia do Carvão e do Aço (Ceca), que eliminava todas as restrições entre os países fornecedores de carvão e aço e aplicava um imposto único para os países não participantes. Em 7 de fevereiro de 1992, com 12 países-membros, foi firmado o Tratado da União Europeia, também conhecido como Tratado de Maastricht, estabelecendo a completa integração do bloco que deveria acontecer em vários níveis, até 1999. Na mesma época, decidiu-se lançar a União Econômica e Monetária (UEM), significando a introdução de uma moeda europeia única, o Euro, que veio a se concretizar em 2002.

Além da adoção de uma moeda única, os dez primeiros anos do século XXI foram marcados com a adesão de novos países ao bloco. Em 2004, oito países da Europa Central e Oriental – Estônia, Eslováquia, Eslovênia, Hungria, Letônia, Lituânia, Polônia e República Checa. No mesmo ano, Chipre e Malta também passaram a integrar a União Europeia, seguidos da Bulgária e da Romênia, em 2007.

Outro momento importante para o bloco foi a ratificação do Tratado de Lisboa por todos os países. Este tratado, em vigor desde dezembro de 2009, tem como objetivo "aumentar a democracia, a eficácia e a transparência da União Europeia e, deste modo, torná-la capaz de enfrentar desafios globais tais como as alterações climáticas, a segurança e o desenvolvimento sustentável"[3].

A União Europeia começa a nova década enfrentando uma grave crise econômica e financeira, sobretudo na Espanha, Grécia, Irlanda, Itália e Portugal, resultado do baixo crescimento econômico e dos elevados déficits orçamentários apresentados por estes países. Para receber ajuda financeira tanto da União Europeia como do FMI, estes países tiveram que adotar medidas austeras para sanar as contas públicas e promover reformas estruturais, desencadeando em inúmeros manifestos por parte da sociedade.

Em maio de 2013, o índice médio de desemprego atingiu 12,2%, ou seja, mais de 19 milhões de pessoas estavam sem emprego, sendo que

---

[3] A História da EU, disponível em http://europa.eu/about-eu/eu-history/2000-2009/index_pt.htm, Acesso em 28.05.2013.

23,5% eram jovens com menos de 25 anos de idade. Na Espanha, 56,4% dos jovens nesta faixa etária estavam desempregados.

As perspectivas da OCDE em seu relatório semestral (maio/2013) apontava que os índices econômicos da União Europeia seriam piores em 2014, estimando que na Espanha e Grécia os índices de desemprego seriam superiores a 28%. O relatório apontava que para a zona do euro esperava-se uma queda de 0,6% do Produto Interno Bruto em 2013 e que para 2014 haveria um crescimento de no máximo 1,1%.

Mesmo diante desta situação, a Croácia passou a integrar o bloco em 01 de julho de 2013 e a Islândia se prepara para integrá-lo. Por outro lado, o primeiro-ministro britânico, David Cameron, prometeu realizar um referendo sobre a saída do Reino Unido da União Europeia em 2016, caso seja reeleito, o que certamente gerou muitas críticas por parte dos demais integrantes do bloco e expos ainda mais as divergências entre eles.

Objetivos: Os países integrantes da União Europeia são nações independentes e soberanas que unem suas forças em algumas áreas para que as questões de interesse comum possam ser decididas por todos democraticamente.

Membros: 28 países (2013) – Alemanha, Áustria, Bélgica, Bulgária, Chipre, Croácia, Dinamarca, Eslováquia, Eslovênia, Espanha, Estônia, Finlândia, França, Grécia, Hungria, Irlanda, Itália, Letônia, Lituânia, Luxemburgo, Malta, Países Baixos, Polônia, Portugal, Reino Unido, República Checa, Romênia e Suécia.

Zona do Euro: 17 países adotam o euro como moeda corrente – Alemanha, Áustria, Bélgica, Chipre, Eslováquia, Eslovênia, Espanha, Estônia, Finlândia, França, Grécia, Países Baixos, Irlanda, Itália, Luxemburgo, Malta e Portugal.

Estrutura: Parlamento Europeu, Conselho da União Europeia, Comissão Europeia, Tribunal de Contas e Tribunal de Justiça.

Organismos especializados: Comitê Econômico e Social Europeu, Comitê das Regiões, Banco Europeu de Investimentos, Banco Central Europeu, Provedor de Justiça Europeu, Autoridade Europeia para a Proteção de Dados, Serviço das Publicações Oficiais das Comunidades Europeias, Serviço Europeu de Seleção do Pessoal das Comunidades Europeias e Escola Europeia de Administração.

A União Europeia criou também diversas agências especializadas e descentralizadas para apoiar os países-membros e seus cidadãos, como as Agências da Política Comum de Segurança e Defesa.

Mercado Común Centroamericano (MCCA)/Mercado Comum Centro--Americano

Criação: Em 1951, em São Salvador, dirigentes da Costa Rica, Guatemala, Honduras, Nicarágua e El Salvador criaram a Organização dos Estados Centro-Americanos (Odeca) com o objetivo de promover a cooperação e integração entre os países-membros. No âmbito da Odeca, em 13 de dezembro de 1960 foi criado o Mercado Comum Centro-Americano (MCCA) pelo Tratado Geral de Integração Econômica Centro-Americana, assinado em Manágua, na Nicarágua, pelos dirigentes da Costa Rica, El Salvador, Guatemala, Honduras e Nicarágua, tendo como objetivo a formação de uma união aduaneira entre os países-membros. Seguindo com outras revisões nos tratados assinados pela Odeca, em 1991 foram criados o Sistema de Integração Centro-Americana (Sica), o Parlamento Centro-Americano (Parlacen) e a Corte Americana de Justiça (CCJ), incorporando o Panamá como país-membro, que foi substituída pelo Conselho Judicial Centro-Americano em 1992 que, por sua vez, teve suas atividades encerradas em 12 de outubro de 1994, quando, então, foi instalada a Corte de Manágua pelo Protocolo de Tegucigalpa. Em outubro de 1993, os países integrantes do MCCA assinaram o Protocolo de Guatemala, que emendou o tratado inicial redefinindo os objetivos, princípios e etapas de integração econômica.

Sede: Guatemala, na Guatemala.

Objetivos: Formar uma união aduaneira de comércio por meio da eliminação gradual de tarifas e de barreiras comerciais; conceder o tratamento nacional ao comércio intrarregional; adotar um quadro legal regional que cobra as regras de origem, salvaguardas, práticas comerciais injustas, propriedade intelectual, serviços, medidas sanitárias e fitossanitárias, critérios e regras técnicas.

Membros: cinco países (2013) – Costa Rica, El Salvador, Guatemala, Honduras, Nicarágua e Panamá.

Estrutura: O Sica tem como principal "órgão" a reunião dos presidentes dos países-membros, que se reúnem para tratar das questões da região e decidir sobre as políticas internas e externas do bloco em relação à democracia, desenvolvimento, liberdade, paz e segurança. Fazem parte de sua estrutura a Secretaria de Integração Econômica Centro-Americana (Sieca), responsável pelos assuntos de ordem econômica do Sistema de Integração Centro-Americana, o Conselho de Ministros de Integração e o Comitê Executivo de Integração Econômica (Ceie). É apoiada ainda pelo Banco Centro-Americano de Integração Econômica (BCIE).

Corte de Manágua – responsável pela solução de conflitos entre os países-membros.

Mercado Comum do Sul (Mercosul)/*Mercado Común del Sur* (Mercosur)

Criação: Em 1985, Brasil e Argentina iniciaram as negociações comerciais para formar um mercado regional que deu origem ao Mercosul. Em 29 de julho de 1986 foi assinada a Ata para a Integração Argentino-Brasileira com o objetivo de abrir os mercados nacionais e, em 29 de novembro de 1988, foi assinado o Tratado de Integração, Cooperação e Desenvolvimento, em que estabeleceram um prazo de dez anos para a formação de um espaço econômico comum, mediante a eliminação de barreiras tarifárias e não tarifárias e a elaboração de políticas conjuntas. Em 26 de março de 1991, com as adesões do Paraguai e do Uruguai, assinaram o Tratado de Assunção, cuja proposta era ampliar as dimensões de seus mercados nacionais com base na premissa de que a integração constitui condição fundamental para acelerar o processo de desenvolvimento econômico e social de seus povos.

Conforme estava previsto no Tratado de Assunção, os países-membros do bloco adotaram a Tarifa Externa Comum (TEC) em 1 de janeiro de 1995, que, desde sua formação, prevê possíveis necessidades dos governos em proteger setores da sua indústria interna que estejam enfrentando problemas de competitividade.

Com a necessidade natural de crescimento dos negócios internacionais, outros países da América do Sul passaram a manifestar interesse em compor o Mercosul. De acordo com as diretrizes do bloco, a entrada de novos países tem de ser aprovada por todos os membros e devem permanecer inicialmente na condição de estados associados. Com base nestas diretrizes, foram firmados Acordos de Complementação Econômica (ACE) com o Chile (ACE n.º 35), com a Bolívia (ACE n.º 36) e com a Comunidade Andina (ACE n.º 59).

RELAÇÕES INTERNACIONAIS E A GLOBALIZAÇÃO

Podese dizer que as pretensões do Mercosul são comuns a praticamente todos os blocos econômicos, e seu alcance terá êxito na medida em que seus países-membros estiverem empenhados em alcançá-las. Porém, estabelecer uma política externa comum e coordenar políticas macroeconômicas e setoriais são assuntos muito abrangentes e que demandam maior empenho e integração entre os governos. Dada à complexidade desses temas, o Mercosul ainda não apresentou avanços significativos e, com muita frequência, os acordos assinados entre os países que o integram são descumpridos. As negociações com outros países e blocos econômicos têm sido demoradas. Há mais de dez anos está em negociação a formação de uma área de livre comércio com a União Europeia. Em junho de 2013, o MDIC informava os acordos comerciais vigentes no bloco, entre eles os acordos Mercosul-Índia, Mercosul-Israel, Mercosul-Cuba, Mercosul--Suriname e Mercosul-Guiana. Os acordos assinados com a SACU – União Aduaneira do Sul da África, com a Palestina e com o Egito, ainda não estavam em vigor.

Como se não bastassem as dificuldades para administrar as questões econômicas intrabloco, em meados de 2012 um movimento de caráter político no Paraguai levou à destituição do presidente Fernando Lugo e, em seu lugar, assumiu o vice-presidente Federico Franco. Esse movimento presidencial foi considerado antidemocrático pela Argentina, Brasil e Uruguai, e, por este motivo, o Paraguai foi suspenso do Mercosul, sendo proibido de participar das atividades do bloco até que um novo presidente fosse eleito democraticamente e assumisse o poder.

O presidente da Venezuela, Hugo Chávez, havia solicitado a adesão de seu país ao bloco, mas o Paraguai era o único país-membro a bloquear o pedido. Com o Paraguai suspenso, Argentina, Brasil e Uruguai aprovaram a entrada da Venezuela, que, em 12 de agosto de 2012, se tornou membro pleno do Mercosul. Este fato gerou muitas discussões e críticas pelas circunstâncias em que ocorreu, além de dar oportunidade para que o Paraguai pensasse em buscar outros parceiros comerciais.

Na reunião de cúpula ocorrida em 12 de julho de 2013 em Assunção, os líderes do Mercosul aprovaram o retorno do Paraguai ao bloco. Este retorno se daria quando o presidente eleito do país, Horacio Cartes, tomasse posse em 15 de agosto de 2013. Mas, logo após o líder venezuelano Nicolás Maduro ter assumido a presidência *pro-tempore* e anunciado o retorno do Paraguai, o presidente eleito do país rejeitou a reintegração ao Mercosul, alegando que a Venezuela teria ingressado no bloco e assumido a presidência rotativa em condições que contrariavam os tratados internacionais assinados pelos sócios-fundadores.

Durante a reunião de cúpula, dentre as declarações que demonstravam interesses dos líderes em manter e ampliar o bloco, apesar das dificuldades pelas quais seus membros passavam, destacou-se o avanço das negociações para a adesão da Bolívia como membro pleno, o que provavelmente ocorrerá a partir de 2017, e o ingresso da Guiana e do Suriname como "Estados associados".

Sede: Em Montevidéu, no Uruguai, onde está situada a Secretaria Administrativa do Mercosul.

Objetivos: Dentre os objetivos do Mercosul estão a eliminação das barreiras e a implantação das medidas necessárias para permitir a livre circulação de bens, serviços e fatores produtivos entre os países participantes; o estabelecimento de uma política externa comum e tarifas externa comuns para terceiros países e outros blocos; e a coordenação de políticas macroeconômicas e setoriais entre os países-membros.

Membros: cinco países (2013) – Argentina, Brasil, Paraguai, Uruguai e Venezuela.

Países Associados: Bolívia, Chile, Colômbia, Equador, Guiana, Peru e Suriname.

Estrutura: Conselho do Mercado Comum (CMC) – formado pelos ministros de Relações Exteriores e da Economia dos países-membros, é responsável pela condução política e das tomadas de decisões a fim de alcançar os objetivos do bloco.

Grupo Mercado Comum (GMC) – formado pelos representantes dos Ministérios das Relações Exteriores, Economia e do Banco Central, é o órgão gestor do bloco, responsável pelo cumprimento das decisões tomadas pelo CMC.

Comissão de Comércio do Mercosul (CCM) – com capacidade de decisão, é coordenada pelos Ministérios das Relações Exteriores, é responsável pelo acompanhamento das aplicações dos acordos feitos entre os países-membros e também pela revisão das matérias referentes às políticas comerciais comuns, o comércio intrabloco e com outros países.

Foro Consultivo Econômico-Social (FCES) – com função consultiva, é formado por representantes com competência nos setores econômico e social dos países-membros.

Fundo para a Convergência Estrutural do Mercosul (FOCEM) – criado com o objetivo de financiar programas para promover a convergência estrutural, o desenvolvimento da competitividade e a coesão social. Os recursos deste fundo são compostos a partir das contribuições dos países-membros do Mercosul, sendo que em 2013 o Brasil era o maior contribuinte, participando com 70% do total dos recursos, a Argentina com 27%, o Uruguai com 2% e o Paraguai com 1%, somando US$ 100 milhões. Foi acordado entre os países-membros que a Venezuela contribuirá com o fundo com o mesmo montante que a Argentina, ou seja, com US$ 27 milhões. Quando isto ocorrer, o FOCEM contará com US$ 127 milhões anuais.

Secretaria do Mercosul (SM) – sem capacidade de decisão, é o órgão que dá apoio aos demais órgãos do bloco.

Também compõem a estrutura do Mercosul o Centro Mercosul de Promoção do Estado de Direito (CMPED), o Instituto de Políticas Públicas de Direitos Humanos (IPPDH), o Instituto Social do Mercosul (ISM), o Parlamento do Mercosul (PM), o Tribunal Permanente de Revisão (TPR) e o Tribunal Administrativo-Laboral (TAL)

North American Free Agreement (Nafta)/Acordo de Livre Comércio da América do Norte

Criação: Em 11 de janeiro de 1989, foi assinado um acordo de livre comércio entre os Estados Unidos e o Canadá, mas, dada a importância estratégica geográfica, a oferta de mão de obra barata, a perspectiva de desenvolvimento de um mercado consumidor e a oferta de matérias-primas, esse acordo foi ampliado para receber o México, criando o bloco econômico Nafta em 12 de agosto de 1992, entrando em vigor somente em 1 de janeiro de 1994.

Contrariando os críticos que declaram a exploração do México, passados esses anos, é inegável que esse país tenha alcançado algum ganho nas áreas econômica e social; no entanto, dada a crise norte-americana, o que se percebe é a extrema dependência americana, tanto por parte do Canadá quanto por parte do México. Hoje, eles estariam em situação melhor se pudessem contar com outros mercados, mas não podemos atribuir a culpa aos Estados Unidos, afinal, o acordo não proíbe tratativas com as demais nações. A grande questão é que enquanto os negócios estão prosperando, ninguém pensa em desenvolver um Plano B, uma nova estratégia. Os países que formam este bloco também são membros da Apec.

Sede: O Nafta possui sede em Ottawa, no Canadá; na Cidade do México, no México; e em Washington, D.C., nos Estados Unidos.

Objetivos: De acordo com o artigo 102 da Primeira Parte do Tratado de Livre Comércio da América do Norte, os objetivos específicos do acordo são:

(a) eliminar as barreiras ao comércio e facilitar a circulação transfronteiriça de bens e serviços entre os territórios das partes;

(b) promover condições de concorrência leal na zona de livre comércio;

(c) aumentar substancialmente as oportunidades de investimentos nos territórios das partes;

(d) proteger e aplicar, de maneira adequada e eficaz, os direitos de propriedade intelectual de cada uma das partes;

(e) criar procedimentos eficazes para a aplicação e cumprimento deste Tratado, para sua administração conjunta e para a solução de controvérsias, e

(f) estabelecer diretrizes para mais cooperação trilateral, regional e multilateral para ampliar e melhorar os benefícios deste Tratado.

(Tradução livre.)

Membros: três países (2013) – Canadá, Estados Unidos e México.

Estrutura: Comissão de Livre Comércio – composta por representantes de cada país-membro, tendo como funções supervisionar a implementação dos acordos assinados pelo bloco, acompanhar os trabalhos dos comitês e grupos de trabalho, ajudar na solução de conflitos que venham ocorrer entre as partes, introduzir alterações técnicas às normas a fim de facilitar o comércio entre os países integrantes do Nafta, entre outras.

Comitês e Grupos de Trabalho – formados por representantes de cada país-membro que tratam das questões específicas relacionadas, sendo que alguns desses grupos são consultivos, nos quais participam representantes dos governos, da iniciativa privada, especializados nos assuntos que estão sendo tratados.

Secretaria do Nafta – com escritórios permanentes nos três países, a Secretaria é responsável por dar assistência à Comissão de Livre Comércio, dar assistência administrativa aos painéis e comitês instituídos de solução de controvérsias do bloco, dar assistência ao trabalho de outros comitês e grupos de trabalhos que forem estabelecidos pelo bloco, entre outras funções.

Southern African Customs Union (Sacu)/União Aduaneira do Sul da África

Criação: Em 1910, pelo Acordo de União Aduaneira entre a União da África do Sul e o Alto Comissariado dos Territórios Basutoland (Lesoto), Bechuanaland (Botswana) e Suazilândia. Este acordo foi atualizado em 11 de dezembro de 1969, após a independência desses territórios, entrando em vigor em 1 de março de 1970 e com o nome *Southern African Customs Union* (Sacu). Com a declaração de independência da South West Africa (Namíbia) em 1990, esse país passou a integrar o bloco.

Sede: Windhoek, na Namíbia.

Objetivos: O artigo 2.º do Acordo da Sacu, de 2002, estabelece os seguintes objetivos:

> [...] facilitar a circulação transfronteiriça de mercadorias entre os territórios dos Estados membros; criar instituições eficazes, transparentes e democráticas que garantam os benefícios do comércio equitativo aos Estados membros; promover as condições de concorrência leal no Aduaneira Comum Área; aumentar substancialmente as oportunidades de investimento na área aduaneira comum; melhorar o desenvolvimento econômico, a diversificação, a industrialização e a competitividade dos Estados membros; promover a integração dos Estados membros na economia mundial por meio do reforço das trocas comerciais e de investimento; facilitar a partilha equitativa das receitas decorrentes dos serviços alfandegários, de consumo e os direitos adicionais cobrados pelos Estados Membros e facilitar o desenvolvimento de políticas e estratégias comuns.

Membros: cinco países (2013) – África do Sul, Botswana, Lesoto, Namíbia e Suazilândia.

Estrutura: Conselho de Ministros – formado pelos ministros da Fazenda e do Comércio dos países-membros, responsável pelas decisões e adoção de políticas que atendam aos propósitos do bloco.

Comissão da Sacu – composta por representantes de cada país-membro, é responsável por aplicar o que está determinado no acordo de formação do bloco e as decisões tomadas pelo Conselho de Ministros.

Comissões Técnicas – responsáveis por dar assistência e orientar a Comissão da Sacu referentes às questões agrícolas, aduaneiras, comerciais, industriais, transportes, finanças, entre outras, além de supervisionar e fiscalizar o trabalho da Secretaria da Sacu.

Instituições Independentes – Conselho Tarifário, composto por peritos provenientes dos países-membros, orienta o Conselho de Ministros sobre as questões aduaneiras, *antidumping*, medidas compensatórias e de salvaguardas, entre outras.

Southern Africa Development Community (SADC)/Comunidade para o Desenvolvimento da África Austral

Criação: A SADC foi criada em 17 de agosto de 1992, em Windhoek, na Namíbia, substituindo a Southern African Development Coordination Conference (SADCC), bloco estabelecido em julho de 1979 pelos governantes de Angola, Botswana, Lesoto, Moçambique, Suazilândia, Tanzânia e Zâmbia, que se uniram para defenderem conjuntamente suas fronteiras e também desenvolverem programas de integração econômica e a independência política dos demais países da região.

Sede: Gaborone, em Botswana.

Objetivos: A princípio o principal objetivo da SADC era diminuir a dependência econômica da África do Sul, que vivia sob o regime do *Apartheid*. Com o fim desse regime e o ingresso da África do Sul ao bloco, o objetivo é a criação de uma comunidade regional que assegure o bem-estar econômico, a melhoria no padrão e qualidade de vida de seus habitantes, bem como a liberdade, a justiça social, a paz e a segurança.

Membros: 15 países (2013) – África do Sul, Angola, Botswana, Congo, Lesoto, Madagascar, Malauí, Ilhas Mauricio, Moçambique, Namíbia, Seychelles, Suazilândia, Tanzânia, Zâmbia e Zimbábue.

Estrutura: A SADC é composta pelas seguintes instituições: Cúpula de Chefes de Estado e de Governo, Tribunal da SADC, Conselho de Ministros, Órgão de Política, Defesa e Cooperação em Segurança e de comitês setoriais de Cluster Ministerial, Secretariado da SADC, Comitê Permanente de Altos Funcionários e Comissões Nacionais da SADC.

Union Économique et Monétaire Ouest Africaine (Uemoa)/União Econômica e Monetária Oeste-Africana

Criação: Em 10 de janeiro de 1994, por um tratado assinado em Dakar, no Senegal, pelos governantes dos países do oeste africano Benin, Burkina Faso, Costa do Marfim, Mali, Níger e Senegal. Em 1997, Guiné-Bissau passou a integrar o bloco que tem em comum uma moeda única, o Franco CFA. A Uemoa sucedeu a Comunidade Econômica da África do Oeste (Ceao), criada em 1974 com o objetivo de formar uma área de livre comércio para produtos agrícolas e matérias-primas na região.

Sede: Ouagadougou, em Burkina Faso.

Objetivos: Os principais objetivos do bloco são reforçar a competitividade das atividades econômicas e financeiras dos países-membros, criar um mercado comum entre os integrantes com base na livre circulação de pessoas, assim como o direito de se estabelecerem exercendo uma atividade autônoma ou assalariada, e instituir políticas nacionais comuns, sobretudo para os setores de recursos humanos, transportes, infraestrutura, telecomunicações, entre outros.

Membros: oito países (2013) – Benin, Burkina Faso, Costa do Marfim, Guiné-Bissau, Mali, Níger, Senegal e Togo.

Estrutura: Conferência dos Chefes de Estado – composta pelos governantes dos países-membros, é a autoridade máxima do bloco, decide sobre a adesão de novo membro ou a exclusão de participantes, além de ser responsável pelas decisões tomadas para o funcionamento da Uemoa.

Comissão da Uemoa – presidida por um comissário que coordena as atividades dos departamentos: Departamento de Desenvolvimento de Negócios, de Telecomunicações e de Energia; Departamento de Mercado Regional, de Comércio, da Concorrência e da Cooperação; Departamento de Desenvolvimento Social e Cultural; Departamento de Serviços Administrativos e Financeiros; Departamento de Planejamento do Território Comunitário, de Transportes e de Turismo; Departamento de Políticas Econômicas e da Fiscalização Interna e Departamento do Desenvolvimento Rural, de Recursos Naturais e do Meio Ambiente.

Corte de Justiça – órgão responsável por assegurar uma interpretação uniforme do direito comunitário e de sua aplicação, atua como fórum de resolução de conflitos entre os países-membros.

Tribunal de Contas – responsável pelo controle das contas dos órgãos da Uemoa.

Comitê Parlamentar de Discussões – órgão consultivo e facilitador para a integração do bloco. Sua sede fica em Bamako, no Mali.

Organismos especializados autônomos
Banque Centrale des États de l'Afrique de l'Ouest (BCEAO), com sede em Dakar, no Senegal.

Banque Ouest-Africaine de Développement (Boad), com sede em Lomé, no Togo.

Union du Maghreb Arabe (UMA)/Union del Magreb Árabe

Criação: A UMA foi constituída pelo Tratado de Marrakesh, em 17 de fevereiro de 1989, assinado pelos chefes de Estado de cinco países árabes do continente africano.

A reunião e cúpula de Marrakesh foram precedidas por uma reunião em 10 de junho de 1988, quando dirigentes dos cinco países árabes decidiram criar uma comissão que estaria encarregada de traçar as formas e meios para criarem legalmente a UMA.

Sede: Rabat, em Marrocos, onde fica a Secretaria Geral da UMA.

Objetivos: Constam no Tratado de Marrakesh que os objetivos do bloco, visando o desenvolvimento industrial, agrícola, comercial e social dos países-membros são:

> [...] a consolidação das relações fraternais que unem os Estados membros e seus povos; a realização do progresso e bem-estar de suas comunidades e defender seus direitos; a realização progressiva de livre circulação de pessoas, serviços, bens e capitais entre os Estados membros e a adoção de uma política comum em todas as áreas.

Membros: cinco países (2013) – Argélia, Líbia, Marrocos, Mauritânia e Tunísia.

Estrutura: A administração do bloco é de responsabilidade de uma Secretaria Geral, composta por diversas diretorias: Assuntos Políticos, Informação, de Segurança Alimentar, de Negócios Econômicos, de Infraestrutura, de Recursos Humanos e de Negócios Administrativos e Financeiros.

OUTROS BLOCOS ECONÔMICOS NA AMÉRICA LATINA
Área de Livre Comércio das Américas (Alca)/*Área de Libre Comercio de las Américas* (Alca)/*Free Trade Area of the Americas* (FTAA)/*Zone de Libre-Échange des Amériques* (ZLEA)

Por iniciativa dos Estados Unidos, em dezembro de 1994, os dirigentes dos países das Américas reuniram-se em Miami, Flórida, e decidiram dar início a um grande projeto para integração do continente americano. A partir de 2005, seria criada uma área de livre comércio com todos os países do continente americano, exceto Cuba.

Depois da 1.ª Reunião de Ministros de Comércio, que ocorreu em Denver, Colorado, em junho de 1995, para reafirmar o compromisso de criar a Alca e estabelecer mecanismos para atingir esse objetivo em 2005, diversas outras reuniões ministeriais e cúpulas ocorreram sobre o comando da presidência que seguiu a seguinte escala:

De maio de 1998 a outubro de 1999 – Canadá;

De novembro de 1999 a abril de 2001 – Argentina;

De maio de 2001 a outubro de 2002 – Equador;

De novembro de 2002 a dezembro de 2004 ou até o final das negociações – copresidência entre Brasil e Estados Unidos.

Em 1997, os Estados Unidos propuseram antecipar as negociações para a implementação da Alca, pois tinham pressa na definição do cronograma de redução tarifária. Também propuseram que os acordos deveriam ser assinados de país a país, rejeitando as negociações entre blocos econômicos. Esta proposta foi recusada pelos países do Mercosul, pois precisavam de tempo para solidificar o bloco a fim de fazer ajustes econômicos internos e definir reformas e política industrial, além de preferirem que os acordos fossem assinados pelo bloco e não bilateralmente.

Em abril de 1998 foi realizada a II Cúpula das Américas, em Santiago, no Chile, que abriu oficialmente as negociações da Alca. Os princípios acordados entre os dirigentes dos países participantes estão na "Declaração de Santiago". Os pontos básicos do plano de ação eram: a educação; a preservação e fortalecimento da democracia; justiça, direitos humanos e erradicação da pobreza; discriminação, integração econômica e livre comércio. Durante a reunião, algumas gestões foram feitas para que Cuba não ficasse fora do bloco.

Observa-se que a formação de uma área de livre comércio deixou de ser o único objetivo do bloco, pois não considerar as diferenças econômicas e sociais e abrir as fronteiras ao livre comércio entre os países poderia ser fatal para alguns deles.

A preocupação com estas diferenças geraram diversos manifestos populares, e este foi o clima que os 34 chefes de Estado e de Governo das Américas e Caribe encontraram quando se reuniram em Quebec, no Canadá para a III Reunião de Cúpula da Alca. Esta reunião foi marcada pela disposição dos países integrantes do bloco em dar continuidade à sua criação, registrada na "Declaração da Cidade de Quebec". A IV Reunião de Cúpula das Américas, realizada em novembro de 2005, em Mar Del Plata, na Argentina, foi marcada por momentos tensos e impasses nas discussões sobre o cronograma de implementação do bloco. Apesar das discórdias, os dirigentes assinaram a "Declaração de Mar Del Plata"com o título "Criar Trabalho para Enfrentar a Pobreza e Fortalecer a Governabilidade Democrática". A partir de então, as ações para a implementação do bloco ficaram estagnadas e a Alca ainda não existe. Embora haja alguns simpatizantes e muitos críticos, não se pode afirmar que a formação desse bloco seria favorável ou prejudicial a algum membro. Aliás, todos os blocos oferecem certa dose de risco para seus membros, e com a Alca não seria diferente. Como em qualquer tipo de negociação, cada país utilizará seu poder de barganha, ora cedendo, ora impondo suas condições em busca dos objetivos que deverão estar bem definidos.

Comunidade dos Estados Latino-Americanos e Caribenhos (Celac)
Criação: Em dezembro de 2008, na Costa do Sauípe, no Brasil, Chefes de Estados e de Governos de 33 países da América Latina e do Caribe, ao final da reunião de Cúpula da América Latina e do Caribe sobre Integração e Desenvolvimento (Calc), assinaram a "Declaração de Salvador" que descrevia o consenso dos países em relação às questões de desenvolvimento e integração diante das crises financeira, energética, de alimentos e climática que atingem o planeta. Nessa mesma reunião, os dirigentes do México e Venezuela mostraram interesse em sediar as próximas reuniões de Cúpula a fim de dar prosseguimento às ações da Calc.

Na reunião de fevereiro de 2010, em Riviera Maya, no México, ocorreu a II Reunião de Cúpula da Calc junto com a XXI Cúpula do Grupo do Rio, ocasião em que, por consenso dos participantes, foi criada a Comunidade dos Estados Latino-Americanos e Caribenhos (Celac).

O ato que criou a Celac determina que esse novo organismo dê continuidade às iniciativas de concertação de posições políticas latino-americanas e caribenhas nas questões regionais do Grupo do Rio – criado em 1986 com praticamente os mesmos propósitos – e à agenda de integração e desenvolvimento regional da Calc, sendo que esta convergência se dará de maneira gradativa.

A I Cúpula da Comunidade dos Estados Latino-Americanos e Caribenhos – Celac ocorreu em dezembro de 2011, em Caracas, na Venezuela, ocasião em que foram assinados pelos representantes dos países-membros os documentos: a Declaração de Caracas "no bicentenário da luta pela independência, percorrendo o caminho de nossos libertadores", o Plano de Ação de Caracas 2012, o Estatuto de Procedimentos da Comunidade dos Estados Latino-Americanos e Caribenhos – Celac e a Declaração Especial sobre a Defesa da Democracia e a Ordem Constitucional na Celac.

Objetivos: Fortalecer as relações entre os países da América Latina e Caribe com vistas à integração e ao desenvolvimento.

Membros: 33 países (2013) – Antígua e Barbuda, Argentina, Bahamas, Barbados, Belize, Bolívia, Brasil, Chile, Costa Rica, Colômbia, Cuba, Dominica, El Salvador, Equador, Granada, Guatemala, Guiana, Haiti, Honduras, Jamaica, México, Nicarágua, Panamá, Paraguai, Peru, República Dominicana, Santa Lúcia, São Cristóvão e Neves, São Vicente e Granadinas, Suriname, Trinidad e Tobago, Uruguai e Venezuela.

Unión de Naciones Suramericanas/União de Nações Sul-Americanas (Unasul)

Criação: 23 de maio de 2008, pelo Tratado Constitutivo da União de Nações Sul-Americanas, assinado por dirigentes de 12 países integrantes do bloco, em vigor desde 11 de março de 2011, após a ratificação de nove países como exigia o Tratado. Os países que ratificaram o Tratado, possibilitando a consolidação da Unasul, foram Argentina, Bolívia, Chile, Equador, Guiana, Peru, Suriname, Uruguai e Venezuela.

O início da formação deste bloco foi em 2004, quando se criou a "Comunidade Sul-Americana de Nações", durante a III Reunião de Chefes de Estado e de Governo da América do Sul, em Cuzco, no Peru, que servia como um foro de debates entre os países sul-americanos. Por conta dos objetivos integracionistas a que se pretendia atingir, em 2007, durante a I Reunião de Cúpula Energética Sul-Americana, na Venezuela, foi decidido alterar o nome para União das Nações Sul-Americanas (Unasul).

As diferenças que há entre os países-membros quanto às suas aspirações política, econômica e social dificultam a celebração de acordos entre eles, mas observa-se um esforço de seus integrantes em adotar medidas que venham atender os seus objetivos, como as decisões tomadas durante a Reunião de Ministros de Defesa, Justiça, Interior e Relações Exteriores, ocorrida em Cartagena das Índias, na Colômbia, em 3 e 4 de maio de 2012, de fortalecimento das ações de cooperação contra a criminalidade; a criação de um conselho com o intuito de fortalecer a cooperação em matéria de segurança e a criação de um grupo de trabalho que elabore um estatuto e plano de ação do referido conselho.

Sede: Quito, no Equador, onde está situada a Secretaria Geral.

Objetivos: A Unasul busca o desenvolvimento equilibrado e harmônico da América do Sul, por meio da integração política, social, cultural, econômica, financeira, ambiental e de infraestrutura de seus países--membros.

Membros: 12 países (2013) – Argentina, Bolívia, Brasil, Chile, Colômbia, Equador, Guiana, Paraguai, Peru, Suriname, Uruguai e Venezuela. O México e o Panamá participam da Unasul como países observadores.

Estrutura: O artigo 4.º do Tratado que constituiu a Unasul define os seguintes órgãos:

1. O Conselho de Chefas e Chefes de Estado e de Governo – órgão máximo do bloco, entre as suas funções, é responsável por estabelecer as políticas, planos de ação, programas e processo de integração sul-americana;

2. O Conselho de Ministras e Ministros das Relações Exteriores – entre as suas atribuições está a adoção de resoluções para implementar as decisões do Conselho de Chefas e Chefes de Estado e Governo;

3. O Conselho de Delegadas e Delegados – entre as suas atribuições está a implementação das decisões dos órgãos superiores;

4. A Secretaria Geral – órgão executor das decisões dos Conselhos da Unasul.

AGRUPAMENTO DE PAÍSES

Além dos blocos econômicos apresentados, alguns países se reúnem para tratarem de questões diversas de interesse comum. Normalmente essa união de países tem como objetivo fortalecê-los diante das organizações internacionais e se posicionarem perante alguma situação em que o parecer ou até mesmo as decisões tomadas em conjunto são necessárias.

O vínculo desses países é única e exclusivamente o de estarem juntos para debaterem ou buscarem soluções para determinada questão, não tendo nenhuma obrigação das partes de chegarem a um acordo, mantendo, assim, a sua total soberania e independência.

Muitos agrupamentos de países recebem uma denominação mesmo sem que eles tenham se unido para qualquer coisa. Os agrupamentos de países mais conhecidos são:

G7 – Representa os sete países "mais ricos" do mundo ou, como também são referidos, o grupo de "países industrializados" ou, ainda, o grupo de "nações mais desenvolvidas do planeta". Geralmente esses países se reúnem para debater e traçar os rumos da econômica do globo. São eles: Alemanha, Canadá, Estados Unidos, França, Itália e Reino Unido.

G8 – É o grupo de países representado pelo G7 mais a Rússia. Já houve até uma referência ao "G9", que incluía o Brasil.

G20 – Sabe-se que há algum tempo o G7, ou o G8, não representa mais as economias mais influentes do mundo, seja por possuírem um PIB elevado ou por serem países industrializados. Não se pode negar que, nas últimas décadas, países que antes eram considerados de terceiro mundo ou subdesenvolvidos vêm ganhando posição tanto econômica como política no mercado internacional. Na última grande crise financeira mundial, que teve início em 2008 e repercute até os dias de hoje, países em desenvolvimento, como o Brasil, participaram ativamente das reuniões que buscavam saídas para as crises econômicas mundiais, sendo citado, por exemplo, por seu sistema de controle com suas normas e rotinas impostas aos agentes autorizados a operar no mercado financeiro.

Em uma reunião do G20, ocorrida em outubro de 2010 em Montreal, no Canadá, também participaram representantes do FMI, do Banco Mundial e da União Europeia. Entre os assuntos tratados, os principais foram: a desvalorização do Euro, a alta do preço do petróleo, os sistemas cambiais e a dívida externa de Portugal, Irlanda, Grécia e Espanha – que passaram a ser chamados de PIGS (Portugal-Irlande-Greece-Spain), por seus déficits econômicos. Alguns comentaristas dizem que esse grupo de países não está conseguindo atuar conforme seus propósitos, uma vez que está sendo muito difícil o consenso entre eles em relação às questões que tratam, pois cada um busca defender os próprios interesses, criando um impasse.

A reunião ministerial do G20, patrocinada pelo governo francês, ocorrida em fevereiro de 2011 em Paris, foi marcada pela falta de entendimento entre os ministros das finanças dos países participantes, principalmente em relação a quais critérios seriam adotados para se medir os desequilíbrios na economia mundial e, assim, tentar evitar futuras crises. Por fim, foi decidido que, dentre outros, o equilíbrio entre a balança comercial, o fluxo líquido dos investimentos e transferências seria um dos fatores de medição, descartando as reservas em moedas estrangeiras do país como relevante para determinar o equilíbrio de sua economia.

Com o agravamento das crises econômico-financeiras em diversos países, as últimas reuniões do G20 foram pautadas com temas relacionados à economia global e ao crescimento sustentável e equilibrado dos países que fazem parte do grupo, destacando a necessidade da elaboração de estratégias de ajuste fiscal pelos países com o objetivo de estabilizar os preços nos mercados internos e a sua recuperação econômica. Nas reuniões de 2013, com a Rússia na presidência do G20, as prioridades nas discussões abordam temas como trabalho e emprego, combate à corrupção e o fortalecimento da regulamentação. Os países do G20 são representados pelos ministros da área econômica e pelo presidente dos bancos centrais da África do Sul, Alemanha, Arábia Saudita, Argentina, Austrália, Brasil, Canadá, China, Coréia do Sul, Estados Unidos, França, Índia, Indonésia, Itália, Japão, México, Reino Unido, Rússia, Turquia e União Europeia, que é representada em bloco pelo representante do Banco Central Europeu e pela presidência rotativa do Conselho Europeu. Segundo o MDIC (2013), o G-20 não tem pessoal permanente, como o FMI e o Banco Mundial, a presidência do Grupo é anual e rotativa entre os membros, sendo que o país presidente fica incumbido de estabelecer um secretariado provisório durante sua gestão. O Brasil foi presidente do G-20 em 2008. Em 2013, a presidência do Grupo foi passada à Rússia, que pretende priorizar em seu programa de trabalho as seguintes áreas: arcabouço para um crescimento forte, sustentável e equilibrado; emprego; reforma da arquitetura financeira internacional; fortalecimento da regulação financeira; sustentabilidade energética; desenvolvimento para todos; aprimoramento do comércio multilateral; e combate à corrupção. Em 2014, a Rússia passará a coordenação do G-20 à Austrália.

G77 – Esta referência é feita aos 77 países considerados à época "subdesenvolvidos", que assinaram a "Declaração Conjunta dos Setenta e Sete Países", em 15 de junho de 1964, por ocasião da Conferência das Nações Unidas sobre Comércio e Desenvolvimento (Unctad), em Genebra, na Suíça. Esses países pretendiam promover o desenvolvimento econômico entre eles, adotando medidas como o Sistema Global de Preferências Comerciais (SGPC), em vigor até hoje e que tem como objetivo incentivar o aumento da produção, a geração de empregos e o comércio entre esses países, com a adoção de concessões tarifárias, medidas não tarifárias e acordos setoriais.Atualmente, o G77 é composto por 131 países, entre eles África do Sul, Angola, Arábia Saudita, Argentina, Brasil, Chile, China, Congo, Índia, Irã, Líbano, Moçambique, Suriname, Paraguai e Uruguai.

BRICS – Esta sigla significa Brasil, Rússia, Índia, China e África do Sul. Foi criada em 2001, inicialmente como BRIC, pelo economista Jim O'Neil, da Goldman Sachs, que estava procurando uma maneira de abreviar os países que sempre eram mencionados em suas colunas. A sigla reúne nações populosas e com enorme extensão territorial, extremo potencial de crescimento e com domínio em setores importantes da economia, como a produção de alimentos, a exploração de petróleo, o desenvolvimento de tecnologia da informação, a oferta de mão de obra e o desenvolvimento armamentista.

Empolgados pela expectativa de concentrar mais de 40% da população mundial em 2050, seus governantes se reuniram em junho de 2009, na Rússia; em abril de 2010, no Brasil; e em fevereiro de 2011, na França. A confirmação da entrada da África do Sul, alterando a sigla de BRIC para BRICS (de *South Africa*), se deu na reunião de fevereiro de 2011, em Paris, em um encontro paralelo a uma reunião do G20 que ocorria na mesma cidade.

Entre seus objetivos, o principal é que o grupo dos emergentes tenha "voz" nas instituições de governança política e economias globais em organismos internacionais como o FMI e Grupo Banco Mundial. Em especial na relação Brasil e China, tem sido extremamente difícil negociar produtos industrializados com os chineses, porque eles impõem restrições tarifárias. Basicamente, as exportações brasileiras para a China têm sido significativas em apenas dois produtos: soja e minério de ferro. Embora atualmente os chineses tem sido os principais compradores do Brasil, é necessário aumentar o leque de produtos exportados, o que significa (e deveria ser aproveitado como) poder de barganha, já que a China demonstra dependência desses produtos.

Por outro lado, a China vem desenvolvendo uma política expansionista para agregar áreas destinadas à produção agrícola, sobretudo na África, a fim de garantir o suprimento interno e diminuir a dependência das importações. A economia chinesa cresce direcionada à exportação que sustenta a geração de emprego. Em 2015, deve terminar o período de carência e a China deverá fazer adesão completa à Organização Mundial do Comércio. Em menos de dez anos a produção mundial de alimentos precisará crescer 20%. Para que isso aconteça, a União Europeia deverá crescer 4%, a Austrália, 7%, Estados Unidos e Canadá, 15%, China, Rússia, Índia e Ucrânia, 25%, e o Brasil, 40%. Trata-se de uma grande oportunidade que necessita de estratégia capaz de integrar governo, iniciativa privada e sociedade.

Novos temas são colocados em pauta a cada reunião dos BRICS. Na reunião de março de 2012, ocorrida em Nova Délhi, na Índia, as questões sobre urbanização foram discutidas pelos países. O Brasil, considerado relativamente urbanizado, poderia oferecer serviços neste sentido à Índia e China. Já na reunião de Durban, na África do Sul em março de 2013, o países decidiram pela criação de um Banco de Desenvolvimento dos BRICS, com o objetivo de financiar projetos de infraestrutura dos países do grupo.

Grupo de Cairns – Esta referência é feita quando se trata do grupo de países exportadores de produtos agrícolas que lutam para a liberação das restrições às exportações desse segmento, principalmente em relação aos obstáculos encontrados para se exportar para a União Europeia. O grupo foi formado em 1986 na cidade de Cairns, na Austrália. Participam dele: Argentina, Austrália, Bolívia, Brasil, Canadá, Chile, Colômbia, Costa Rica, Fiji, Guatemala, Indonésia, Malásia, Nova Zelândia, Paraguai, Filipinas, África do Sul, Tailândia e Uruguai.

Os agrupamentos apresentados são alguns exemplos, pois a cada momento um grupo de países é batizado com algum nome. Basta uma reunião entre países para determinados fins, ou que eles tenham uma característica em comum e que mereça alguma reflexão ou estudo, e já se cria um agrupamento.

Para concluir, citamos mais um: o **Ibas**, que é um fórum de diálogo criado pela Índia, Brasil e África do Sul, estabelecido em 2003 pela

"Declaração de Brasília", com o objetivo de buscar uma posição política coordenada entre os três países em instâncias multilaterais, o desenvolvimento comercial, científico e cultural e a democratização nas tomadas de decisão nos órgãos internacionais, valendo-se de suas semelhanças como economias emergentes que enfrentam desigualdades internas, que são obstáculos ao seu desenvolvimento.

QUESTÕES PARA DEBATER

1. Em grupo, discuta quais foram as principais mudanças na economia global a partir do fim da Guerra Fria e os resultados alcançados nos dias atuais.

2. Analise quais são as oportunidades e riscos para um país ao assinar um acordo bilateral de livre comércio.

3. Analise quais são as oportunidades e riscos para um país ao assinar um acordo de livre comércio com diversos países.

4. Escolha um dos blocos econômicos apresentados e faça uma análise das oportunidades e dificuldades que seu país encontraria se decidisse estabelecer um acordo comercial bilateral com ele.

5. Discuta a formação dos blocos sul-americanos, sua importância e necessidade para os países da região.

Capítulo 2
Novos Rumos para os Negócios Internacionais

INTRODUÇÃO

A cada dia, administrar tem se tornado uma tarefa ainda mais complexa diante de tantas diferentes decisões que devem ser tomadas e de tantas variáveis que compõem a tomada de decisão. A complexidade dos negócios atuais é também agravada por fatores externos que não correspondem, necessariamente, à realidade daquele país, mas que influenciam de maneira direta a mentalidade do consumidor e/ou as diretrizes do governo. Isso ocorre porque a globalização acarreta a perda da soberania já prevista por Habermas (1995), quando afirmou que a primeira significa transgressão e remoção de fronteiras e, por Guiddens (1991), ao verificar que ela intensifica as relações mundiais que ligam localidades, de tal maneira que os acontecimentos locais são moldados por eventos que ocorrem a muitos quilômetros de distância, levando o cenário internacional ao diálogo acerca de assuntos como responsabilidade social, preservação do meio ambiente e, mais recentemente, à destinação correta e ao reaproveitamento de produtos ou seus resíduos no pós-consumo.

PRINCIPAIS ATOS INTERNACIONAIS DE DEFESA DO MEIO AMBIENTE

Governantes ao redor do globo têm buscado firmar compromissos em tratados, convenção, convênios, acordos, pactos e protocolos que servem para designar a ata de uma conferência à qual os interessados aderem ou não.

Todos os discursos buscam amparo na conscientização ambiental e no respeito aos animais, com duras críticas à degradação que o homem vem realizando ao longo dos tempos para justificar a adoção de medidas drásticas para preservar e tentar refazer o que já foi destruído do meio ambiente. Porém, esses discursos também soam demagogos aos ouvidos dos mais céticos, que verificam as implicações financeiras e mercadológicas de cada atitude. Neste momento, sem a pretensão de julgar discursos ou ações, buscaremos elencar os principais atos que ocorreram nos últimos anos na tentativa de reunir a comunidade internacional para discutir a preservação ambiental.

Conferência de Estocolmo
Realizada na Suécia, em 1972, a Conferência das Nações Unidas sobre o Meio Ambiente Humano culminou na Declaração de Estocolmo, com diversas resoluções e recomendações que representavam as convicções comuns dos Estados participantes.

ECO/92
Após 20 anos da Conferência de Estocolmo, a Assembleia Geral da ONU realizou a Conferência das Nações Unidas sobre Meio Ambiente e Desenvolvimento, na cidade do Rio de Janeiro. Reunindo aproximadamente 117 governantes, ficou conhecida como a "Conferência da Terra", resultando nas seguintes conquistas:

- Agenda 21
- Declaração do Rio
- Declaração de Princípios sobre Florestas
- Fundo para o Meio Ambiente
- Convenção sobre a Diversidade Biológica
- Convenção sobre Mudanças Climáticas
- Protocolo de Kyoto

Em conferência realizada na cidade japonesa de Kyoto, o Protocolo foi assinado em 11 de dezembro de 1997, por representantes da União Europeia, Japão, Estados Unidos, entre outros. O objetivo do Protocolo era garantir que os países industrializados se comprometessem a reduzir em pelo menos 5,2%, relativamente aos níveis do ano de 1990, as emissões dos gases que ocasionam o efeito estufa: dióxido de carbono (CO_2); metano (CH_4); óxido nitroso (N_2O); grupo dos hidrofluorcarbonos (HFC); grupo dos perfluorcarbonos (PFC); e o hexafluoreto de enxofre (SF_6) (FURLAN; FRACALOSSI, 2010), entre 2008 e 2012. Para entrar em vigor, o Protocolo deveria ser ratificado por no mínimo 55 países responsáveis por pelo menos 55% das emissões de gases que causam o efeito estufa ocorridas em 1990, o que só foi possível em 16 de fevereiro de 2005, com a ratificação da Rússia.

Rio + 10

A Cúpula Mundial sobre Desenvolvimento Sustentável foi realizada em Johanesburgo, na África do Sul, mas ficou conhecida como Rio + 10 por ser realizada dez anos após a ECO-92. O principal objetivo era debater questões relacionadas à água, energia, saúde, agricultura e biodiversidade, buscando alternativas capazes de reduzir pela metade o número de pessoas vivendo com menos de US$ 1,00 por dia, até 2015.

Conferência de Bali

Reunindo 190 países com o objetivo de substituir o compromisso do Protocolo de Kyoto, a 13.ª Conferência das Nações Unidas sobre Mudanças Climáticas aconteceu em Bali, na Indonésia, no final de 2007. A União Europeia estava decidida pelo compromisso de reduzir a emissão de gases poluentes entre 25% e 40% para 2020, em relação às emissões de 1990. Porém, foi vencida pelos países que se mostravam bastante solidários com a preocupação ambiental, mas, efetivamente, concordavam com a fixação dos índices somente para 2050.

COP 15: Conferência das Nações Unidas sobre Mudanças Climáticas

Retomando a questão do compromisso das nações industrializadas para a redução da emissão de gases poluentes entre 25% a 40% até 2020, as nações não industrializadas, por sua vez, deveriam adotar ações consistentes para frear suas emissões. A 15.ª Conferência das Nações Unidas sobre Mudanças Climáticas ficou conhecida como COP 15 e foi realizada em Copenhague, capital da Dinamarca, entre os dias 7 e 18 de dezembro de 2009. Apesar das incontestáveis explicações científicas, o único avanço foi a assinatura do Acordo de Copenhague, que vale como declaração de intenções, firmado por Estados Unidos, China, Brasil, Índia e África do Sul.

Rio + 20

Boa parte da imprensa criticou duramente o resultado da Conferência das Nações Unidas sobre Desenvolvimento Sustentável–Rio+20, apontando falha do governo brasileiro ao concluir o documento *The Future We Want*, descrito por muitos como uma caricatura da diplomacia com um vazio declaratório que terá que ser preenchido pela sociedade civil e pelas empresas, já que todos os conceitos importantes estão no documento, mas não é um chamado à ação e sim um chamado à reflexão.

Para outros, a Rio + 20 não deve ser avaliada somente pelo documento final. A falta de acordos significativos alerta para que não confiemos apenas nas negociações internacionais e tomemos a decisão de agir[1]. O excesso de diplomacia é fruto da necessidade de acomodar todas as opiniões e as mudanças não acontecem nestas reuniões. Deve-se considerar o poder da informação e a discussão sobre novos pontos de vista[2] sendo que nesse sentido o papel foi cumprido já que mais de 50.000 pessoas estiveram presentes e centenas de milhares participaram virtualmente. Pelo menos por alguns dias, estivemos forçados a fazer uma pausa e pensar no legado que estamos deixando para nossos filhos.

Contudo, a questão central está no "dia seguinte" de um evento como esse. No Brasil, instituições não são capazes de garantir direito de propriedade e o processo de invasão e ocupação leva ao desmatamento, inclusive pelo medo do enquadramento como áreas improdutivas[3], motivo que acaba de levar o Ministério Público a denunciar o Incra como responsável por 1/3 do desmatamento da Amazônia[4].

Embora o Brasil venha participando ativamente das conferências internacionais e aderindo aos tratados em torno da preservação do meio ambiente, não tem conseguido êxito em ações de combate ao desmatamento da Amazônia, na despoluição dos rios, no fim da extinção de diversas espécies de vegetais e na venda ilegal de animais silvestres. Conhecido

---

[1] LEAPE, Jim. *It's Happening, but Not in Rio*. New York Times, 24 de junho de 2012.

[2] LEAPE, Jim. *It's Happening, but Not in Rio*. New York Times, 24 de junho de 2012.

[3] ALSTON, Lee; LIBECAP, Gary; MUELLER, Bernardo. *Land Reform Policies, The Sources of Violent Conflict and Inplications for Deflorestation in the Brazilian Amazon. Journal of Law, Economics, and Organization*, Set 2001.

[4] LOURENÇO, Luana. "Ministério Público Federal denuncia Incra na Justiça como responsável por um terço do desmatamento na Amazônia", *Repórter da Agência Brasil, 06 de julho de 2012.*

como o país do futebol, do samba e das praias, também tem sido noticiado na imprensa internacional pela incapacidade do governo e pela imprudência de muitos cidadãos, no que diz respeito ao meio ambiente. A descrença no comprometimento dos órgãos governamentais é justificada por inúmeros escândalos de corrupção envolvendo fiscais e demais escalões do funcionalismo público, que recebem altos salários por poucas horas de trabalho e muitas de greve. Na sociedade civil, a falta da conscientização ambiental está relacionada com a baixa escolaridade, mas também com a certeza da impunidade e o orgulho de transpor regras que são chamadas orgulhosamente de "jeitinho brasileiro".

Nesse cenário, após elencar os principais atos que ocorreram nos últimos anos na tentativa de firmar compromissos entre a comunidade internacional no que diz respeito à preservação do meio ambiente, o objetivo deste capítulo é mapear alguns novos conceitos que estão cercando a vida das empresas, das sociedades e dos governos.

MEIO AMBIENTE E SOCIEDADE

O novo contexto econômico caracteriza-se por um processo de transformação dos consumidores que estão passando a valorizar organizações que sejam éticas, com boa imagem institucional no mercado e que atuem de forma ecologicamente responsável.

A transformação que vem acontecendo na sociedade tem influenciado o pensamento ecológico nos negócios de maneira crescente e com efeitos econômicos cada vez mais profundos. Muitas empresas que estão se dedicando à construção de uma imagem ecologicamente correta têm conseguido um melhor posicionamento diante do consumidor que, muitas vezes, procura empresas comprometidas com questões ambientais até mesmo para compensar sua falta de atitude neste sentido.

Já que não é tão simples plantar uma árvore para quem mora em apartamento, separar o lixo para quem mora em um bairro onde não há coleta seletiva, deixar o carro em casa pensando na redução da poluição e tantas outras medidas que seriam benéficas ao meio ambiente, a população tem buscado maneiras para compensar sua falta de atitude, privilegiando produtos de empresas que o fazem. Então, já não basta desenvolver produtos de qualidade, cumprir com suas obrigações trabalhistas e respeitar os direitos dos consumidores. É necessário demonstrar responsabilidade social e ambiental, com compromisso e inovação.

Sustentabilidade

De acordo com a Comissão Mundial sobre o Meio Ambiente e Desenvolvimento (CMMAD), criada pela ONU para discutir e propor meios de harmonizar, há dois objetivos: desenvolvimento econômico e conservação ambiental, "o desenvolvimento sustentável é aquele que atende às necessidades do presente sem comprometer a possibilidade de as gerações futuras satisfazerem suas próprias necessidades".

Tachizawa (2009) complementa, afirmando que um dos maiores desafios que o mundo enfrenta neste novo milênio é fazer que as forças de mercado protejam e melhorem a qualidade do ambiente, com a ajuda de padrões baseados no desempenho e uso criterioso de instrumentos econômicos, em um quadro harmonioso de regulamentação.

O aquecimento global e a poluição do meio ambiente estão criando uma nova consciência nas pessoas, nos governos e nas empresas ao redor do mundo que procuram alternativas para desenvolver o crescimento econômico com o mínimo de impacto ambiental, chamado de desenvolvimento sustentado, fundamentado na premissa de atendimento às necessidades da atual sociedade sem comprometer gerações futuras.

De maneira reativa ou proativa, o crescimento da sensibilidade ecológica tem sido acompanhado por ações de empresas e governos com visão estratégica variada, visando amenizar os efeitos mais evidentes dos diversos tipos de impacto ao meio ambiente, protegendo a sociedade nos próprios interesses.

No que se refere ao comportamento das pessoas, pode-se verificar importantes medidas de economia no consumo água ou de energia elétrica com base na conscientização e até mesmo pela instalação de equipamentos como sensores de presença e a substituição de lâmpadas incandescentes por lâmpadas de baixo consumo. No ambiente de trabalho, escritórios têm enfatizado a redução do consumo de papel, *tonner* e cartuchos com a redução das impressões desnecessárias. Em se tratando de matéria-prima, o uso de insumos reciclados reduz lixo e custo, tanto que empresas já vêm buscando soluções para o aproveitamento dos próprios insumos na construção de um novo produto.

Segundo Orchis, Yung e Morales (2002), a necessidade de proteção do meio ambiente traduziu-se numa preocupação mundial e no surgimento de vários movimentos sociais, caracterizando-se uma mudança cultural que exigiu uma nova postura do setor privado no lançamento de produtos ou serviços e na revisão de seus processos de produção.

Empresas responsáveis antecipam ações que reduzem os impactos causados por seus produtos e processos antes mesmo de haver legislação expressa, implantando sistemas de gerenciamento ambiental e sistemas de certificação ISO 14.000, entre outras ferramentas empresariais. A empresa ambientalmente responsável investe em tecnologias antipoluentes, recicla produtos e lixo, implanta "auditorias verdes", cria áreas verdes, mantém um relacionamento ético com os órgãos de fiscalização, executa programas internos de educação ambiental, diminui ao máximo o impacto dos resíduos da produção no ambiente, é responsável pelo ciclo de vida de seus produtos e serviços e dissemina, para a cadeia produtiva, práticas relativas ao meio ambiente.

Pode-se observar que diversos países, como a Alemanha, já possuem regras mais rígidas para enquadrar suas empresas nos padrões aceitáveis para a preservação do meio ambiente, enquanto em outros lugares, como no Brasil, o governo iniciou ações mais recentemente. Neste contexto, o comportamento ético também favorece o relacionamento da empresa com órgãos certificadores para a obtenção de determinadas licenças e autorizações.

De acordo com levantamento efetuado pelo Instituto de Pesquisa Econômica Aplicada (Ipea), o Brasil poderia economizar cerca de R$ 8 bilhões por ano se reciclasse todos os resíduos que são encaminhados aos lixões e aterros sanitários. Além disso, conforme informação do Ministério do Meio Ambiente, a economia gerada com a atividade de reciclagem varia de R$ 1,5 bilhão a R$ 3 bilhões por ano.

As fábricas da Johnson & Johnson no Brasil produzem mil toneladas de lixo por mês. Durante muito tempo, a solução ideal foi encaminhar o lixo para aterros sanitários, mas isso já não é suficiente e denota certo descaso com a empresa em relação ao seu lixo. Agora, as empresas devem criar outros usos para seus resíduos, que já nem são mais chamados de lixo. No exemplo da Johnson & Johnson foi desenvolvida uma escova dental produzida com o resíduo do processo produtivo de outros itens, com preço baixo e alto compromisso ambiental e social (HERZOG, 2010).

Responsabilidade Social
O desenvolvimento da comunidade em que está inserida, a preservação do meio ambiente, uma comunicação transparente interna e externa, o investimento no ambiente de trabalho e no bem-estar dos funcionários,

o retorno aos acionistas, a satisfação dos clientes e a sinergia com a comunidade, são exemplos de ações que caracterizam a responsabilidade social empresarial.

No conceito de Tachizawa (2009), uma gestão ambiental e de responsabilidade social é o exame e a revisão das operações de uma organização da perspectiva da ecologia profunda, ou do novo paradigma. É motivada, sobretudo, por uma mudança nos valores da cultura empresarial, da dominação para a parceria, da ideologia do crescimento econômico para a ideologia da sustentabilidade ecológica. É a evolução do pensamento mecanicista, no qual o homem era visto como máquina, para o pensamento sistêmico, em que se busca uma abordagem mais realista dos fatos com base na compreensão do desenvolvimento humano sobre a perspectiva da complexidade.

De acordo com Porter (2007), a área de responsabilidade social passou por dois estágios: o primeiro deles foi o da reação a pressões políticas, quando as empresas se viram forçadas a dar respostas para questões que elas pensavam não serem de sua responsabilidade; e o segundo estágio, quando as companhias começaram a perceber que a responsabilidade social poderia ser algo positivo e que valeria a pena ser proativo. Elas passaram, então, a enxergá-la como um instrumento para a construção de uma imagem.

Por isso, a responsabilidade social está se transformando num parâmetro, um referencial em excelência, para o mundo dos negócios e para todo o Brasil corporativo, em que as organizações socialmente responsáveis devem abordar suas responsabilidades perante a sociedade e o exercício da cidadania, por meio de estágios que vão desde uma fase embrionária até sua fase mais avançada.

A gestão ambiental e a responsabilidade social, enfim, tornam-se importantes instrumentos gerenciais para capacitação e criação de condições de competitividade para as organizações, independentemente de seu segmento econômico. Dessa maneira, empresas investem em gestão ambiental e marketing ecológico, sendo que uma das formas mais coerentes de exercer essa postura é por meio do reaproveitamento de materiais e do investimento em embalagens retornáveis.

Ao nos posicionarmos eticamente, estamos nos colocando quanto aos nossos valores pessoais, adquiridos das influências que recebemos do contexto em que vivemos. Assim, a ética é resultado de uma construção coletiva inconsciente, que estabelece o que é considerado aceitável nas relações entre o ser humano e seus contemporâneos, na preservação de sua história e na interação com as futuras gerações (CARBONE; SATO; MOORI, 2005).

Logística Reversa

Enquanto a logística tradicional trata do fluxo dos produtos fábrica *versus* cliente, a logística reversa trata do retorno. Em um sentido amplo, podemos defini-la como operações relacionadas com a reutilização de produtos e materiais já que suas atividades são relacionadas à coleta, desmonte, processamento e transformação de peças usadas, fazendo que elas retornem ao seu centro produtivo para consumo de uma maneira sustentável. Para Leite (2009), pode ser entendida como uma área da logística conhecida pelo fluxo de retorno de produtos, embalagens e outros materiais, desde o consumo até o local de origem da produção, processos que vêm sendo ampliados e aprimorados nas últimas décadas.

Para Novaes (2007), o fundamento da logística reversa prevê que qualquer tipo de resíduo do seu produto seja incluído no processo de reciclagem com o objetivo de utilização futura, sem que danifiquemos o meio ambiente ou, quando não houver essa possibilidade por implicações específicas das matérias envolvidas, sua destinação final deverá respeitar critérios ambientais para o descarte. Como a logística reversa engloba muitas atividades, em um sentido amplo, pode ser definida como operações relacionadas à reutilização de produtos e materiais.

Assim, a implantação da prática de logística reversa visa atender mais do que os padrões estabelecidos pela legislação, à medida que gera empregos e promove o desenvolvimento social. Para expandir as ações ultrapassando os limites impostos pelas normativas daquele setor, é desejável que a prática do socialmente responsável esteja inserida na convicção de seus dirigentes e na filosofia da empresa, de modo que seus funcionários também identifiquem – e se identifiquem – com valores ligados à preservação e, inclusive, aos eventuais benefícios produzidos pela adoção da responsabilidade social. Nessa perspectiva, vemos que empresas responsáveis em termos ambientais antecipam-se, implantando sistemas de gerenciamento ambiental, sistemas de certificação ISO 14.000 e outras ferramentas empresariais, antes mesmo de haver obrigação legal.

O aumento da velocidade de descarte dos produtos acelera a economia, gera empregos, ativa as relações entre diferentes países, mas também aumenta a produção de lixo. Se for verdade que está havendo um crescimento da sensibilidade ecológica, empresas, governos e sociedade devem atuar de maneira reativa ou proativa e com visão estratégica variada, para amenizar os efeitos nocivos ao meio ambiente e proteger a sociedade nos próprios interesses. Assim, um grande desafio é resolver esse conflito de interesses que, por um lado, reduz o ciclo de vida útil do produto e acelera o consumo e, por outro lado, preocupa-se com questões ambientais, tanto na preservação dos recursos disponíveis quanto nas formas corretas de destinação final dos bens sem utilidade.

O Brasil tem alcançado alguns resultados positivos, como no caso das embalagens PET. Em 2000, o país reciclava 67 mil toneladas, o que representava 26,3% do total consumido. Em 2004, foram recicladas 167 mil toneladas, montante correspondente a 47% do total consumido. Superando as previsões mais otimistas, em 2008 a reciclagem desse tipo de embalagem já atingia 253 mil toneladas, o que representava 54,8% do total consumido. E assim, o Brasil foi superado apenas pelo Japão, que reciclou 69,2% do total consumido naquele ano, segundo a Associação Brasileira da Indústria do Pet (Abipet).

No que diz respeito à coleta e reciclagem de latas de alumínio, o Brasil é líder mundial desde 2000, sendo que em 2008 foram 165,8 mil toneladas, o que representa 91,5% das latas de alumínio que, no decurso de 30 dias, são coletadas, recicladas e retornam às prateleiras. Nesse ano de 2008, a atividade de reciclagem de latas de alumínio injetou R$ 492 milhões na economia, gerando empregos e renda, segundo a Associação Brasileira do Alumínio (Abal).

Em se tratando de embalagens de alto consumo, citamos ainda o exemplo das embalagens longa vida. Em 2008, o Brasil reciclou 52 mil toneladas dessa embalagem, o que representou 26,6% do total consumido. Com esse desempenho, o país ficou próximo da média europeia, que é de 30% de reciclagem, e acima da média mundial, que é de 18%. Além disso, o Brasil desenvolveu a chamada "tecnologia de plasma", que possibilitou a separação do plástico e do alumínio contidos na embalagem, permitindo o aproveitamento individualizado desses materiais, da mesma forma como ocorre com o papel.

Para que as operações de logística reversa atendam a seus objetivos, três fatores são necessários na organização de um canal de distribuição reverso de pós-consumo: a) fatores econômicos: capazes de possibilitar a realização das economias necessárias à reintegração das matérias-primas secundárias ao ciclo produtivo; b) fatores tecnológicos: disponibilidade de tecnologia para o tratamento econômico dos resíduos no descarte, desde sua captação, desmontagem ou separação, até o processo de transformação dos resíduos em matérias-primas recicladas que substituirão as novas em sua reintegração ao ciclo produtivo; c) fatores logísticos: existência de sistemas de transporte entre os diversos elos da cadeia de distribuição reversa, bem como estrutura para captação, centros de consolidação e adensamento de cargas dos materiais pós-consumo, processadores intermediários, centro de processamento de reciclagem e usuários finais desses materiais reciclados (LEITE, 2009).

A logística reversa pode ser entendida como um processo complementar à logística tradicional, pois completa o ciclo do produto, trazendo de volta aqueles já utilizados dos diferentes pontos de consumo a sua origem (LACERDA, 2002). Ela cuida dos fluxos de materiais que se iniciam nos pontos de consumo dos produtos e terminam nos pontos de origem, com o objetivo de recapturar valor ou de disposição final.

Para Shibao, Moori e Santos (2010), a logística reversa é o planejamento, implantação e controle dos custos e dos fluxos de informações e matérias-primas reutilizáveis/recicláveis ou produtos acabados, desde o ponto de consumo até o ponto de reprocessamento, com o objetivo de recuperar valor ou realizar a disposição final adequada do produto. Por se tratar de um termo bastante abrangente, em seu sentido mais amplo pode significar todas as operações relacionadas com a reutilização de produtos e materiais, englobando as atividades de coletar, desmontar e processar produtos e/ou materiais e peças usadas a fim de assegurar uma recuperação sustentável, ou seja, operações relacionadas com a reutilização de produtos e materiais.

Lacerda (2002) destaca também três causas básicas que levaram ao desenvolvimento da logística reversa: 1) Questões ambientais: prática comum em alguns países, notadamente na Alemanha, no Brasil existe uma tendência de que a legislação ambiental influencie as empresas a se tornarem cada vez mais responsáveis por todo o ciclo de vida de seus produtos, cuidando de seu destino após a entrega dos produtos aos clientes e do impacto que estes geram ao meio ambiente; 2) Diferenciação por serviço: por acreditarem que os clientes valorizam mais as empresas que possuem políticas mais conscientes do retorno de produtos, tendência reforçada pela legislação de defesa do consumidor, garantindo-lhe o direito de devolução ou troca; 3) Redução de custo: iniciativas que têm trazido retornos consideráveis para empresas, como a economia pela utilização de embalagens retornáveis ou com o reaproveitamento de materiais para a produção.

Por sua vez, Shibao, Moori e Santos (2010) resumem as atividades desse tipo de logística em cinco funções básicas: 1) Planejamento, implantação e controle do fluxo de materiais e do fluxo de informações do ponto de consumo ao ponto de origem; 2) Movimentação de produtos na cadeia produtiva, na direção do consumidor para o produtor; 3) Busca de uma melhor utilização de recursos, seja reduzindo o consumo de energia, seja diminuindo a quantidade de materiais empregada, seja reaproveitando, reutilizando ou reciclando resíduos; 4) Recuperação de valor; 5) Segurança na destinação após utilização.

Novos conceitos vêm fugindo do cenário puramente ambiental e introduzindo de maneira definitiva os aspectos econômicos no reaproveitamento de embalagens e produtos. No trabalho de Adlmaier e Sellitto (2007), uma das definições propostas enquadra a logística reversa como o processo de planejamento, implementação e controle de fluxos de matérias-primas, inventário em processo, bens acabados e informações, desde o ponto de consumo até o ponto de origem, com o objetivo de recuperar valor ou fazer uma apropriada disposição ambiental.

Acima de tudo, a logística reversa deve ser concebida como um dos instrumentos de proposta de produção e consumo sustentáveis. Por exemplo, se o setor responsável desenvolver critérios de avaliação, ficará mais fácil recuperar peças, componentes, materiais e embalagens reutilizáveis e reciclá-los. Esse conceito é denominado logística reversa para a sustentabilidade (Barbieri; Dias, 2002). Ainda de acordo com esses autores, a logística reversa torna-se, dessa forma, verdadeiramente sustentável e pode ser vista como um novo paradigma na cadeia produtiva de diversos setores econômicos, pelo fato de reduzir a exploração de recursos naturais na medida em que recupera materiais para serem retornados aos ciclos produtivos, além de reduzir o volume de poluição constituída por materiais descartados no meio ambiente.

Numa visão global, é desejável que a prática da responsabilidade social esteja inserida na cultura organizacional da empresa, em sua perspectiva e em convicção pessoal dos dirigentes, ou por concepções empresariais estratégicas como meio de atingir reais objetivos gerados pelos benefícios produzidos pela adoção dessas práticas.

O aumento da velocidade de descarte dos produtos de utilidade após seu primeiro uso, motivado pelo nítido aumento da descartabilidade dos produtos em geral, não encontrando canais de distribuição reversos de pós-consumo devidamente estruturados e organizados, provoca desequilíbrio entre as quantidades descartadas e as reaproveitadas, gerando um enorme crescimento de produtos de pós-consumo. Um dos mais graves problemas ambientais urbanos da atualidade é a dificuldade de disposição do lixo urbano.

A destinação final dos produtos apresenta oportunidades capazes de trazer resultados positivos, porque é o processo por meio do qual as empresas podem se tornar ecologicamente mais eficientes por intermédio da reciclagem, reuso e redução da quantidade de materiais usados. Especificamente quanto ao retorno de embalagens, o fluxo pode reduzir desperdícios de valores e riscos ao ambiente, pela reutilização, recuperação e reciclagem dos materiais de embalagens (LEITE, 2010).

Para Rogers e Tibben-Lembke (1998), o reaproveitamento de materiais e a economia com embalagens retornáveis têm trazido ganhos que estimulam cada vez mais iniciativas e esforços para a implantação da logística reversa, visando a eficiente recuperação de produtos. Além dos ganhos logísticos e financeiros, pode-se também adicionar os ganhos à imagem institucional da companhia, atraindo a preferência dos clientes. Afinal, o objetivo e a importância da logística, seja tradicional ou reversa, estão sempre relacionados com a vantagem competitiva, uma posição de superioridade duradoura sobre os concorrentes, em relação à preferência do cliente. A fonte da vantagem competitiva é encontrada, primeiro, na capacidade de a organização diferenciar-se de seus concorrentes aos olhos do cliente; em segundo lugar, por sua capacidade de operar a baixo custo e, portanto, com lucro maior.

A logística reversa deve ser vista como um novo recurso para a lucratividade (LEITE, 2009). Assim, as principais razões que levam as organizações a atuarem mais fortemente na logística reversa são: (1) logística ambiental que força as empresas a retornarem seus produtos e cuidar do tratamento necessário; (2) benefícios econômicos pelo uso de produtos que retornam ao processo de produção e não geram os altos custos (ambientais e financeiros) do descarte; e (3) a crescente conscientização ambiental do lixo.

Sustentabilidade é um tema muito comentado na atualidade, o que o torna relevante para as organizações que visam ser reconhecidas nesse quesito para, assim, agregar valor a sua marca ou reduzir seus custos. Para Shibao, Moori e Santos (2010), à medida que cresce a consciência resultante de legislações ambientais cada vez mais rígidas, amplia-se a responsabilidade do fabricante sobre o produto, até o final de sua vida útil. O Brasil está vivendo um período de sancionamento de novas leis com a finalidade de atribuir responsabilidade aos fabricantes, pela destinação ecologicamente correta de seus produtos pós-consumo. Algumas empresas já estão se antecipando à exigência da destinação correta dos resíduos de seus produtos, após o término de sua vida útil, utilizando a logística reversa, própria ou contratada de empresas especializadas, como forma de aumento de sua competitividade no mercado.

Seja por força de lei, por influência da sociedade, dos concorrentes, do cenário internacional ou por princípio, nos dias atuais é de suma importância que as empresas deem um destino ecologicamente correto para seus produtos e resíduos. Igualmente importante é a adoção de material reciclado ou reciclável em seu processo produtivo e, ainda, a prática de procedimentos corretos para o descarte dos materiais que não possam ser reutilizados ou reciclados. Ou seja, a gestão dos resíduos sólidos já recebe certa atenção quanto a seu reaproveitamento e sua reciclabilidade (ZORTEA, 2001).

Por ter diversas possibilidades, a logística reversa pode englobar atividades com objetivos diferentes e com ações específicas para se fazer tal procedimento, como: a) retorno do produto que encerrou seu ciclo de vida útil para o devido descarte visando a preservação do meio ambiente – como o caso de pilhas e baterias; b) retorno da embalagem vazia para a correta destinação se esta significar uma ameaça à contaminação do solo – como ocorre com as embalagens de agrotóxicos; c) retorno da embalagem para o reaproveitamento da sua matéria-prima – como o caso de papéis, plásticos e alumínios (CARBONE; SATO; MOORI, 2005).

Leite (2010) considera que são diversos os impactos desses retornos nas empresas: criação de valor econômico, criação de serviços que tragam satisfação aos clientes, ou garantia ou reforço de imagem corporativa da empresa ou de sua marca no mercado, entre outros motivos. Neves e Von Zuben (1999) apontam que tais fatores estão levando o mercado de reciclados a fazer parte de plataformas políticas de diversos municípios no Brasil e contam com apoio de empresas do setor privado, que incentivam tais programas de parceria com empresas recicladoras. Nesse cenário, cidades como Curitiba, Porto Alegre, Florianópolis, Campinas, Caxias do Sul, Jundiaí, São José dos Campos, entre outras, possuem coleta seletiva implantada e contemplam a coleta das embalagens cartonadas.

Se a gestão ambiental e a responsabilidade social tornaram-se importantes instrumentos gerenciais para capacitação e criação de condições de competitividade para as organizações, qualquer que seja seu segmento econômico, podemos concluir que organizações com valores alinhados às questões ambiental, social e ecológica têm conseguido significativas vantagens competitivas, além de redução de custos e incremento nos lucros a médio e longo prazos.

FAIR TRADE – COMÉRCIO JUSTO

Para começar a tratar deste tema, segue definição de comércio justo fornecida por uma artesã da Associação das Artesãs de Massaranduba, no Nordeste brasileiro:

> Comércio justo é você desenvolver alguma coisa para alguém onde você não explora quem está vendendo e também não é explorado por aquele que está comprando... eu me sinto feliz com isso, em contribuir assim com o pouco conhecimento que tenho, tentando ajudar e melhorar a situação das comunidades... e no fundo a gente tenta fazer uma comunidade melhor... um Estado, um País melhor.

É este o sentido geral do comércio justo ou *fair trade*. Na verdade, o comércio justo é uma prática que surgiu de um movimento de consumidores há aproximadamente 50 anos nos Estados Unidos e na Europa. Alguns dizem que iniciou com o movimento *hippie* dos anos 1960, em que os protestos e apelos por mudanças sociais e políticas daquele momento levaram a um novo tipo de comportamento e exigências em relação ao consumo.

Trata-se de um novo modo de pensar e de enxergar a realidade que levou esses grupos a exigir práticas comerciais que não exploram pequenos grupos, comunidades inteiras e até mesmo países onde o único meio de sobrevivência vem de seus recursos naturais e da mão de obra de seus habitantes.

Diante disso, surgiram movimentos para estimular a preservação ambiental e a valorização da mão de obra daqueles que trabalham diretamente com a extração e o manejo das matérias-primas, garantindo um preço mínimo/justo e respeito aos padrões éticos profissionais aceitos internacionalmente para todos que participam da cadeia produtiva e também para o consumidor, que tem à sua disposição a garantia de estar consumindo produtos cuja produção impactou minimamente o meio ambiente e cuja divisão dos lucros foi realizada de maneira justa diante dos esforços para a sua obtenção.

Esses movimentos vêm ganhando força internacional, e a forma de garantir o comércio justo é por meio de certificações emitidas por diversas instituições que não só estabelecem critérios e regras para a produção como acompanham todo o processo da produção, desde a extração da matéria-prima, manejo, condições de vida das comunidades que estão diretamente envolvidas com as atividades de produção até a comercialização do produto final. A *Word Fair Trade Organization* (WFTO) define comércio justo da seguinte maneira:

> El Comercio Justo es una relación de intercambio comercial basada en el diálogo, la transparencia y el respeto que busca una mayor equidad en el comercio internacional. Contribuye al desarrollo sostenible ofreciendo mejores condiciones comerciales y asegurando los derechos de los pequeños productores y trabajadores marginados, especialmente del Sur.

No comércio internacional, principalmente em se tratando de comércio de produtos agrícolas, diversos países já exigem que os produtores apresentem certificados comprovando que os produtos são orgânicos, ou seja, que não foram utilizados meios de produção que agridem o meio ambiente e a saúde dos consumidores, e que o sistema de produção obedeceu aos critérios do comércio justo.

Uma das organizações que coordena a certificação de comércio justo internacionalmente é a *Fairtrade Labelling Organizations International* (FLO), com sede em Bonn, na Alemanha, que congrega 24 instituições, que estabelecem os critérios para a obtenção do selo *Fairtrade,* apoiam os produtores certificados para a manutenção da certificação e desenvolvem estratégias e promoção para a prática global do comércio justo. A FLO faz parte de uma rede de organizações de comércio justo da qual participam a *World Fair Trade Organization* (WFTO) e a *European Free Trade Association* (EFTA).

No Brasil há diversas associações e cooperativas que se organizaram para fornecer produtos de seus membros que atendem às práticas de comércio justo, como a Cooperativa de Agricultores dos Frutos da Paz (Cooapaz) que, no início de 2010, comemorava a obtenção de certificação da *Fairtrade Labelling Organizations* (FLO-Cert), que permite e facilita a exportação, principalmente para a Europa, de abacaxi, limão e coco produzidos por 93 famílias dos assentamentos Fazenda Paz e Nova Dimensão, nos municípios de Maxaranguape e Rio do Fogo, no Estado do Rio Grande do Norte, no Nordeste brasileiro. Além dessas frutas, o melão produzido naquela região já possui o mesmo certificado.

Países como a República Dominicana produzem bananas orgânicas dentro do sistema de comércio justo há mais de 20 anos. Na Costa Rica e em Belize, cooperativas de produtores de cana-de-açúcar adotam tais práticas e, na Colômbia, desde o final dos anos 1980, já se preocupavam em oferecer produtos como café, banana e flores dentro dos critérios do comércio justo. Na Bolívia, desde 1988, passaram a oferecer cacau orgânico e fazer parte do sistema de comércio justo, e, no México, produtores guatemaltecos e mexicanos se uniram no Estado de Chiapas para produzir mel para atender ao mercado europeu.

Um dos produtos certificados mais procurados é o café, e entre os compradores que exigem essa certificação estão as redes de cafeterias Starbucks e a de supermercados Walmart. A maioria das organizações importadoras está na Austrália, Canadá, Estados Unidos, Japão e União Europeia, e a maior parte dos produtores se encontra nos países do hemisfério Sul.

Além das organizações que procuram por produtos certificados, como as grandes redes de supermercados em diversos países, principalmente da Europa, há lojas do comércio justo. Estima-se que a Alemanha é o país que mais tem lojas desse tipo, seguida pela Países Baixos, Bélgica e Itália. Portugal também já possui lojas especializadas em produtos certificados pelos critérios do comércio justo. Ainda há controvérsias se esse tipo de comércio será o comércio do futuro, mas o que se vê é a crescente procura por produtos que não agridam o meio ambiente e que não sejam produzidos com base na exploração do ser humano.

No contexto da preocupação mundial com a preservação do meio ambiente, este capítulo teve o intuito de despertar para a necessidade e importância do tema, mas também para as inúmeras possibilidades de negócios que podem surgir de uma política responsável.

QUESTÕES PARA DEBATER

1. Com suas palavras, apresente a diferença entre logística e logística reversa.

2. Do ponto de vista da empresa, analise quais são as principais dificuldades e ganhos resultantes da prática do fair trade.

3. Analisando as indústrias automotivas, de gêneros alimentícios e de serviços (como bancos, transportes e entretenimento), quais são as empresas que mais investem em ações relacionadas à sustentabilidade e conscientização ambiental? Será que essas ações favorecem a aceitação de seus produtos?

4. Na sua casa, você e seus familiares desenvolvem alguma ação voltada à preservação ambiental, seja com o tratamento do lixo, consumo responsável ou escolha de produtos ecologicamente corretos? Explique como foi a decisão de praticá-la.

5. Indique algum outro exemplo de responsabilidade ambiental que você conhece e que não foi tratado neste capítulo.

Capítulo 3
Internacionalização das Empresas

CONCEITOS E DEFINIÇÕES

O tema internacionalização de empresas começou a ganhar espaço na literatura, nos artigos e comentários sobre comércio internacional há algumas décadas, embora, desde os tempos das grandes navegações, o que acontecia nada mais era do que buscar em outros países e regiões oportunidades de bons negócios para os comerciantes da época.

Estudos e pesquisas buscam definir o termo "internacionalização de empresas", ou o que seria "tornar-se global" como um modo de se expandir, buscar novos mercados, novas culturas, passar a produzir ou ser representado em outros países, e também apontam diversas formas de uma empresa se internacionalizar.

Encontramos ainda o termo "mundialização" para se referir aos negócios de países feitos além de suas fronteiras, mas que não são relacionados aos negócios referentes ao comércio internacional e negócios financeiros, e sim a qualquer outro tipo de negócio que possibilite levar para outros mercados hábitos e costumes que acabam modificando os hábitos e costumes locais, resultando na alteração do comportamento dos lugares onde estão chegando.

Alguns autores, ao apresentarem suas definições sobre internacionalização, consideram que as empresas se tornam internacionais somente quando seus negócios envolvem a movimentação internacional de fatores de produção, não levando em conta, portanto, que as exportações e importações sejam uma forma de internacionalizar uma empresa. Seus argumentos apontam o comércio internacional como o meio mais simples para se promover a abertura de novos mercados para seus produtos e serviços, pois, conhecendo minimamente esses mercados, podem-se avaliar as possibilidades de neles atuar.

Nos anos 1970, um modelo de processo de internacionalização de empresas foi apresentado por pesquisadores da Universidade de Uppsala, na Suécia. Ele foi desenvolvido com base em análises das formas pelas quais empresas suecas passaram a atuar no mercado externo. Para esses pesquisadores, uma empresa passa a fazer negócios fora de seus limites territoriais quando seu mercado já saturou, e as oportunidades de novos negócios lucrativos vão se escasseando, levando-a a buscar outros mercados para se expandir. Segundo tal teoria, os primeiros negócios internacionais feitos por uma empresa seriam as operações de exportação; em um segundo momento, as vendas para o exterior seriam feitas por meio de representantes nos países onde se pretende atuar; depois, viria a instalação de subsidiárias para promover as suas vendas; e, em um estágio mais avançado, a possibilidade de instalar uma unidade para produzir localmente.

Essas definições, conceitos e processos de internacionalização podem ser considerados modelos tradicionais, uma vez que definem padrões da forma e razões para que as empresas passem a atuar no mercado externo.

Atualmente, o termo *born global* tem sido citado de uma maneira bastante intensa quando o assunto é internacionalização de empresas. As empresas *born global*, diferentemente do que defende a Universidade de Uppsala, são aquelas criadas com a intenção de atuar no mercado externo desde o início de suas atividades.

Considerações do tipo: quando se deu o início das atividades no exterior; o modo como essas empresas entraram em outros países; o número de atividades desenvolvidas; o número de países onde atuam; e o percentual de vendas feitas em tais mercados podem definir se uma empresa é *born global* ou não.

Em relação a esses fatores, há uma diversidade de opiniões entre os estudiosos do tema. Enquanto alguns alegam que uma empresa somente poderá ser considerada *born global* se logo no início de suas atividades já passar a atuar em outros países, outros aceitam que em até três anos é possível classificá-la assim. Quanto às vendas no exterior, a maioria acha que pelo menos 25% do faturamento deve ser de negócios realizados fora de seu país e, quanto à abrangência geográfica, há uma quase unanimidade que considera que quanto maior o número de países, mais *born global* a empresa será.

INTERNACIONALIZAÇÃO DAS EMPRESAS

Em uma pesquisa[1] feita no segundo semestre de 2010, por alunos de graduação em Administração de Empresas com habilitação em Comércio Exterior, envolvendo 31 empresas de vários segmentos, sediadas no Brasil, uma das questões foi sobre há quanto tempo depois de constituídas elas fizeram sua primeira exportação. O resultado apontou que 22,6% das empresas entrevistadas logo em seu primeiro ano de atividade já estavam fazendo negócios no mercado externo, 19,35% delas começaram a exportar em até dez anos e as demais levaram mais de dez anos para fazê-lo.

Sobre a intenção de atuarem no mercado externo quando foram criadas, 64,5% das empresas não pensavam nessa possibilidade e, entre aquelas que foram criadas com tal intenção, 19,35% foram constituídas a partir da década de 1990, o que demonstra que, com a expansão dos meios de comunicação e deslocamento, os acordos comerciais entre países e a formação de blocos econômicos, os mercados ficaram mais próximos e acessíveis.

Em relação às motivações que os levaram a buscar o mercado internacional, foram diversas as respostas e elas variaram de acordo com os interesses de cada empresa. Entre as razões apontadas na referida pesquisa, os gestores dessas empresas apontaram as que os motivaram a agir dessa forma:

- Abastecer a matriz no exterior.
- Aproveitar a capacidade de produção ociosa.
- Atender a demanda da empresa na América Latina.
- Aumentar a faturamento.
- Aumentar a demanda pelo produto no exterior.
- Diversificar mercados.
- Expandir a empresa.
- Procurar por consumidores estrangeiros.
- Fortalecer a marca.
- Identificar nichos de mercado no exterior.
- Abastecer as filiais de empresas brasileiras no exterior.
- Obter sucesso de produtos tipicamente brasileiros no mercado externo – sandália de borracha e cachaça.

---

[1] Pesquisa feita pelos alunos do curso de Administração de Empresas com habilitação em Comércio Exterior, do CCSA da Universidade Presbiteriana Mackenzie para a disciplina Introdução ao Comércio Exterior no segundo semestre de 2010, orientados pela Prof.ª Ms. Zilda Mendes.

Obviamente que os resultados apresentados por essa pesquisa são fruto de uma análise preliminar sobre internacionalização de empresas, uma vez que o enfoque das entrevistas foram as exportações dessas empresas, descartando outras atividades exercidas por elas no mercado externo, como as parcerias e os investimentos. No entanto, foi um primeiro passo para compreender e caracterizar como vem ocorrendo essa internacionalização.

Sem desconsiderar todos os estudos, de uma forma simplificada pode-se definir que **a internacionalização de uma empresa se dá quando seus gestores decidem atuar em outros países.**

MEIOS DE INTERNACIONALIZAR UMA EMPRESA

Quanto à escolha dos meios para internacionalizar uma empresa, ou seja, quais são as opções disponíveis para atuar em outros países, ela vai depender dos objetivos dos gestores em relação aos resultados que pretendem obter ao se inserirem no mercado externo. Os meios mais frequentes de internacionalizar uma empresa são:

Investimento Direto no Exterior (IDE)

Aquisição de empresas no exterior

Os investimentos diretos no exterior ocorrem, por exemplo, quando se compra empresas em outros países. Em muitos casos, empresas que estão em processo falimentar e apresentam um bom potencial de recuperação ou investimento são oportunidades que devem ser avaliadas por apresentarem, algumas vezes, um bom preço para compra. Em 2010 registramos vários casos de aquisições de empresas no exterior, como:

- da brasileira Braskem, que comprou 100% da empresa norte-americana Sunoco Chemicals;
- da siderúrgica Gerdau, que adquiriu o restante de ações que ainda não detinha da norte-americana Ameristeel; e
- da Marfrig, empresa de processamento de carnes, que adquiriu integralmente a norte-americana Keystone Foods, tornando-se uma das principais fornecedoras para redes de *food services*, como o Subway, McDonald's e também a fabricante das sopas Campell's.

A Marfrig é um dos exemplos de empresa brasileira que investe muito em compras internacionais. No mesmo ano em que adquiriu a Keystone Foods, também comprou o frigorífico irlandês O'Kane Poultry, aumentando em 15% sua capacidade produtiva no Reino Unido.

Instalação de plantas no exterior, subsidiárias ou filiais

Estas também são opções de IDE. Neste caso, a empresa pode optar por instalar uma fábrica que integre todos os processos para a produção de determinado produto, ou instalar uma unidade que participará apenas de uma das partes do processo de produção, ou somente para a montagem de produtos fabricados no país da matriz e exportados para essas unidades no exterior. Como exemplo de empresas brasileiras que mantém unidades fabris no exterior pode-se citar:

- a Azaleia, do ramo calçadista, que instalou distribuidoras na Argentina, Estados Unidos, Peru, Chile, Colômbia e Uruguai;
- a Embraco, do ramo de refrigeração, com fábricas na China, Eslováquia e Itália, escritórios comerciais nos Estados Unidos, México e também na Itália.
- a Natura, que instalou uma loja para revenda de seus produtos na França.

Fusões

A fusão consiste na união de duas ou mais empresas, formando uma nova e maior sociedade comercial, que as sucederá em todas as suas obrigações e direitos. Dessa maneira, as empresas que se juntam passam a não mais existirem individualmente.

No caso das fusões internacionais, as empresas que se unem enfrentam muitos desafios por causa das diferenças culturais, valores corporativos, processos de gestão organizacional e políticas de concorrência.

Nas duas últimas décadas grandes empresas e marcas famosas uniram-se para consolidarem sua participação no mercado mundial. Não só na área industrial, mas também no segmento de serviços, como nos casos:

- da brasileira TAM e a chilena LAN, que juntas constituíram a Latam, considerada uma das maiores companhias aéreas privadas do mundo;
- dos bancos Itaú e Unibanco, em 2010;

- da unidade brasileira do grupo francês Louis Dreyfus Commodities e da Santelisa Vale, um dos maiores grupos sucroalcooleiro do Brasil, que anunciaram, em outubro de 2009, a união para formarem a LDC-SEV.

Participação acionária

E, por fim, podemos citar como uma das formas de IDE a participação acionária, quando uma empresa opta por comprar ações ou cotas do capital de empresas em outros países, como nos casos:

- da empresa norte-americana Pfizer do ramo farmacêutico, que, em outubro de 2010, divulgou a aquisição de 40% das ações do laboratório brasileiro de medicamentos genéricos Teuto;
- em abril do mesmo ano, do Banco do Brasil, que anunciou a compra de 51% do capital social do Banco Patagônia, na Argentina.

Essas formas de se internacionalizar uma empresa podem ser consideradas as maiores oportunidades de se obter um retorno do capital investido, uma vez que a proximidade com o mercado consumidor permite conhecê-lo melhor, adaptar seus produtos e serviços às suas necessidades, hábitos de consumo e comportamento. Contudo, os investimentos diretos no exterior talvez sejam uma das formas mais arriscadas de se inserir no mercado internacional, pois, neste caso, a empresa que investe seus recursos em outro país, seja para a compra de uma empresa, na instalação de uma subsidiária ou filial, ou qualquer uma das outras formas apontadas, estará sujeita aos riscos políticos e governamentais e aos fatores econômicos, de mercado, de infraestrutura e de recursos humanos do país escolhido, para dizer o mínimo.

Para se ter uma ideia do risco político, imagine instalar uma empresa em um país, começar a produzir, com boas perspectivas de retorno e, de repente, o presidente desse país resolve expropriar a sua empresa, ou seja, tirar a posse de alguém de sua propriedade mediante uma indenização ou estatizá-la, ou seja, o Estado passa a ser o novo dono da empresa. Situação como esta foi amplamente divulgada pelos jornais quando Hugo Chávez, presidente da Venezuela, mandou expropriar uma rede de hipermercados controlada pelo grupo francês Casino, sócio do grupo brasileiro Pão de Açúcar. Os anúncios informavam que a rede de hipermercados passaria a fazer parte da cadeia de supermercados estatais Corporación de Mercados Socialistas (Comerso).

É certo que tanto a expropriação como a estatização podem ser feitas mediante uma indenização, mas será que o investidor espera por essa situação quando resolve se estabelecer em outro país? O que fazer em uma situação como esta? É de fundamental importância obter informações sobre esse país e a análise dos riscos que ele oferece e buscar proteção com cláusulas contratuais prevendo tais possibilidades.

Parcerias e Associações

As parcerias e associações podem ter diversas configurações, como a licença para utilização de determinada marca, que são os casos de franquias ou licenciamentos, ou, ainda, a contratação de serviços terceirizados para a fabricação de produtos no mercado escolhido ou para a distribuição de produtos importados. Alguns tipos de parcerias e associações são:

Para a Montagem de Produtos

São contratos celebrados com empresas no exterior para que estas procedam a montagem de produtos que deverão ser comercializados em seus mercados ou regiões. Essa forma de entrada no mercado externo mostra-se interessante no caso em que a importação de peças e componentes utilizados para a montagem do produto final muitas vezes está sujeita a alíquotas de impostos e taxas de importação menores do que aquelas praticadas para a importação do produto já acabado. Ou, ainda, pelos conhecimentos técnicos dos parceiros sobre o produto que lhe dá condições mais eficientes de vendas e atendimento aos consumidores. Como exemplo, há os fabricantes de eletrodomésticos e eletrônicos que, com seu *know-how* e marcas já reconhecidas mundialmente, têm utilizado esse tipo de negócio para fabricar seus produtos em regiões onde os incentivos fiscais e os custos menores de mão de obra e distribuição levam a melhores resultados para a produção e comercialização.

Para Fabricação e Distribuição de Produtos

Esta forma de parceria, conhecida também como "terceirização", consiste na contratação de serviços de uma empresa no exterior para que esta proceda a fabricação de um produto de acordo com determinados critérios e padrões fornecidos pelo contratante, que também é o responsável pelo controle da qualidade e distribuição.

Da mesma forma que as parcerias para a montagem de produtos, as vantagens de se terceirizar a produção de determinado produto reside nas vantagens sobre os custos de produção, que certamente são sempre menores do que os custos no país do contratante. Como exemplo, as empresas do segmento de confecções detentoras de marcas conhecidas mundialmente vêm utilizando esse tipo de estratégia para obterem vantagens competitivas na produção e negociação.

Algumas empresas optam por constituir parcerias com empresas no exterior somente para que estas comercializem produtos já acabados e com a marca do fabricante. É o caso do grupo farmacêutico brasileiro Achè, que mantém uma parceria com o laboratório mexicano Silanes para distribuição no México de um medicamento produzido no Brasil e com a sua marca. Esse acordo com o laboratório mexicano foi assinado em 2007 e começou com o lançamento no Brasil pela Achè de um medicamento produzido pelo laboratório Silanes. Além das operações de exportação, importação e distribuição dos medicamentos nos dois países, as empresas parceiras estão desenvolvendo juntas dois novos medicamentos, cujos testes clínicos serão feitos em ambos os países.

Franchising – Franquia

A *franchising*, ou franquia, é uma das formas de parceria mais conhecidas entre os consumidores. É frequente em empresas prestadoras de serviços, no comércio, em restaurantes e também na área de educação. Em um contrato de franquia, a parceria consiste em permitir que se gerencie um negócio, de acordo com os critérios e conceitos impostos pelo proprietário da marca e dos conceitos de gerenciamento, que garante o êxito do negócio. As partes que formam uma franquia são: o franqueador e o franqueado.

O franqueador é o detentor dos padrões de gerenciamento do negócio e da marca, e o franqueado é aquele que obtém o direito de gerenciar o negócio de acordo com os padrões do franqueador, mediante o pagamento de uma taxa de franquia e com o compromisso de seguir as imposições do franqueador.

Basicamente identificam-se dois tipos de franquia: a venda de produtos ou serviços, quando ao franqueado é concedido o direito de vender os produtos, serviços e marcas do franqueador; e o de utilização da forma de gestão do negócio, ou seja, quando ao franqueado não só é concedido o direito de comercializar os produtos, serviços e marcas, mas também de utilizar os processos criados e desenvolvidos pelo franqueador para gerir a empresa. A empresa O Boticário é um exemplo bem-sucedido desse tipo de parceria no Brasil e no exterior, presente com suas lojas de perfumaria e cosméticos na África do Sul, Angola, Arábia Saudita, Colômbia, Estados Unidos, Japão, Paraguai, Peru, Portugal e Venezuela.

Joint Venture

Outra modalidade conhecida de parceria é a *joint venture*, caracterizada como uma associação entre empresas, por um tempo determinado e para diversos fins, sem deixarem de existir em seus mercados originais, ou seja, com cada uma delas mantendo sua independência. Com relação a esta última característica, não se pode confundir um contrato de *joint venture* com uma fusão ou aquisição de uma empresa.

Uma *joint venture* pode ser formada com a intenção de as empresas somarem competências para lançarem novos produtos, desenvolverem um novo processo de produção ou até mesmo de desenvolverem pesquisas para lançamento de materiais ou tecnologias de ponta. Os interesses das partes contratantes não são necessariamente convergentes, visando os mesmos objetivos e metas, ou seja, podem ser divergentes quando, por exemplo, uma das partes almeja o aumento de suas vendas em determinado mercado e a outra parte tem como objetivo obter maiores conhecimentos e acesso a tecnologias de ponta desenvolvidas por seu parceiro.

Essa parceria pode ser formalizada por meio da criação de uma terceira empresa, com uma personalidade jurídica própria, que durará até o fim de um projeto ou negócio em comum, ou por meio da formalização de um contrato entre as empresas com cláusulas que definem o tipo de *joint venture*, prazos, com aporte ou não de recursos financeiros etc.

Podem-se citar alguns casos de *joint venture* com a participação de empresas brasileiras, como: a Marcopolo, fabricante de ônibus que, por meio de *joint ventures*, se instalou na China, Egito, África do Sul, Argentina, México, Colômbia e na Índia, sendo que neste último país há duas fábricas instaladas; a Globosat que, por meio de uma *joint venture*, oferece sinais de canais estrangeiros como o da Universal Channel e a Rede Telecine; e a Vivo, antiga Telesp Celular, que foi criada por meio de uma *joint venture* entre a Portugal Telecom e a Telefonica Móviles, da Espanha.

Transferência de Tecnologia

A transferência de tecnologia ocorre quando uma pessoa ou uma empresa possui direitos de exploração, utilização ou aperfeiçoamento sobre alguma descoberta, invenção, técnica, fórmula ou processo exclusivo, e concede a alguém ou empresa no exterior a utilização de conhecimentos e direitos por determinado tempo ou por tempo indeterminado, mediante o pagamento de uma remuneração (*royalty*).

Esse tipo de negócio é comumente chamado de transferência ou licença de *know-how*. Traduzindo para o português, seria o "saber como", "saber como se faz alguma coisa", "ter conhecimento exclusivo de algo".

No Brasil, o Instituto Nacional de Propriedade Industrial (INPI) entende como transferência de tecnologia "quando se concede a licença de direitos, como exploração de patentes, de desenhos industriais e uso de marcas; os de aquisição de conhecimentos tecnológicos, como fornecimento de tecnologia e prestação de assistência técnica e científica, e também os contratos de franquia".

Ao importador desses direitos de exploração cabe o comprometimento de que, ao findar seu contrato para a exploração, deverá manter o sigilo das informações ou, por exemplo, cessar a fabricação do produto ou a prestação do serviço.

Registros de Patentes, Marcas, Desenhos Industriais, etc.

A proteção da criação intelectual pode ser feita de diversas maneiras, como o registro de patentes, direitos autorais, registros de marcas, logotipos, *slogans*, entre outros.

A patente é um título de propriedade concedido pelo Estado ao inventor ou autor para que este não permita que terceiros fabriquem, comercializem, façam uso ou importem algo relativo à matéria protegida sem sua prévia autorização.

No Brasil, o órgão que concede os registros de propriedade aos autores e inventores é o INPI, que, ao receber a solicitação de registros, procederá aos exames necessários de acordo com as normas vigentes nacionais e ainda conforme as normas e regras internacionais para a proteção da Propriedade Industrial da Convenção da União de Paris (CUP).

O prazo de validade dos registros depende do tipo de proteção requerida. Segundo o INPI (2013), a Patente de Invenção vigorará por um

INTERNACIONALIZAÇÃO DAS EMPRESAS

prazo de 20 anos e a de Modelo de Utilidade por um prazo de 15 anos, contados a partir da data em que se deposita o pedido para o registro da proteção. Transcorrido esse período, os direitos do titular cessam e a invenção/autoria passa a ser de domínio público, ou seja, qualquer pessoa ou empresa pode fazer uso livremente do que foi inventado ou descoberto.

O registro de uma patente é válido para todo o território nacional. Para obter a mesma proteção em outros países, é preciso que se faça o pedido diretamente nos países onde se pretende obter o registro.

Diferentemente do registro de patente, o registro de marca tem validade de dez anos a partir da data da concessão ou prorrogação, e não do depósito do pedido para o registro. Esse prazo poderá ser prorrogado por períodos iguais e sucessivos. Atualmente é possível fazer o depósito on-line dos pedidos de registro, pelo e-Marcas, no site do INPI.

Após a concessão do registro, o prazo para o início do uso da marca é de cinco anos e a sua extinção se dará com o término da vigência do período de concessão, com o abandono voluntário pelo titular ou por seu representante legal, pelo não uso da marca após o seu registro, denominada de caducidade, e ainda pela não observação e pelo não cumprimento dos termos que determinam a Lei de Propriedade Industrial.

Para os registros de desenho industrial, o prazo de proteção é de dez anos, podendo prorrogá-lo por mais três períodos de cinco anos. Com este registro, poderá fabricar e comercializar com exclusividade padrões de tecidos, modelos de vestimentas, bolsas, cintos, joias, bijuterias, embalagens, móveis etc.

Outra forma de proteção para produtos ou serviços é a Indicação Geográfica (IG), mantendo a tradição e a reputação de determinada região por oferecer produtos que são reconhecidos por sua origem ou local de fabricação ou pela prestação de serviços. O INPI cita que no Brasil já há alguns casos de IG concedidas: Vale dos Vinhedos (RS), Pampa Gaúcho da Campanha Meridional – carnes (RS), Região do Cerrado Mineiro – café (MG) e Paraty – aguardente de cana de açúcar (RJ). Para esse tipo de proteção, o prazo de vigência será o mesmo da existência do produto ou prestação de serviço reconhecido pelo INPI.

Pode-se ainda solicitar proteção para programas de computador e topografia de circuitos integrados. Nos casos de proteção para programas de computador, o prazo de validade é de 50 anos, pois é protegido pelo direito autoral, e para topografia de circuitos integrados o prazo é de dez anos.

Transfer Pricing

É importante destacar que as empresas e pessoas físicas que mantêm negócios no mercado internacional estão sujeitas a controles fiscais instituídos pelas autoridades governamentais de seus países. Um desses controles é o *transfer pricing*, ou preço de transferência, que, por meio de métodos fixados pela legislação vigente, apura o custo ou o preço médio do negócio feito no mercado externo que servirá como parâmetro para o cálculo de tributos.

Como meio para se evitar perdas fiscais, a legislação brasileira de preço de transferência se aplica para os cálculos do Imposto de Renda e da Contribuição Social sobre Lucro Líquido e define que estão obrigados à observância dessas regras os seguintes:

- As pessoas físicas ou jurídicas residentes ou domiciliadas no Brasil que praticarem operações com pessoas físicas ou jurídicas, residentes ou domiciliadas no exterior, consideradas vinculadas, mesmo que por intermédio de interposta pessoa;
- As pessoas físicas ou jurídicas residentes ou domiciliadas no Brasil que realizem operações com qualquer pessoa física ou jurídica, ainda que não vinculada, residente ou domiciliada em país que não tribute a renda ou que a tribute à alíquota inferior a 20% (vinte por cento), ou cuja legislação interna oponha sigilo relativo à composição societária de pessoas jurídicas ou a sua titularidade.

Serão considerados "pessoa vinculada" à pessoa jurídica domiciliada no Brasil os seguintes:

1. A matriz desta, quando domiciliada no exterior.
2. A sua filial ou sucursal, domiciliada no exterior.
3. A pessoa física ou jurídica, residente ou domiciliada no exterior, cuja participação societária no seu capital social a caracteriza como sua controladora ou coligada, na forma da lei.

INTERNACIONALIZAÇÃO DAS EMPRESAS

4. A pessoa jurídica domiciliada no exterior que seja caracterizada como sua controlada ou coligada, na forma da lei.
5. A pessoa jurídica domiciliada no exterior, quando esta e a empresa domiciliada no Brasil estiverem sob controle societário ou administrativo comum, ou quando pelo menos 10% do capital social de cada uma pertencer à mesma pessoa física ou jurídica.
6. A pessoa física ou jurídica, residente ou domiciliada no exterior, que, em conjunto com a pessoa jurídica domiciliada no Brasil, tiver participação societária no capital social de uma terceira pessoa jurídica, cuja soma as caracterizam como controladoras ou coligadas desta, na forma da lei.
7. A pessoa física ou jurídica, residente ou domiciliada no exterior, que seja sua associada, na forma de consórcio ou condomínio, conforme definido na legislação brasileira, em qualquer empreendimento.
8. A pessoa física residente no exterior que for parente ou afim até o terceiro grau, cônjuge ou companheiro de qualquer de seus diretores ou de seu sócio ou acionista controlador em participação direta ou indireta.
9. A pessoa física ou jurídica, residente ou domiciliada no exterior, que goze de exclusividade, como seu agente, distribuidor ou concessionário, para a compra e venda de bens, serviços ou direitos.
10. A pessoa física ou jurídica, residente ou domiciliada no exterior, em relação à qual a pessoa jurídica domiciliada no Brasil goze de exclusividade, como agente distribuidora ou concessionária, para a compra e venda de bens, serviços e direitos.

Dentre outras considerações e regras, as operações descritas abaixo estão sujeitas ao controle de preço de transferência:

1. As importações de bens, serviços e direitos.
2. As exportações de bens, serviços e direitos.
3. Os juros pagos ou creditados em operações financeiras, quando decorrentes de contrato não registrado no Banco Central do Brasil.
4. Os juros auferidos em operações financeiras, quando decorrentes de contrato não registrado no Banco Central do Brasil.

> Os profissionais responsáveis pela área financeira e contábil das empresas e das pessoas físicas que fazem negócios e investimentos no exterior obrigatoriamente devem observar e cumprir a legislação pertinente ao preço de transferência.

COMÉRCIO INTERNACIONAL

Embora alguns teóricos não considerem que as exportações e importações sejam formas de internacionalizar uma empresa, conforme já exposto anteriormente, aqui consideraremos um dos meios para que as empresas passem a atuar ou fazer seus negócios no mercado mundial, tornando-as internacionais. Não apenas pelos produtos e serviços que oferecem, mas também pela divulgação e consolidação de suas marcas em outros países e também como compradoras que buscam fornecedores no exterior.

Atualmente, com as facilidades de comunicação e de mobilidade entre os países, é difícil uma empresa, independentemente de seu porte ou segmento, passar despercebida no mercado mundial. Basta participar de um site de relacionamento, criar um blog ou um site apresentando suas atividades que o mundo inteiro terá acesso a essas informações que podem resultar em negócios promissores.

Considera-se que toda e qualquer mercadoria que sai de um território nacional é uma exportação, e que toda e qualquer mercadoria que entra em um território nacional é uma importação. Há inúmeras razões para que isso ocorra, o que nos obriga a observar procedimentos e rotinas especiais para cada uma das situações possíveis de exportação e importação de acordo com as políticas de comércio exterior dos países envolvidos e também conforme as normas e acordos internacionais de que esses países são signatários. O mesmo se aplica às exportações ou importações de serviços e intangíveis, considerados operações de natureza comercial.

No capítulo 4 serão apresentadas as definições, conceitos, rotinas e procedimentos relacionados às exportações e importações de bens e serviços.

Duas observações devem ser feitas em relação às formas para que uma empresa passe a atuar no mercado internacional:

1. As formas apresentadas não se esgotam aí, pois, considerando o dinamismo dos mercados e de seus atores, a cada momento pode-se

criar uma nova maneira de fazer negócios em outros países ou, ainda, dentro das possibilidades já conhecidas, podem-se adotar variantes de formato do negócio escolhido.

2. Para se estabelecer no mercado externo é preciso que as empresas façam uma escolha correta dos caminhos de sua internacionalização, amparadas em uma avaliação honesta sobre sua real capacidade de se internacionalizarem, seja por um meio ou por outro. Essa avaliação da capacidade exportadora requer um estudo aprofundado sobre os recursos disponíveis no momento em que a direção da empresa decidiu por atuar no mercado internacional. Recursos estes que revelam sua capacidade técnica, financeira e humana. Somente depois dessa avaliação é que as empresas podem traçar as estratégias com escolhas certas para atuar internacionalmente.

QUESTÕES PARA DEBATER

1. Quais são os riscos para as empresas que optam por instalar uma filial em outro país?

2. Quais as diferenças entre um Investimento Direto no Exterior e uma Parceria?

3. Quais fatores relacionados à mão de obra devem ser considerados quando se pretende instalar uma nova planta de uma empresa no exterior?

4. Relacione quais são as vantagens de uma joint venture e de uma fusão. Em seguida, faça uma comparação entre esses dois tipos de internacionalização de empresa.

5. Busque informações sobre duas franquias brasileiras que se internacionalizaram e identifique quais foram as dificuldades encontradas por elas ao fazerem esta opção.

Capítulo 4
Sistemática de Exportação e Importação

COMÉRCIO INTERNACIONAL BRASILEIRO

A balança comercial é um instrumento muito importante por reunir dados sobre o volume das exportações e importações realizadas pelo país. Se o país apresentar maior volume nas exportações do que nas importações, dizemos que ele registra um superávit. Se apresentar maior volume nas importações do que nas exportações, dizemos que o país registra um déficit.

Igualmente ao que ocorre com a conta bancária, se você recebe mais do que gasta, significa que terá um saldo positivo no final do mês, então, terá um superávit. Se gasta mais do que recebe, significa que terá um saldo negativo no final do mês, ou seja, um déficit.

No Brasil, o governo ainda conta com informações mais detalhadas que são geradas por meio do cruzamento de dados do Sistema Integrado de Comércio Exterior (Siscomex), tais como:

- Volume de cada produto importado.
- Volume de cada produto exportado.
- Origem das importações.
- Destino das exportações.
- Variação de preço de cada produto importado.
- Variação de preço de cada produto exportado.

Com essas informações, o governo é capaz de acompanhar o desempenho de cada setor da economia e tomar as medidas cabíveis para garantir a competitividade de suas indústrias. Acompanhe o exemplo a seguir:

Imagine que os empresários do setor de calçados reclamem ao governo que estão registrando queda nas vendas por causa da enorme entrada de calçados chineses.

O governo precisa investigar se eles realmente estão enfrentando dificuldades e se há queda nas vendas, ou se a reclamação não tem fundamento.

Utilizando os registros das importações e exportações contidas no Siscomex, o governo consegue analisar o ritmo das importações de calçados e saber se os empresários têm razão para reclamar.

Vamos supor que, de fato, as importações de calçados tenham crescido muito nos últimos meses e que esses produtos estejam prejudicando as indústrias nacionais. O que fazer? É hora de agir para reduzir a importação de tais produtos.

Agir, neste caso, significa adotar medidas protecionistas que são ações voltadas para a proteção do mercado interno. Como o governo faz isso? Impondo barreiras.

Conforme o próprio nome indica, barreiras são medidas adotadas para barrar, para conter o comércio internacional, e podem ser aplicadas para proteger um produto específico ou um setor da economia. As barreiras são divididas em dois grupos: barreiras tarifárias e barreiras não tarifárias.

Barreiras tarifárias

Trata-se do aumento do imposto de importação ou adoção de sobretaxas sobre o produto importado ou de diversos produtos de um segmento. Assim, a barreira tarifária não impede a entrada do produto, apenas o encarece visando desmotivar o importador a realizar aquela importação.

A desvantagem dessa barreira é a impossibilidade de saber exatamente qual será o impacto causado no volume das importações. Porém, a OMC orienta que os países utilizem essa barreira como medida protecionista por ser clara e transparente.

Ao contrário, se há falta de um produto no mercado interno ou a incapacidade das indústrias internas em atender a demanda, o governo deve agir para evitar o aumento de preços. Nesses casos, ele reduz o imposto para incentivar a importação daquele produto.

Vamos finalizar a análise das barreiras tarifárias concluindo que: a redução no imposto causa aumento nas importações daquele(s) produto(s); e o aumento no imposto causa redução nas importações daquele(s) produto(s).

Barreiras não tarifárias

Se houver necessidade de proteger o mercado interno da concorrência estrangeira sem alterar o valor dos impostos, o governo poderá optar pela adoção de algum tipo de barreira não tarifária, escolhendo aquela que melhor atender a seus interesses para aquele produto. Vejamos as principais barreiras não tarifárias aplicadas pelo governo brasileiro.

1. Licenciamento de Importação (LI): trata-se de uma ferramenta capaz de oferecer informações de natureza comercial, financeira e fiscal, podendo ser divididas em dois grupos:

   - Licença de importação automática: Embora não seja propriamente uma barreira, sua finalidade é fornecer dados para o controle estatístico das operações de importação.
   - Licença de importação não automática: A importação de determinado produto pode depender desse tipo de LI em função da natureza da operação ou da característica do produto. É possível, inclusive, haver mais de um órgão anuente. Ainda é preciso salientar que a exigência desse tipo de LI pode ser prévia ao embarque ou ao desembaraço.

2. Cotas: normalmente, essa barreira é aplicada quando a indústria interna não é capaz de produzir o suficiente para atender a demanda interna, e a escassez do produto em questão poderá ocasionar elevação de preços. Para evitar que isso aconteça, o governo libera a entrada de determinada quantidade do produto importado a fim de garantir que a oferta atenda a demanda interna. Nesse sentido, trata-se de uma ferramenta bastante eficiente, já que os controles são realizados pelo Siscomex, com base no registro de LI, com anuência das cotas delegada à Secretaria de Comércio Exterior (Secex).

3. Proibição de importação: em caráter temporário ou definitivo, o governo também poderá proibir a importação de determinado produto, seja em função de atritos entre os países ou em função das características do produto.
4. Controles sanitários e fitossanitários: são exigências relacionadas com a proteção da vida e saúde das pessoas, dos animais e das plantas, visando assegurar a prática de medidas de controle de higiene e de prevenção a doenças. Assim, determinados produtos podem ser sujeitos à inspeção, ensaio, quarentena ou, ainda, à apresentação de certificados relativos às práticas adotadas na fabricação.
5. Normas técnicas: nos casos em que há normas técnicas para a produção e comercialização de um produto no mercado interno, elas também vigoram para os similares importados., Tais normas podem abranger as práticas adotadas na fabricação, a qualidade das matérias-primas utilizadas ou as informações constantes nos rótulos e embalagens.

Para o entendimento deste tópico, reforçamos a importância de um olhar estratégico do ponto de vista do governo brasileiro. Vamos entender que todas essas ferramentas devem ser utilizadas para garantir a competitividade das indústrias ou a qualidade dos produtos que importa. Assim, o importador deverá pesquisar se o produto que deseja adquirir sofrerá alguma barreira não tarifária antes de iniciar seus procedimentos de confirmação da compra e embarque.

A quantidade limitada para a importação de um produto regulado por cota também sofre alteração em decorrência das alterações de mercado. Da mesma forma, os controles sanitários, fitossanitários e as normas técnicas estão atentos às constantes atualizações industriais e ambientais.

Contudo, muito mais importante do que reclamar da burocracia e das exigências dos órgãos anuentes, o empresário deve ater-se ao planejamento de cada embarque, iniciando com um estudo detalhado acerca das normas relacionadas ao produto, ao seu país de origem e, até mesmo, à rota escolhida. Conhecimento e planejamento são capazes de reduzir riscos e despesas desnecessárias.

SISTEMÁTICA DE EXPORTAÇÃO E IMPORTAÇÃO

Sistema Integrado de Comércio Exterior (Siscomex)

Instituído pelo Decreto n.º 660, de 25 de setembro de 1992, em 1993 entrou em operação o módulo de exportação e, em 1997, o módulo de importação. Desenvolvido pelo Departamento de Informática do Banco Central e mantido pelo Serviço Federal de Processamentos de Dados (Serpro), trata-se de um instrumento administrativo que integra as atividades de registro, acompanhamento e controle das operações de comércio exterior, por meio de um fluxo único e computadorizado de informações. Dentre os órgãos gestores, a administração, manutenção e aprimoramento do sistema estão divididos e atribuídos da seguinte forma:

- Fase comercial: A Secretaria de Comércio Exterior (Secex) é responsável pelas análises de licenciamentos para autorizar a saída ou entrada de mercadoria e por alimentar o sistema com normas de caráter comercial;
- Fase aduaneira: A Secretaria da Receita Federal do Brasil (RFB) responde pelas normas vinculadas à arrecadação e fiscalização aduaneira;
- Fase cambial: O Banco Central do Brasil (Bacen) responde pelas normas pertinentes aos aspectos cambiais da operação.

Considerando que todas as operações de comércio exterior realizadas pelo Brasil devem, obrigatoriamente, transitar pelo Siscomex, podemos concluir que o desempenho desse sistema afeta diretamente o desempenho das empresas importadoras e exportadoras e, por consequência, o desempenho das atividades brasileiras no âmbito internacional.

No mundo globalizado, em que todos os países estão preocupados e empenhados em garantir o bom desempenho de suas empresas e a confiabilidade de seus controles, o Brasil passou a ser alvo de visitantes estrangeiros em busca do conhecimento de suas rotinas. Tudo isso porque o Siscomex apresenta diversas vantagens, como:

- Padronização da forma de trabalho baseada na harmonização de conceitos e uniformização de códigos e nomenclaturas utilizados pelos órgãos governamentais e pelas empresas, fazendo que as operações sejam idênticas em qualquer parte do território nacional;

- Facilitação dos controles, garantindo transparência e expandindo as atividades de comércio exterior;
- Sistemática informatizada das operações, o que ampliou as possibilidades de atuação no comércio exterior para aquelas empresas localizadas distante dos grandes centros;
- Reunião de dados sobre os números das importações e exportações de todas as empresas brasileiras;
- Redução de controles paralelos uma vez que todos os dados estão armazenados no Siscomex, possibilitando a criação de estatísticas sobre os números do comércio exterior brasileiro e facilitando a tomada de decisão por parte do Governo.
- Diminuição significativa do volume de documentos a serem impressos e arquivados: por terem se transformado em arquivos eletrônicos, garantem agilidade nos processos e redução de custos operacionais.

Dentre todas as vantagens do Siscomex, uma das mais importantes características desse sistema é seu poder de integração, que permite a comunicação entre os órgãos anuentes e os órgãos credenciados para auxiliar no controle comercial de entrada e saída de alguns produtos dentro de sua área de competência, considerando que os controles podem ser necessários em função de sua natureza, pela finalidade da operação ou por ambas as situações. Dentre os órgãos responsáveis pela emissão de pareceres técnicos e demais deliberações, podemos citar: Departamento de Operações de Comércio Exterior (Decex); Comissão Nacional de Energia Nuclear (CNEN); Ministério da Ciência e Tecnologia (MCT); Agência Nacional de Vigilância Sanitária (Anvisa); Departamento de Polícia Federal (DPF); Instituto Brasileiro do Meio Ambiente e dos Recursos Naturais Renováveis (Ibama); Banco do Brasil; Agência Nacional de Petróleo (ANP), entre outros.

Com o crescimento do fluxo de comércio internacional, as ferramentas para controle e operação são aprimoradas. Um exemplo foi a criação do Siscomex Carga, que é um sistema público de controle informatizado da movimentação de embarcações, cargas e unidades de carga em portos nacionais alfandegados, cujo principal objetivo é garantir o total controle de entrada e saída das embarcações e cargas no embarque, desembarque, trânsito aduaneiro, baldeação e de passagem nos portos brasileiros, tanto

SISTEMÁTICA DE EXPORTAÇÃO E IMPORTAÇÃO

no longo curso quanto na cabotagem, integrando os sistemas Mercante e Siscomex. Como resultado, houve melhor controle e combate a fraudes, rapidez e redução de custos envolvidos nos procedimentos de importação e exportação.

Registro e Rastreamento da Atuação dos Intervenientes Aduaneiros (Radar)

Antes do Radar, o empresário que pretendia contratar um despachante aduaneiro para atuar em seus processos de importação e exportação tinha de montar um dossiê com inúmeros documentos, como contrato social, cópia autenticada do CPF do proprietário ou presidente, documentos pessoais do(s) despachante(s) aduaneiro(s) e uma procuração (no formato estabelecido pelo órgão competente) nomeando-os para o prazo indicado e descrevendo os poderes atribuídos a esses prestadores de serviço. Em seguida, todos esses documentos eram entregues no posto da Receita Federal do Brasil da região, para análise e deferimento. Cumprido o procedimento, o contratante e os contratados ainda deveriam ficar atentos ao prazo de validade do credenciamento, a fim de providenciar a renovação com antecedência, evitando a impossibilidade das operações por falta de credenciamento. Ou seja, o processo de nomeação de uma empresa comissária de despachos e seus despachantes aduaneiros era burocrático, implicava tempo e custo, ocasionando frequentes problemas para os empresários e desmotivando-os a "testar" os serviços de outras comissárias, o que poderia ser extremamente saudável, inclusive para a manutenção da qualidade dos serviços.

A partir de 21 de agosto de 2002 essa rotina foi alterada com a implantação do Radar, que garantiu agilidade e autonomia para o empresário que, utilizando-se de uma senha pessoal, poderia credenciar ou descredenciar seus prestadores de serviço, acessando o site da Receita Federal do Brasil (RFB).

Embora houvesse um prazo para a completa transição, não foi possível evitar filas e reclamações pelo grande desconforto, já que o responsável legal da empresa deveria ir pessoalmente ao posto da RFB para adquirir a senha que precisava ser alterada a cada 30 dias, caso contrário, ele teria de retirar nova senha pessoalmente.

Contudo, verifica-se que o Radar permitiu mais possibilidade de controle por parte do Governo Federal ao oferecer condições para fiscalizar a idoneidade das pessoas físicas atreladas à pessoa jurídica que opera no comércio internacional brasileiro. Essa função pode ser comprovada pela definição da RFB ao declarar que a concepção geral do sistema objetiva disponibilizar, em tempo real, informações de natureza aduaneira, contábil e fiscal, que permitam à fiscalização identificar o comportamento e inferir o perfil de risco dos diversos agentes relacionados ao comércio exterior, tornando-se uma ferramenta fundamental no combate às fraudes.

Novoex

O módulo de exportação do Siscomex que estava em funcionamento desde 1993, foi substituído em 2010 pelo Novoex representando um marco na utilização das tecnologias da informação nas operações de comércio exterior. A modernização do sistema se fez necessária diante do expressivo aumento das exportações brasileiras nos últimos anos e do surgimento de novas tecnologias de comunicação e informação, além da defasagem tecnológica do antigo sistema (MDIC, 2013)

Com a mudança, o Novoex migrou da plataforma do Sistema de Informações do Banco Central do Brasil (Sisbacen) para a plataforma do Serviço Federal de Processamento de Dados (Serpro) e passou a ser acessado diretamente na internet, sem a necessidade de instalação de programas adicionais nos computadores dos usuários.

O Novoex possui interface mais interativa para os usuários, maior agilidade na elaboração de registros e maior visibilidade do processo pelo exportador e pelo anuente. Além disso, permite simulação prévia do RE e a transmissão de registros em lotes.

Sistema Harmonizado (SH)

O volume de mercadorias negociadas no âmbito internacional depende, dentre outros fatores, do estabelecimento de acordos entre os países que pretendem, de um lado, atender as suas necessidades e carências buscando no exterior produtos que são insuficientes ou que não existem em seus mercados e, por outro lado, abrir mercados para exportar os produtos que consegue produzir em quantidade superior à demanda interna.

Neste cenário, a correta identificação de uma mercadoria é essencial para evitar equívocos durante a negociação ou o embarque. Mas identificar um produto não é uma tarefa simples se pensarmos na enorme quantidade de itens, características específicas, variações de matérias-primas e diferentes idiomas. Assim, para trazer uma identificação universal, em 1 de janeiro de 1988, entrou em vigor o Sistema Harmonizado de Designação e Codificação de Mercadorias, mais conhecido como SH, em que consta:

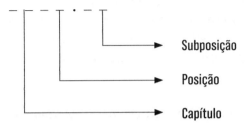

A fim de oferecer maior grau de detalhamento e, por consequência, mais possibilidades de negociações em produtos específicos, os países-membros do Mercosul optaram pela chamada Nomenclatura Comum do Mercosul, ou simplesmente NCM, que consiste na introdução do sétimo e do oitavo dígitos aos seis primeiros que já compunham o SH:

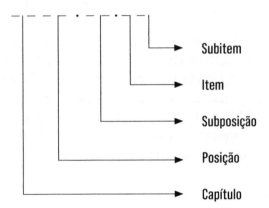

No âmbito do Mercosul, as preferências tarifárias são negociadas, tanto para as transações entre seus membros como também para terceiros países, recebendo o nome de Tarifa Externa Comum (TEC).

Podemos concluir que a classificação de mercadorias promove o desenvolvimento do comércio internacional uma vez que facilita o diálogo e a negociação entre os países, aprimora a coleta de dados e as análises estatísticas para a tomada de decisão por parte do governo no sentido de impor ou retirar barreiras.

A classificação de mercadoria é uma tarefa extremamente importante e de grande responsabilidade. Embora seja comum atribuir tal função ao profissional de comércio exterior, essa tarefa deve ser desenvolvida junto com as áreas de engenharia ou por quem possa informar com detalhes a composição do produto. Comumente, pede-se auxílio do fabricante ou exportador do produto, mas é preciso deixar claro que esse poderá somente "sugerir" uma classificação porque sempre será responsabilidade única do importador pesquisar e classificar a mercadoria de acordo com as normas vigentes em seu país.

Termos Internacionais de Comércio/*International Commercial Terms* (*Incoterms*®)

Os chamados *International Commercial Terms* (*Incoterms*® – Termos Internacionais de Comércio) servem para definir, dentro da estrutura de um contrato de compra e venda internacional, os direitos e obrigações recíprocos do exportador e do importador, estabelecendo um conjunto-padrão de definições e regras, como: onde o exportador deverá entregar a mercadoria, quem pagará o frete, quem será o responsável pela contratação do seguro.

Na versão 2010 dos *Incoterms*®, houve a exclusão de quatro modalidades (DAF, DES, DEQ e DDU) e a inclusão de dois novos termos (DAT e DAP).

Conceitualmente, uma importante alteração foi a do local onde ocorre a mudança de responsabilidade, do exportador para o importador, nos *Incoterms*® FOB, CFR e CIF. Se antes o limite de responsabilidade era a amurada do navio, agora é no momento em que a mercadoria é entregue a bordo do navio, no porto de embarque.

Ex Works (EXW)

A mercadoria é colocada à disposição do comprador no estabelecimento do vendedor, ou em outro local nomeado (fábrica, armazém etc.), não desembaraçada para exportação e não carregada em qualquer veículo coletor.

O comprador arca com todos os custos e riscos envolvidos em retirar a mercadoria do estabelecimento do vendedor. Este termo representa obrigação mínima para o vendedor.

O EXW não deve ser usado se o comprador não puder se responsabilizar, direta ou indiretamente, pelas formalidades de exportação. Este termo não é indicado para as exportações brasileiras porque o importador

SISTEMÁTICA DE EXPORTAÇÃO E IMPORTAÇÃO

estrangeiro não tem acesso ao Siscomex para operacionalizar o desembaraço de exportação.

Pode ser utilizado em qualquer modalidade de transporte.

Free Carrier (FCA)

O vendedor completa suas obrigações quando entrega a mercadoria, desembaraçada para a exportação, aos cuidados do transportador internacional indicado pelo comprador, no local determinado.

A partir daquele momento, cessam todas as responsabilidades do vendedor, ficando o comprador responsável por todas as despesas e por quaisquer perdas ou danos que a mercadoria possa vir a sofrer.

Assim, o local escolhido para entrega é muito importante para definir responsabilidades quanto à carga e descarga da mercadoria e, neste termo, há duas possibilidades para realizar a entrega: a) se ela ocorrer nas dependências do vendedor, este é o responsável pelo carregamento no veículo coletor do comprador; b) se ocorrer em qualquer outro local pactuado, o vendedor será responsável pelo transporte até o local, mas não se responsabiliza pelo descarregamento do veículo.

O comprador poderá indicar outra pessoa, que não seja o transportador, para receber a mercadoria. Neste caso, o vendedor encerra suas obrigações quando a mercadoria é entregue àquela pessoa indicada. Este termo pode ser utilizado em qualquer modalidade de transporte.

Free Alongside Ship (FAS)

O vendedor encerra suas obrigações no momento em que a mercadoria é colocada ao lado do navio transportador, no cais ou em embarcações utilizadas para carregamento, no porto de embarque designado, com a carga desembaraçada para exportação.A partir daquele momento, o comprador assume todos os riscos e custos com carregamento, pagamento de frete e seguro e demais despesas.

Este termo pode ser utilizado somente para transporte aquaviário (marítimo, fluvial ou lacustre).

Free on Board (FOB)

O vendedor encerra suas obrigações no momento em que a mercadoria é colocada à bordo do navio transportador, ou em embarcações utilizadas para carregamento, no porto de embarque designado, com a carga desembaraçada para exportação. Este termo pode ser utilizado exclusivamente no transporte aquaviário (marítimo, fluvial ou lacustre).

Cost and Freight (CFR)
Para o vendedor, o término da responsabilidade com a carga ocorre em momento diferente do término da responsabilidade com os custos envolvidos no processo. Isso porque o vendedor é responsável pela carga até o momento em que ela for entregue a bordo do navio. Entretanto, ainda deverá efetuar o pagamento do frete internacional. Termo utilizável exclusivamente no transporte aquaviário (marítimo, fluvial ou lacustre).

Cost, Insurance and Freight (CIF)
Da mesma forma como ocorre no CFR, o término da responsabilidade com a carga ocorre com a entrega a bordo do navio, no porto de embarque e o término da responsabilidade com as despesas ocorre com o pagamento do frete internacional. No entanto, neste termo o vendedor é obrigado a contratar um seguro com cobertura mínima, de modo que compete ao comprador avaliar a necessidade de efetuar seguro complementar.

Termo utilizável exclusivamente no transporte aquaviário (marítimo, fluvial ou lacustre).

Carriage Paid To (CPT)
O vendedor é o responsável pelo desembaraço das mercadorias para exportação e contrata e paga o frete para levá-las ao local de destino designado. Depois que as mercadorias são entregues à custódia do transportador, os riscos por perdas e danos se transferem do vendedor para o comprador, assim como possíveis custos adicionais.

Termo utilizado em qualquer modalidade de transporte.

Carriage and Insurance Paid to (CIP)
Nesta modalidade, as responsabilidades do vendedor são as mesmas descritas no CPT, acrescidas da contratação e pagamento do seguro até o destino.

Depois que as mercadorias são entregues à custódia do transportador, os riscos por perdas e danos se transferem do vendedor para o comprador.

O seguro pago pelo vendedor tem cobertura mínima, de modo que compete ao comprador avaliar a necessidade de efetuar seguro complementar.

Termo utilizado em qualquer modalidade de transporte.

Delivered at Terminal (DAT)

O vendedor completa suas obrigações e encerra sua responsabilidade quando a mercadoria é colocada à disposição do comprador, na data ou dentro do período acordado, num terminal de destino nomeado (cais, terminal de contêineres ou armazém, dentre outros), descarregada do veículo transportador mas não desembaraçada para importação. Pode ser utilizado por todos os modais de transporte.

Delivered at Place (DAP)

O vendedor completa suas obrigações e encerra sua responsabilidade quando coloca a mercadoria à disposição do comprador, na data ou dentro do período acordado, num local de destino indicado (exceto algum terminal), pronta para ser descarregada do veículo transportador e não desembaraçada para importação.

Pode ser utilizado por todos os modais de transporte.

Delivered Duty Paid (DDP)

O vendedor entrega a mercadoria ao comprador, desembaraçada para importação no local de destino designado.

É o termo que estabelece o maior grau de compromisso para o vendedor, na medida em que assume todos os riscos e custos relativos ao transporte e entrega da mercadoria no local de destino designado.

Este termo não é recomendado para exportações ao Brasil porque o vendedor estrangeiro não está apto a proceder ao desembaraço de importação por não possuir acesso ao Siscomex

Ao profissional que estiver à frente de uma negociação, é importante observar que a negociação do termo é tão importante quanto a negociação do preço ou da modalidade de pagamento. Como veremos ao final deste capítulo, em formação de preço, os *Incoterms*® são determinantes no que se refere aos custos implícitos no processo, tanto que interferem no preço de venda.

Independentemente do termo negociado, é recomendado que o local ou porto de entrega seja nomeado e definido o mais precisamente possível. Veja o exemplo a seguir:

"FCA Rua da Independência, n. 100, São Paulo, Brasil, *Incoterms*® 2010."

Documentos do Comércio Exterior

O profissional de Comércio Exterior precisa estar ciente da complexidade dessa área e dos entraves que dificultam os trabalhos. Mas também é importante reconhecer que muitos problemas podem ser evitados, principalmente no que se refere à falta de documentos e ao preenchimento indevido.

Com a preocupação de alertar sobre os detalhes de cada documento, vamos analisá-los individualmente.

Fatura Pró-forma – *Proforma Invoice*: É o documento que dá início à negociação, sendo emitido pelo exportador diante da intenção de compra manifestada pelo importador. Pode-se dizer que este documento tem função de "orçamento", pois haverá um período de negociação para alguns ajustes no preço, na modalidade de pagamento, no prazo de entrega, etc. Da mesma forma, também poderá ocorrer de a negociação não evoluir de forma positiva e de a compra não se efetivar, porém, para nosso estudo, vamos considerar que a compra será efetivada e, assim prosseguimos parta a próxima etapa.

Pedido de Compras, Contrato ou Aceite na *Proforma*: Terminado o período de negociação, o importador deverá emitir algum documento que comprove sua decisão de compra e também especifique as condições acordadas. Para tanto, dependendo da rotina da empresa, poderá ser emitido: um pedido de compras, um contrato ou um "aceite" na proforma emitida pelo exportador. Essas três formas são reconhecidas no âmbito internacional e valem como compromisso de compra.

Fatura Comercial – *Commercial Invoice* ou somente *Invoice*: Dependendo da forma de pagamento, este documento não acompanhará a mercadoria, mas, de qualquer modo, representa a comercialização, a transação, e sempre deverá existir, contendo as seguintes informações:

- Nome e endereço do exportador e do importador;
- Modalidade de pagamento;
- Modalidade de transporte;
- Local de embarque e desembarque;
- Número e data do conhecimento de embarque;
- Nome da empresa de transporte;
- Descrição da mercadoria;
- Peso bruto e líquido;
- Tipo de embalagem e número dos volumes;

- Preço unitário e total;
- Valor total da mercadoria;
- Termo internacional de comércio negociado.

O desembaraço não ocorrerá sem esse documento original. Além disso, a fiscalização irá aplicar multa se a mercadoria estiver desacompanhada desse documento ou se ele estiver preenchido indevidamente. Portanto, é essencial criar procedimentos e rotinas de trabalho que incluam a conferência desse documento previamente ao embarque.

Romaneio – *Packing List*: Este documento trata somente das características físicas do embarque. Isso inclui descrição dos bens, peso líquido e bruto, volume, número de série, número de lote, embalagem, entre outros. Porém, não traz nenhuma informação comercial. Seu objetivo é, exclusivamente, detalhar a mercadoria e deve conter as seguintes informações:

- Número do documento;
- Nome e endereço do exportador e do importador;
- Data de emissão;
- Descrição da mercadoria, quantidade, unidade, peso bruto e líquido;
- Local de embarque e desembarque;
- Nome da transportadora e data de embarque;
- Número de volumes, identificação dos volumes por ordem numérica, tipo de embalagem, peso bruto e líquido e dimensões por volume.

Em vários países esse documento não é exigido, mas no Brasil ele é obrigatório. Assim, é conveniente sempre verificar com o Agente de Cargas se a mercadoria de importação está acompanhada desse documento, e conferi-lo antes de autorizar o embarque.

Conhecimento de Embarque: Sempre que o exportador entregar a carga a um transportador, será emitido um Conhecimento de Embarque. Esse documento será seu comprovante de embarque, no caso de precisar comprovar o embarque ao importador para fins de recebimento das divisas ou para receber a indenização do seguro pelo extravio ou dano à mercadoria (desde que este tenha sido previamente contratado). O Conhecimento de Embarque também será o "contrato de transporte" entre o transportador e o embarcador e o "título de crédito", servindo de documento de resgate da mercadoria no destino.

Em cada meio de transporte esse documento receberá uma nomenclatura específica. No transporte marítimo é chamado de Bill of Lading (B/L), no transporte rodoviário é um Conhecimento Internacional de Transporte Rodoviário (CRT), no transporte ferroviário é um Conhecimento de Transporte Ferroviário (TIF) e, por fim, no aéreo o conhecimento recebe o nome de Airway Bill (AWB). Neste último modal, quando a carga é consolidada, ou seja, reunida com outras cargas, a companhia aérea emite o Master Airway Bill (MAWB) e, em seguida, os House Airway Bill (HAWB), fazendo referência ao número do conhecimento-mãe que é o MAWB. Desta forma, todos os exportadores recebem um HAWB correspondente a sua carga.

Certificado de Origem: De uma forma muito simplista podemos dizer que o Certificado de Origem é o documento que atesta a origem da mercadoria, ou seja, onde ela foi produzida, mas não podemos nos ater somente a esse entendimento porque, na verdade, seu papel é muito mais importante.

Em primeiro lugar, precisamos entender que essa certificação é um passaporte para que o produto possa receber o benefício da preferência tarifária estabelecida pelo bloco ou pelo acordo entre os países. Tomando como exemplo um produto brasileiro já negociado no âmbito do Mercosul, ele deverá ser exportado acompanhado do Certificado de Origem para aproveitar a redução ou isenção tarifária.

"O Certificado de Origem é uma exigência do importador ou do exportador?" Essa dúvida é muito comum, mas não se trata de uma questão de exigência, é uma questão de interesse. O exportador tem interesse em aproveitar a preferência tarifária porque ela garante mais competitividade em seu produto no mercado de destino, uma vez que o importador terá uma menor carga tributária. O importador tem interesse porque, se conseguir reduzir a carga tributária em suas aquisições, seus custos diminuirão e conseguirá produzir e comercializar com mais competitividade.

Por que um produto necessita de Certificado de Origem para receber a preferência tarifária negociada no bloco? Um dos principais objetivos de um bloco econômico é contribuir para o desenvolvimento de seus países-membros e, para que isso aconteça, procura-se criar ferramentas para aumentar o comércio entre eles.

O Brasil pode importar algum produto da China, por exemplo, e exportá-lo à Argentina aproveitando benefícios do Mercosul desde que o

SISTEMÁTICA DE EXPORTAÇÃO E IMPORTAÇÃO

Brasil importe esse produto e faça melhorias que representem, no mínimo, um acréscimo de 60% no seu valor.

Por que existe essa regra de origem? Para evitar que os países simplesmente importem e exportem para outros sem agregar nenhum valor ao produto. Isso iria descaracterizar a função dos acordos de promover o crescimento daquele país com geração de empregos e melhor divulgação de suas empresas no cenário internacional.

Regimes Aduaneiros Especiais

De acordo com o Regulamento Aduaneiro, algumas operações recebem tratamento especial por não caracterizarem tão somente uma operação comercial em que há compra definitiva do bem, o pagamento ao exportador, o recolhimento dos impostos e a nacionalização. Vamos iniciar abordando o Trânsito Aduaneiro e o Entreposto Aduaneiro, inseridos no contexto a seguir.

O **Território Aduaneiro** compreende todo o território nacional, inclusive o mar territorial, as águas territoriais e o espaço aéreo correspondente.

A **Zona Primária** compreende portos e aeroportos, recintos alfandegados e locais habilitados na fronteira terrestre abrangendo:

a) área terrestre ou aquática ocupada pelos portos alfandegados;
b) área terrestre ocupada pelos aeroportos alfandegados;
c) área adjacente aos pontos de fronteira alfandegados.

Em outras palavras, é o primeiro ponto de contato da mercadoria importada com áreas de alfândega, onde serão tomadas as providências para o desembaraço de importação. Porém, com o passar do tempo, dado o crescimento do volume de cargas movimentadas no comércio exterior brasileiro e a insuficiência de espaço nos portos, aeroportos e pontos de fronteira, tornou-se cada vez mais difícil desembaraçar na zona primária. Os desembaraços levavam muito tempo para serem processados e o importador acabava arcando com elevados custos de armazenagem.

Como solução, foi criada a **Zona Secundária**, que compreende o restante do território aduaneiro incluindo águas territoriais e o espaço aéreo. Os recintos alfandegados são os entrepostos, depósitos, terminais ou outras unidades destinadas ao armazenamento de mercadorias importadas ou para exportação.

Podemos dizer que os recintos alfandegados mais conhecidos são a Estação Aduaneira de Interior (EADI) ou Porto Seco. Trata-se de terminais instalados onde há expressiva concentração de carga importação/ exportação, cuja permissão de funcionamento depende de processo de licitação organizado pelo Governo.

No Brasil, temos diversas EADIs instaladas próximas aos portos ou aeroportos, em regiões com alta concentração de importadores e exportadores, além de diversos bairros com fácil acesso a rodovias.

Se você estiver importando uma mercadoria por via marítima, por exemplo, deverá optar entre:

a) fazer o desembaraço no terminal onde a carga foi descarregada do navio (que é a zona primária); ou
b) transferir a carga para uma zona secundária.

Se optar pela segunda alternativa, deverá providenciar a Declaração de Trânsito Aduaneiro (DTA). A fiscalização da zona primária irá aprová-lo e você deverá contratar uma das transportadoras credenciadas pela Receita Federal do Brasil para fazer o transporte da carga do porto até a EADI que você escolheu.

Assim, **Trânsito Aduaneiro** é um regime especial iniciado por um registro no Siscomex, por meio do qual solicita-se autorização para que a mercadoria, ainda não nacionalizada, seja removida para uma zona secundária.

Na zona secundária o desembaraço seguirá as mesmas regras que teria na zona primária. Exatamente os mesmos procedimentos legais e os mesmos impostos. Porém, os custos de armazenagem são muito menores.

Outra diferença é que o importador pode deixar a carga entrepostada nos chamados **Entrepostos Aduaneiros**. Isso significa que poderá realizar a importação de uma quantidade de matéria-prima suficiente para abastecer sua indústria por noventa dias, porém realizando desembaraços em quantidades pequenas, suficientes para atender a sua necessidade do mês, por exemplo.

Agora vejamos quais seriam as vantagens dessa operação:

- Seu fornecedor pode oferecer mais descontos em função da quantidade maior que está negociando ou, ainda, você pode aproveitar uma promoção que seu fornecedor está realizando;

SISTEMÁTICA DE EXPORTAÇÃO E IMPORTAÇÃO

- Você terá redução no custo do frete internacional porque, proporcionalmente, é mais vantajoso realizar um embarque de três toneladas do que três embarques de uma tonelada, por exemplo;
- Por último, existe a possibilidade de realizar o desembaraço de pequenas quantidades da mercadoria, de acordo com a sua necessidade, e pagar somente os impostos correspondentes à quantidade que está desembaraçando, enquanto o restante da mercadoria irá permanecer entrepostado.

Muitas empresas utilizam essa estratégia para conseguir mais poder de negociação em função da maior quantidade de mercadoria em questão, ou simplesmente deixam a mercadoria entrepostada porque não possuem espaço físico suficiente em algumas épocas do ano. Neste caso, a EADI seria seu estoque.

Embora seja um valor muito menor se comparado à zona primária, o importador terá o custo da armazenagem como desvantagem, mas poderá negociar com diversas EADIs e escolher aquela que lhe oferecer melhores condições. Na zona primária não há condição de negociação.

Como dissemos, apenas transportadoras credenciadas pela Receita Federal do Brasil podem retirar a carga da zona primária e levá-la à zona secundária. Isso ocorre porque nesse momento a carga ainda não é do importador (mesmo que ele já tenha efetuado o pagamento dela ao exportador). Somente depois do desembaraço, o importador terá posse da carga e poderá indicar qualquer transportadora ou veículo para retirá-la da zona secundária.

Antes de tratarmos dos regimes que selecionamos, vale ressaltar que os processos de importação ou exportação **com cobertura cambial** serão, necessariamente, atrelados a um contrato de câmbio, ou seja, haverá a transferência de divisas para pagamento. Ao contrário, processos de importação ou exportação **sem cobertura cambial** são doações, empréstimo para testes ou demonstração, em que não há contratação de câmbio.

Admissão ou Exportação Temporária são regimes aduaneiros especiais em que a mercadoria retorna ao país de origem após o período preestabelecido, como os casos de produtos para exposições em feiras, por exemplo. Com tratamentos específicos, o Regulamento Aduaneiro também prevê situações em que o produto terá algum tipo de melhoria ou utilização econômica.

Drawback é outro regime aduaneiro especial e, talvez, a mais valiosa ferramenta competitiva, embora muitos empresários ainda não a tenham descoberto. O conceito é simples: consiste na desoneração de impostos sobre insumos vinculados à exportação de produtos acabados, considerando que, ao desonerar a importação, o produto final será mais competitivo no mercado externo. Veremos a seguir suas duas principais modalidades:

Drawback **suspensão:** é a modalidade que suspende os tributos incidentes na importação de mercadoria a ser utilizada na industrialização de produto que deve ser exportado.

Drawback **isenção:** é a modalidade que permite a isenção ou redução a zero de impostos para a reposição de mercadoria equivalente à utilizada na industrialização de produto já exportado. De acordo com as novas regras que entraram em vigor no início de 2011, a empresa pode optar por utilizar a isenção para a quantidade importada ou adquirida no mercado interno de acordo com a combinação de maior viabilidade econômica. Essa escolha representa a inovação do regime. Antes, os benefícios eram possíveis somente para a reposição de materiais importados por novos materiais importados. Agora, é possível estender a desoneração tributária aos insumos adquiridos no mercado interno. Além das mercadorias equivalentes às empregadas ou consumidas na industrialização de produto exportado, o regime também ampara duas outras situações: mercadorias empregadas no reparo, criação, cultivo ou atividade extrativista de produto já exportado; ou industrialização de produto intermediário fornecido diretamente à empresa industrial-exportadora e empregado ou consumido na industrialização de produto final já exportado (MDIC, 2011).

A grande diferença entre o uso de uma modalidade ou de outra está relacionada com a certeza de que a exportação ocorrerá. A modalidade suspensão é mais indicada para aquelas empresas que já estão conseguindo exportar rotineiramente. Além disso, o empresário mais conservador prefere utilizar a modalidade isenção, na qual ele somente terá benefício após a conclusão da exportação.

No **drawback do tipo intermediário,** a empresa beneficiária do regime importa ou compra os insumos no mercado interno, industrializa e fornece produto intermediário a outra empresa no Brasil. Essa segunda o empresa utilizará este produto no processo industrial e exportará o produto final. Esse tipo de operação deve ser cuidadosamente planejada porque requer

SISTEMÁTICA DE EXPORTAÇÃO E IMPORTAÇÃO

total comprometimento e parceria de ambas as partes, principalmente no cumprimento dos prazos. Entretanto, pode ser extremamente vantajosa para ambas as partes, à medida que imprime um modelo de competitividade para a rede.

Ainda neste contexto de facilitar as transações internacionais, a Infraero, junto com a Receita Federal do Brasil, implantou a **Linha Azul** que, embora não se caracterize como um regime aduaneiro especial, é um regime também chamado de Despacho Aduaneiro Expresso, que reduz o tempo das liberações das mercadorias de empresas, garantindo o despacho para trânsito aduaneiro em caráter prioritário. Entretanto, somente pode ser utilizado por empresas habilitadas, e os despachos devem ocorrer em locais alfandegados, credenciados pela RFB, como porto organizado, aeroporto, EADI, Terminal Retroportuário Alfandegado (TRA), instalação portuária de uso público e instalação portuária de uso privativo.

Para habilitar-se à Linha Azul, a empresa deve ser industrial, estar inscrita há mais de cinco anos no Cadastro Nacional de Pessoas Jurídicas (CNPJ), e ainda atender a critérios de valores referentes ao capital integralizado e suas operações de importação e exportação. Mesmo atendendo aos critérios, não poderão utilizar esse regime as empresas que atuam com produtos de fumo e de tabacaria; armas e munições; bebidas; joias e pedras preciosas; extração de minerais e produtos de madeira.

A habilitação à Linha Azul será concedida por dois anos e poderá ser prorrogada por períodos sucessivos e iguais ao da habilitação, se todas as condições exigidas continuarem a ser atendidas e se as operações de comércio exterior forem aprovadas pela auditoria fiscal.

O cancelamento da habilitação à Linha Azul será efetivado, a qualquer tempo, pelo Coordenador Geral do Sistema Aduaneiro da Secretaria da Receita Federal, expedido em decorrência de descumprimento de qualquer uma das condições para a habilitação ou infração que caracterize a intenção de burlar o controle fiscal ou administrativo das operações aduaneiras.

Para as empresas que operam nesse regime há redução no tempo dos desembaraços, o que significa menores custos e, por consequência, mais competitividade. Mas também é correto concluir que o regime aduaneiro Linha Azul favorece as empresas que não operam nesse regime, à medida que libera mão de obra para as demais operações aduaneiras.

Sistema Integrado de Comércio Exterior de Serviços (Siscoserv)

Historicamente, o comércio exterior de serviços no Brasil tem apresentado déficits crescentes na conta de serviços do balanço de pagamentos e, diferentemente do comércio exterior de bens e mercadorias, há carência de informações detalhadas, o que compromete a visibilidade econômica do setor, a elaboração de políticas públicas efetivas, a qualidade das negociações internacionais e a disponibilidade de inteligência mercadológica para os empreendedores (DECOS, 2012).

Consciente dessa realidade, a Secretaria de Comércio e Serviços (SCS), do Ministério do Desenvolvimento, Indústria e Comércio Exterior (MDIC), passou a publicar anualmente um panorama com os dados sobre a Balança Brasileira de Comércio Exterior de Serviços. Outra iniciativa extremamente importante foi a assinatura do Acordo de Cooperação Técnica com Secretaria da Receita Federal do Brasil do Ministério da Fazenda (RFB/MF), com o objetivo de definir responsabilidades quanto ao desenvolvimento e produção do Siscoserv.

O Siscoserv é um sistema informatizado, desenvolvido pelo Governo Federal como ferramenta para o aprimoramento das ações de estímulo, formulação, acompanhamento e aferição das políticas públicas relacionadas a serviços e intangíveis bem como para a orientação de estratégias empresariais de comércio exterior de serviços e intangíveis. O sistema pretende auxiliar os residentes e domiciliados no Brasil que realizam operações de comercialização de serviços, intangíveis e outras operações que produzem variações no patrimônio das entidades, com residentes ou domiciliados no exterior, dentre as quais as operações de exportação e importação de serviços.

Para fins de registro no Siscoserv utiliza-se a Nomenclatura Brasileira de Serviços, Intangíveis e outras Operações que Produzam Variações no Patrimônio (NBS), elaborado por um grupo de especialistas da Secretaria da Receita Federal do Brasil, da Secretaria de Comércio e Serviços, do Instituto Brasileiro de Geografia e Estatística (IBGE) e do Banco Central do Brasil (BACEN), seguindo os mesmos princípios do Sistema Harmonizado.

Os principais tributos que incidem na importação de serviços prestados por pessoa física ou pessoa jurídica residente ou domiciliada no exterior são: Programa de Integração Social (PIS) importação, Contribuição para o Financiamento da Seguridade Social (COFINS) importação, Imposto de Renda Retido na Fonte (IRRF) em relação às remessas ao exterior para pagamento de rendimentos do trabalho e da prestação de serviços sem vínculo de emprego, auferidos por residentes no exterior, Imposto sobre Operações Financeiras (IOF) e o Imposto Sobre Serviços de Qualquer Natureza (ISSQN).

SISTEMÁTICA DE EXPORTAÇÃO
Panorama das Exportações Brasileiras

Verificando os dados da balança comercial brasileira na última década, verifica-se que o Brasil vinha acumulando sistemático crescimento no volume das exportações, até ocorrer a crise nos anos de 2008-2009. Em 2010 e 2011 foi possível retomar o crescimento, mas em 2012 foi registrada uma pequena retração (Quadro 4.1).

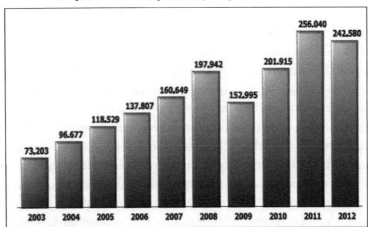

QUADRO 4.1 – Evolução das Exportações Brasileiras

Fonte: Secex/MDIC (2013).

Confirmando o desempenho ruim do ano de 2009 como resultado de uma crise mundial, dados reunidos pela OMC registraram queda generalizada no percentual das exportações. O quadro a seguir mostra que o Brasil acompanha a tendência mundial, inclusive com as exportações evoluindo acima da média (Quadro 4.2).

Embora os principais compradores do Brasil sejam países de grande representatividade no contexto internacional, como Estados Unidos e China, as exportações brasileiras não se concentram somente nas vendas para grandes potencias.

QUADRO 4.2 – Evolução Percentual das Exportações Brasileiras e Mundiais

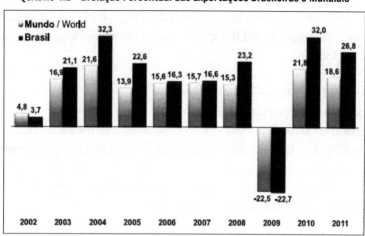

Fonte: Secex/MDIC (2013).

Os destinos das exportações brasileiras são bem diversificados com 31% para a Ásia, 20,8% para América Latina e Caribe, 11,5% para o Mercosul, 20% para a União Europeia, 5% para a África e 4,8% para o Oriente Médio. Esse aspecto é positivo e nos ajuda a enfrentar situações de crise, uma vez que não dependemos de um único mercado. Entretanto, a grande crítica se refere a baixa tecnologia inserida nos itens que exportamos já que apenas 6,7% são produtos com alta tecnologia. Isso demonstra nossa incapacidade para exportar produtos com alto valor agregado. Urgentemente precisamos de investimentos em educação e pesquisa, além de desoneração para elevar a capacidade competitiva das cadeias produtivas (Quadro 4.3).

Embora a balança comercial brasileira seja superavitária, o saldo vem acumulando significativas perdas e 2012 apresentou o pior desempenho dos últimos dez anos. Por isso insistimos na importância de elevar o nível de industrialização e de participação tecnológica nos produtos que exportamos Somente o cerrado brasileiro possui 204 milhões de hectares, área equivalente à soma dos territórios de Alemanha, Bélgica, Dinamarca, Espanha, França, Reino Unido, Países Baixos, Itália e Suíça (FIGUEIREDO, 2002). Esse fato, somado às favoráveis condições de clima, solo e disponibilidade de mão de obra, coloca o Brasil como potencial "celeiro do mundo". Potencial que não deve ser negado, mas aproveitado juntamente com processos produtivos capazes de agregar valor aos itens básicos aqui produzidos (Quadro 4.4).

SISTEMÁTICA DE EXPORTAÇÃO E IMPORTAÇÃO

QUADRO 4.3 – Exportação dos Setores Industriais por Intensidade Tecnológica

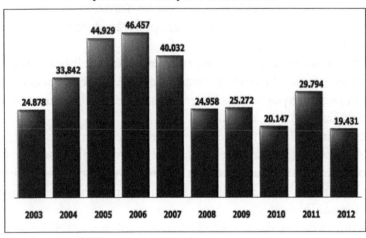

Fonte: Secex/MDIC (2013).

QUADRO 4.4 – Evolução do Saldo Comercial

Fonte: Secex/MDIC (2013).

Com essas análises, nossa intenção foi introduzir o leitor (estudante ou profissional da área) aos números construídos pela atividade comercial do Brasil no ambiente internacional, principalmente com a finalidade de despertá-lo para a necessidade de interpretar e acompanhar esses números, que são publicados pelo Ministério do Desenvolvimento, Indústria e Comércio Exterior (no site www.mdic.gov.br) de forma bastante clara, mostrando desde resultados semanais até dados consolidados anualmente, como foram utilizados aqui.

Por que Exportar?

Vamos iniciar este estudo partindo de um princípio básico e importantíssimo: a atividade exportadora não deve ser planejada por empresas que estão atravessando uma situação financeira difícil em seu mercado interno e esperando que o mercado exterior traga a salvação. Ou seja, exportar não é a saída para empresas endividadas exatamente porque demandará investimentos e, é bem possível, algum tipo de perda até conseguir ajustar-se ao novo mercado.

Reunindo nossas considerações, somadas às vantagens que são apresentadas pelo Governo Federal por meio dos sites específicos da área de Comércio Internacional e às forças propulsoras estudadas em *Marketing Global* (KEEGAN, 2006), veremos a seguir alguns dos principais motivos que impulsionam os empresários a buscarem novos mercados no exterior.

Menor dependência do mercado interno: empresas que atuam somente no mercado interno sofrerão perdas no momento em que esse mercado estiver desaquecido ou atravessar uma crise. Porém, empresas que não dependem somente desse mercado, poderão compensar suas vendas em mercados aquecidos.

Melhoria da imagem da empresa: exportar melhora a imagem da empresa no mercado interno e abre novas possibilidades de negócios, tanto que as empresas exportadoras fazem questão de divulgar suas conquistas internacionais no mercado interno.

Recuperação do custo de desenvolvimento de produto: assim como a indústria farmacêutica, outros setores exigem atualização constante e imensos investimentos em pesquisa e desenvolvimento. Nesse contexto, vender para mais de um mercado significa recuperar mais rapidamente o capital investido.

Economia de Escala: em virtude do maior volume de vendas, a empresa exportadora passa a comprar matérias-primas em maior quantidade, a aproveitar completamente seus recursos e, assim, a alcançar a economia de escala, com suas tradicionais vantagens econômicas.

O que Exportar?

O desenvolvimento de uma análise ambiental bem estruturada terá a função de indicar padrões de comportamento importantes na definição do produto a ser oferecido àquele mercado.

Produtos escassos: as operações de comércio exterior criam um sistema de trocas estratégicas nas quais um país vende os produtos que possui em

SISTEMÁTICA DE EXPORTAÇÃO E IMPORTAÇÃO

excesso e compra aqueles que não possui, ou não possui na quantidade suficiente. Por exemplo, o Brasil importa insumos agrícolas porque nossas indústrias ainda não têm capacidade de produzir todos os fertilizantes e adubos necessários para abastecer a intensa atividade agrícola do país. Nesse caso, a importação de fertilizantes garante a produtividade agrícola e a consequente exportação de seus produtos.

Necessidades e desejos: orientam as oportunidades daquele mercado. Quem estuda mercados mundiais encontrará padrões universais e diferenças culturais que podem ser aproveitadas como oportunidades.

Para onde Exportar?

A escolha do mercado pode ser determinante para o sucesso da atividade exportadora. Diante de tantos cenários, a escolha do país é uma tarefa difícil que deve ser pensada estrategicamente levando em conta algumas possibilidades, tais como:

- **Acordos econômicos:** considerando que os acordos visam a redução de barreiras com o propósito de incentivar os negócios entre os países-membros, é importante pesquisar se o produto em questão recebe preferência tarifária por parte de algum acordo, pois, nesse caso, terá ampliado seu potencial competitivo e obterá maiores chances de sucesso.
- **Proximidade geográfica:** exportar para um país próximo tem vantagens que podem ser determinantes, como a redução nos custos de transporte, tanto para visitas ao mercado como para a transferência da mercadoria.
- **Facilidade no idioma:** a comunicação deve ser estabelecida em bases concretas de entendimento, , inclusive porque falhas na comunicação podem gerar erros e prejuízos.

Como Exportar?

As diversas possibilidades de negócios devem ser avaliadas e de acordo com as condições de cada negócio, principalmente porque não há uma única condição ideal. Cada uma delas apresenta suas vantagens e desvantagens, cabendo ao exportador optar pelo modelo que julgar mais adequado naquele momento.

Exportação direta: nesta operação o fabricante é o próprio exportador do produto e, há necessidade de vasto conhecimento do processo de exportação em toda a sua extensão. Muitas vezes demanda tempo, altos investimentos e certa dose de risco por não haver pleno conhecimento do mercado-alvo. Porém, depois da consolidação, há total conhecimento do mercado e a ausência de empresas intermediando o contato do fabricante com o mercado externo.

Exporta Fácil: os Correios também desempenham um papel muito importante no desenvolvimento das exportações brasileiras, trazendo agilidade, confiabilidade e baixos custos para a exportação de pequenos negócios por meio do Exporta Fácil. As exportações podem ser realizadas por pessoa jurídica e também por pessoa física, sendo que, neste caso, não pode configurar a prática de comércio, observada em função da quantidade e da habitualidade. Exceção feita aos artesãos, artistas, profissionais autônomos e agricultores ou pecuaristas registrados no Instituto Nacional de Colonização e Reforma Agrária (Incra). O Formulário Exporta Fácil acompanha a mercadoria e tem as funções de indicar os endereços de origem e destino, ser o guia instrutivo para a emissão de Declaração Simplificada de Exportação (DSE) Eletrônica, uma declaração para a Alfândega e também o conhecimento de embarque da carga. Respeitando-se os limites de peso e dimensão instituídos para cada tipo de encomenda, o Exporta Fácil pode ser entregue pela Encomenda Expressa, ideal para quem tem urgência; pela Encomenda Prioritária, para quem busca aliar um prazo médio ao preço mais acessível; ou pela Encomenda Econômica, para o exportador que não tem tanta pressa e está interessado no menor preço. Todos os objetos estão sujeitos à fiscalização da RFB estabelecida nas dependências dos Correios. O remetente será sempre o primeiro responsável por todos os pagamentos devidos aos Correios, incluindo custos dos serviços, taxas aduaneiras, encargos governamentais, multas, impostos, custos processuais, honorários advocatícios, juros de mora e outros encargos que, eventualmente, ocorram. Se assim desejar, o remetente poderá contratar um seguro particular para garantir cobertura à sua remessa. Antes de efetivar o negócio com seu cliente, não deixe de consultar os valores permitidos para a operação e as condições específicas da natureza da mercadoria em questão.

Exportação indireta: é realizada por intermédio de empresas que terão a função de levar seu produto ao mercado-alvo. *Trading Companies* são empresas especializadas nesse tipo de operação, inclusive com condições legais específicas, que poderão ser contratadas para auxiliar em todos os aspectos da operação, tais como a adaptação do produto, a escolha da linguagem para comunicação, a definição dos canais de comunicação e de distribuição, o desenvolvimento do preço, bem como as rotinas de embarque e desembaraço. Entretanto, deverá ser avaliado o custo dessa opção e a falta de domínio sobre as condições do mercado que provoca, em muitos casos, a eterna dependência do intermediário. Outra possibilidade é exportar associando-se aos **Consórcios de Exportação**, que são agrupamentos de empresas que oferecem produtos complementares ou mesmo concorrentes, com características próprias, somando esforços para especializar suas atividades, desbravar e atender ao mercado-alvo com volume significativo de produção. As vantagens são o poder de barganha, a redução do custo operacional, o aprimoramento do padrão de qualidade dos produtos exportados, o aperfeiçoamento técnico operacional dos exportadores e a possibilidade de se estabelecer um programa de exportação em longo prazo. Porém, as desvantagens são a difícil harmonização e conciliação de interesses, o desequilíbrio no estabelecimento das praças e preços, a da possível desigualdade dos participantes no que se refere à organização financeira, administrativa e operacional.

A exportação poderá ser **contingenciada**, quando o produto em questão sofrer um limite quantitativo em função de interesses nacionais ou acordos internacionais. Em outros casos, poderá haver **suspensão** ou **proibição** para a exportação de um produto, por um período determinado ou indefinido. Assim como ocorre na importação, alguns produtos poderão ser submetidos a **procedimentos especiais**, como a análise de órgãos anuentes.

Formação do Preço de Exportação

O preço é a única ferramenta capaz de gerar receita para a empresa e deve ser suficientemente elevado para ressarcir as despesas e assegurar investimentos e lucro. Porém, deve também garantir competitividade ao produto. Regra para formação de preço:

Preço de venda no mercado interno:

(–) Despesas no mercado interno
(–) Impostos no mercado interno
(–) Lucro no mercado interno
(+) Despesas no mercado externo
(+) Lucro no mercado externo

Vamos a um exercício prático sobre formação de preço, considerando:

- Lucro mercado interno: 20%
- Embalagem mercado interno: R$ 17,00
- Preço final de venda mercado interno: R$ 330,00

Ao projetá-lo para o mercado externo, devemos excluir as despesas que não incidirão. Neste exemplo: lucro (20%), embalagem (R$ 17,00), ICMS (18%), Cofins (7,6%) e PIS (1,65%).

Assim, partindo do custo de produção, incluímos as despesas comerciais, e as despesas que incidirão durante o processo de desembaraço e transporte, respeitando-se o termo internacional de comércio negociado. Ao final, acrescentamos margem de lucro esperada:

- Embalagem para exportação: R$ 28,00
- Comissão paga ao agente no país de destino: R$ 35,00
- Carregamento na fábrica do exportador: R$ 5,00
- Transporte até o porto de embarque: R$ 35,00
- Desembaraço para exportação: R$ 20,00
- Descarga no porto de embarque: R$ 15,00
- Despesas operacionais no porto de embarque até o carregamento no navio: R$ 21,00
- Transporte internacional: R$ 82,00
- Descarga no porto de destino: R$ 17,00
- Lucro: 30%

Embora haja certa correspondência às práticas de mercado, estamos nos referindo a valores unitários fictícios. Nosso principal objetivo é demonstrar as diversas despesas que incidem sobre o processo e como elas variam de acordo com os *Incoterms*®.

Despacho Aduaneiro de Exportação

Trata-se de um procedimento fiscal que poderá ser providenciado pelo Representante Legal do importador para dar início ao processo de desembaraço da mercadoria nacional ou nacionalizada, a título definitivo ou não, que será exportada. O Despacho Aduaneiro de Exportação deve ser emitido por meio do Siscomex e, dependendo da situação, poderá conter os seguintes documentos:

- **Registro de Exportação (RE)**: Contém as informações de natureza comercial, financeira, cambial e fiscal, que caracterizam a operação de exportação da mercadoria e definem seu enquadramento legal. O RE recebe um número e data fornecidos pelo Sistema e tem o prazo de validade de até sessenta dias, sendo que, se não for utilizado até a data de validade para embarque, será automaticamente cancelado ou poderá ser prorrogado desde que a solicitação seja feita dentro do prazo de sua validade.
- **Registro de Venda (RV)**: Somente é exigido nos embarques de *commodities* ou de produtos negociados em bolsas de mercadorias. O RV deve ser solicitado antes do RE.
- **Registro de Operação de Crédito (RC)**: Representa o conjunto de informações de natureza comercial, financeira e cambial que caracteriza as vendas de mercadorias e serviços ao exterior, realizadas com prazo de pagamento superior a 180 dias, em que deverá haver a incidência de juros.
- **Registro de Exportação Simplificado (RES)**: Exportações de baixos valores poderão utilizar o RES. Para tanto, recomenda-se consultar a legislação pertinente a fim de verificar a aplicabilidade e as exigências específicas.

Após o registro dos documentos pertinentes ao processo em questão, o exportador deverá apresentar a documentação no posto da Receita Federal do Brasil onde estiver a mercadoria e aguardar o Siscomex indicar quem será o Fiscal responsável pelo desembaraço e quais serão os procedimentos que este deverá adotar, respeitando-se a seguinte parametrização:

- Parametrização com **canal verde**: o desembaraço está liberado sem necessidade de conferência por parte da fiscalização;
- Parametrização com **canal laranja**: o Fiscal deverá proceder a conferência documental;
- Parametrização com **canal vermelho**: o Fiscal deverá proceder a conferência documental e a verificação física da mercadoria.

Importante observar que a Autoridade Aduaneira poderá decidir pela conferência documental ou até pela conferência documental e verificação física da mercadoria, mesmo com a parametrização apontando para o canal verde. Popularmente, muitos profissionais de comércio exterior chamam essa situação de "canal melancia", que significa "verde por fora e vermelho por dentro".

O despacho aduaneiro terá a sua confirmação de embarque feita pela transportadora por meio de uma **Declaração de Despacho de Exportação (DDE)**. Com o objetivo de simplificar os despachos aduaneiros de mercadorias de baixo valor e remessas postais, de maneira a facilitar as operações realizadas, especialmente pelas micro e pequenas empresas, pode-se utilizar a **Declaração Simplificada de Exportação (DSE)**. Como último documento, o exportador receberá o **Comprovante de Exportação (CE)**, que é emitido pela Receita Federal do Brasil para comprovar a efetivação do embarque.

SISTEMÁTICA DE IMPORTAÇÃO
Panorama das Importações Brasileiras
De maneira similar às exportações, a atividade importadora poderá trazer inúmeras vantagens para o país desde que seja planejada estrategicamente e esteja associada a uma política de acesso dos nossos produtos aos mercados externos. Ao verificar os dados da balança comercial brasileira na última década, a atividade importadora tem sido intensificada ano após ano, exceções feitas a 2009 e 2012, exatamente os anos que também apresentaram desaquecimento das exportações, entretanto, cabe avaliar a proporção destas evoluções (Quadro 4.5).

O volume de movimentações no comércio exterior também alavanca a geração de empregos diretos e indiretos já que o país conta com mais de 18 mil empresas exportadoras e mais de 42 mil empresas importadoras. O comércio internacional é regulado, entre outros fatores, pela relação de parceria que se estabelece à medida que a importação abre espaço para a exportação, atuando como uma via de mão dupla. Prova disso pode ser verificada nas relações comerciais do Brasil com a Argentina, os Estados Unidos e a China, já que esses três países são os principais destinos de nossas exportações e as principais origens de nossas importações.

Contrariando os mais descrentes quanto à capacidade produtiva e estratégica das operações realizadas pelos empresários brasileiros, o Quadro 4.5

SISTEMÁTICA DE EXPORTAÇÃO E IMPORTAÇÃO

QUADRO 4.5 – Evolução das Importações Brasileiras

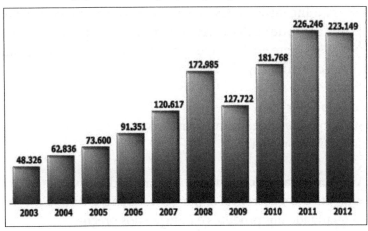

Fonte: Secex/MDIC (2013).

retrata o perfil das importações brasileiras, em que é possível verificar que as compras de matérias-primas e intermediários representam mais de 40% do total, e as de bens de capital, mais de 20%, demonstrando que a pauta brasileira de importação é fortemente vinculada a bens direcionados à atividade produtiva. As importações de bens de consumo representaram menos de 20% e as de combustíveis e lubrificantes, em torno de 15%. (MDIC, 2011) (Quadro 4.6).

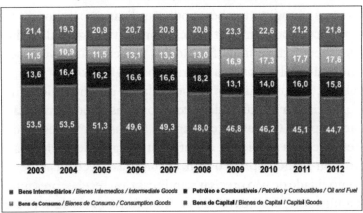

Fonte: Secex/MDIC (2013).

Assim como comentamos em Sistemática de Exportação, o objetivo desta leitura é incentivar o leitor a familiarizar-se com esses números para que seja capaz de analisar criticamente o desempenho de nosso país, tanto no que se refere ao desempenho industrial e comercial, quanto nas questões relacionadas às políticas interna e externa.

Quando Importar?

A importação pode ser extremamente benéfica para o desenvolvimento do país quando representar:

- **Aumento da concorrência**: A entrada de produtos importados aumenta a concorrência e, por consequência, estimula a melhoria na qualidade dos produtos e redução nos preços.
- **Atendimento da demanda**: Quando a produção interna não é capaz de atender a demanda, a importação será praticada para completar a oferta, evitando o aumento dos preços.
- **Desenvolvimento**: A importação de alta tecnologia favorece o desenvolvimento e o acompanhamento das práticas atuais, colocando os produtos finais em pé de igualdade com a qualidade alcançada por outras nações.
- **Empregos**: A importação de matérias-primas gera empregos na produção interna.

Importação de Bens por Remessa Postal ou Encomenda Aérea Internacional

Pessoas físicas e jurídicas também podem utilizar os Correios para realizar suas importações pelo **Importa Fácil**, com as vantagens da redução dos custos de importação e simplificação dos processos uma vez que os procedimentos são realizados pela internet, na página dos Correios, que fará o desembaraço e entregará sua encomenda em casa ou no local indicado.

Mas é preciso ter muito cuidado com compras de bens importados para recebimento pelos Correios, companhias aéreas ou empresas de *courrier*. Atualmente, com a facilidade da internet e o grande apelo dos sites de venda, tornou-se muito prático realizar compras e receber as mercadorias com a comodidade de não precisar sair de casa, ou receber presentes enviados por amigos ou parentes residentes no exterior, mas deve-se atentar às regras e à tributação dessa modalidade de importação.

SISTEMÁTICA DE EXPORTAÇÃO E IMPORTAÇÃO

Em se tratando de pessoas físicas, o primeiro cuidado é com relação ao valor dos bens. Presentes são isentos de impostos desde que o remetente e o destinatário sejam pessoas físicas, mas também há limite quanto ao valor para que a remessa fique isenta de impostos. Livros, periódicos e medicamentos acompanhados de receita médica sempre são isentos de impostos. Importações tributáveis sofrerão a incidência do chamado Imposto de Importação Simplificado, cuja alíquota é de 60% (sessenta por cento) sobre o Valor Aduaneiro, que compreende a soma do valor da mercadoria, das despesas com o frete e com o seguro, se houver. Em função do valor da remessa, ainda poderá haver a incidência do ICMS (conforme tabela de cada Estado) e das despesas com os procedimentos aduaneiros dos Correios. Nota-se que, neste caso, há incidência de impostos em cascata, já que o ICMS incide sobre o valor aduaneiro acrescido do Imposto de Importação Simplificado. Em alguns casos, o importador será obrigado a contratar um despachante aduaneiro autorizado para realizar o desembaraço.

Em se tratando de pessoas jurídicas, também há isenção de impostos para livros e periódicos. No caso de incidência, haverá alíquota de 60% do Imposto de Importação Simplificado, o ICMS do Estado e as taxas de desembaraço. Para alguns processos, a presença do despachante aduaneiro também será obrigatória.

Entidades de pesquisa e pesquisadores poderão importar por meio do sistema Importa Fácil Ciência, com isenção do Imposto de Importação, pagando apenas as despesas de desembaraço e o ICMS. Contudo, em alguns casos, ainda terá direito à isenção ou exoneração desse imposto.

Tributação na Importação de *Software*
Ainda em se tratando de remessas postais ou encomenda aérea internacional, a *invoice* deverá discriminar o valor do meio físico para que o imposto de 60% (sessenta por cento) incida somente sobre este valor. Ou seja, o imposto não incide sobre a propriedade intelectual, somente sobre o meio físico que é, normalmente, o CD e os manuais impressos. Porém, se não houver a discriminação clara do meio físico, o imposto incidirá sobre o valor total.

Para todos os casos, vale alertar que as remessas serão vistoriadas por equipamentos de *scanner* para identificar o conteúdo, e a fiscalização também verificará a compatibilidade do valor declarado com os valores reais praticados em bens similares, o que demonstra esforços para reduzir práticas ilegais.

Antes de autorizar qualquer embarque, verifique a legislação atual a fim de checar os limites de valores permitidos para cada operação e demais regras específicas. Além disso, faz-se necessária a adequação aos padrões de peso e volume, permitida para cada situação.

Formação do Preço de Importação

A decisão sobre comprar no mercado interno ou importar, importar deste ou daquele país, é alcançada após uma análise de viabilidade operacional e financeira. Considerando que o produto não sofre nenhum tipo de restrição impeditiva à importação, que poderia ser uma barreira operacional, dá-se início ao estudo de viabilidade econômica, que também é determinante para o andamento do projeto de importação.

De forma simplificada apontamos duas práticas bem-vindas durante o estudo de viabilidade econômica: seja pessimista e não busque somente custo baixo. Analisando separadamente, dizemos que ser pessimista significa prever o pagamento de um período de armazenagem na zona primária mesmo para os casos de remoção; prever dois períodos de armazenagem em zona secundária e o acréscimo de algumas taxas extras referente à movimentação da mercadoria. Obviamente, trabalharemos para evitar todas as despesas extras possíveis, porém, uma estimativa de custos deve ser focada na realidade do país e não na situação que seria ideal para a empresa. A segunda orientação contraria a tendência natural de busca pelos menores custos. Quem já tem certa experiência deve ter aprendido que, na maioria das vezes, a transportadora com menor custo oferece mão de obra desqualificada, não tem equipamentos eficientes de comunicação, e seus veículos têm "pneus carecas" e sofrem com a falta de manutenção, gerando atrasos e prejuízos.

Além do custo do produto e de seus impostos, a planilha de custos de importação deverá conter todas as despesas necessárias para receber o bem em seu estabelecimento. O preço do produto sempre sofrerá a influência dos *Incoterms*®. Se estiver negociando EXW, o preço será mais baixo do que se estiver com uma proposta para importação CFR, por exemplo. Para decidir, poderá realizar uma cotação entre o preço EXW com as demais operações na origem sendo desenvolvidas por seus prestadores de serviço ou o preço CFR.

SISTEMÁTICA DE EXPORTAÇÃO E IMPORTAÇÃO

Se estiver importando de um país onde já conhece a estrutura logística e tem parceiros prestadores de serviço, a decisão poderá ser tomada em função do custo mais baixo. Entretanto, em países em que ainda não há experiência na realização de embarques ou ainda não possui prestadores de serviços acostumados com suas operações no Brasil, seria melhor optar pelo termo CFR, ainda que os custos das despesas na origem estejam um pouco elevadas.

Esse exemplo pode ser aplicado a quaisquer outros *Incoterms*®, pois parte de uma premissa básica: desenvolver operações de desembaraço, transporte, armazenagem e embarque pode ser uma atividade complexa e burocrática em função do produto, da natureza da operação ou do momento que o país está atravessando. Assim, avalie a possibilidade de deixar essas atividades nas mãos do exportador até que tenha total domínio dos possíveis entraves.

A seguir, temos a relação com as principais despesas, decorrentes das operações internacionais, sem considerar que as responsabilidades dependerão do termo internacional de comércio escolhido.

Na exportação:

- Embalagem
- Carregamento na fábrica
- Transporte até o porto de origem
- Desembaraço para exportação
- Despesas de embarque
- Seguros

Na importação:

- Descarga no porto de destino
- Armazenagem na zona primária
- Remoção para zona secundária
- Armazenagem na zona secundária
- Desembaraço para importação
- Taxa Siscomex
- Taxa para o Sindicato dos Despachantes Aduaneiros
- Despesa com fechamento do câmbio
- Entrega da mercadoria na fábrica do importador

- Seguros
- ICMS
- Cofins importação
- PIS importação
- II – Imposto de Importação
- IPI – Imposto sobre Produtos Industrializados
- AFRMM – Adicional ao Frete para a Renovação da Marinha Mercante (quando houver)

No que se refere aos impostos, não podemos deixar de comentar três questões essenciais:

A primeira é que, mesmo tendo desenvolvido uma minuciosa e detalhada estimativa de custos, a importação poderá sofrer o imprevisto da alteração de alíquota de algum imposto. Isso pode ocorrer porque alterações em alíquotas normalmente entram em vigor na data da sua publicação e valem para todos os embarques que ainda não possuírem a Declaração de Importação (DI) registrada.

A segunda é que os impostos não incidem sobre o valor da mercadoria – como nos pareceria mais óbvio. Eles incidem sobre o Valor Aduaneiro, que é o resultado da mercadoria acrescida do frete e do seguro. Logo, o Imposto sobre Produtos Industrializados, por exemplo, também incide sobre o frete e o seguro, que são serviços.

A terceira é que os impostos são calculados em forma de cascata, ou seja, um incide sobre o outro. Por isso, uma carga com valor aduaneiro de R$ 10 mil, com incidência de 10% de II e 10% de IPI, terá valores diferentes para cada um deles: R$ 1.000,00 de II e R$ 1.100,00 de IPI porque este segundo imposto incide sobre o primeiro. Isso também acontece com os demais impostos até que o ICMS (último a ser inserido) incide, inclusive, sobre a taxa de utilização do Siscomex.

Desembaraço Aduaneiro de Importação

Trata-se de um procedimento fiscal que poderá ser providenciado pelo Representante Legal do importador para dar início ao processo de desembaraço da mercadoria a ser exportada, enquanto esta estiver na zona primária ou na zona secundária.

Após o registro dos documentos pertinentes ao processo em questão, o importador deverá apresentar a documentação no posto da Receita Federal

SISTEMÁTICA DE EXPORTAÇÃO E IMPORTAÇÃO

do Brasil onde estiver a mercadoria e aguardar o Siscomex indicar quem será o Fiscal responsável pelo desembaraço e quais serão os procedimentos que este deverá adotar, respeitando-se a seguinte parametrização:

- Parametrização com **canal verde**: o desembaraço está liberado sem necessidade de conferência por parte da fiscalização.
- Parametrização com **canal amarelo**: o fiscal deverá proceder a conferência documental.
- Parametrização com **canal vermelho**: o fiscal deverá proceder a conferência documental e a verificação física da mercadoria.
- Parametrização com **canal cinza**: o fiscal deverá proceder a valoração aduaneira, que consiste na verificação do real valor do produto. Este procedimento é exigido quando há indícios de que o valor declarado do bem está superfaturado ou subfaturado.

Da mesma forma que na exportação, a Autoridade Aduaneira poderá decidir pela conferência documental ou até pela conferência documental e verificação física da mercadoria, mesmo com a parametrização apontando para o canal verde.

QUESTÕES PARA DEBATER

1. Qual é a relação existente entre o controle exercido com os controles sanitários/fitossanitários e os órgãos anuentes?

2. Como o certificado de origem favorece a criação de empregos?

3. Comente duas vantagens da zona primária. Quando devemos utilizá-la?

4. Comente duas vantagens da zona secundária. Quando devemos utilizá-la?

5. Faça uma pesquisa no site do Ministério da Indústria e Comércio Exterior para analisar os dados recentes da balança comercial. Em seguida, atualize e comente a evolução dos dados apresentados neste capítulo até os dias atuais.

Capítulo 5

Logística, Transportes Internacionais e Seguros

LOGÍSTICA

Este capítulo tem início com o estudo da logística, visando discutir a abrangência desta palavra que tem significado a única forma de um possível ganho competitivo para muitas empresas que já aplicaram as técnicas de reengenharia, reorganização de processos, eliminação dos desperdícios e ainda necessitam tornar seus produtos mais acessíveis interna ou externamente.

A logística tem sido aplicada há muito tempo. Alexandre, o Grande, movimentava estrategicamente as tropas como forma de alcançar a vitória. Napoleão dominou a Europa formando exércitos nacionais com deslocamento rápido e eficiente (VIEIRA, 2006). Durante a Segunda Guerra Mundial, no conflito do Kuwait e, mais recentemente, na invasão norte--americana ao Iraque, as técnicas logísticas foram essenciais para organizar, abastecer os campos de batalha com armamentos, remédios, alimentos e combustíveis, e também para surpreender o inimigo inesperadamente, consolidando a chamada logística da guerra.

De maneira análoga, pode-se dizer que todos os dias as empresas enfrentam uma guerra. No bom sentido, não deixa de ser uma guerra diária para reduzir custos, evitar falhas e atender satisfatoriamente o cliente. Se seu concorrente desenvolver alguma estratégia mais eficiente, terá vencido a batalha naquele dia. Como resultado, ele poderá escolher entre maiores lucros ou preços mais competitivos para oferecer ao mercado.

Embora muito atribuída às operações de transporte, a logística também envolve práticas que coordenam as operações de movimentação e armazenagem, novas formas de embalagem e até mesmo a modificação de produtos para reduzir embalagem. Um exemplo foi a mudança que os fabricantes de amaciantes de roupas fizeram no produto, tornando-o mais concentrado. Dessa forma, foi possível reduzir o consumo de água, o consumo de plásticos da embalagem, ampliar a capacidade de transporte e, assim, reduzir custos. Além disso, estudos logísticos são desenvolvidos com o objetivo de reduzir o tempo da operação com o uso de equipamentos adequados, pessoal treinado e escala de horários programados, estudando o percurso e evitando horários de pico e locais de maior fluxo.

Para Ballou (2001), a logística é entendida como o gerenciamento do fluxo de materiais, estoque em processo de fabricação, produtos acabados, distribuição e informações, desde a origem da matéria-prima até o ponto de consumo, com o propósito de atender às exigências dos clientes. Dentre as diversas definições de logística, Novaes (2007) diz tratar-se de um processo de **planejamento**, **implementação** e **controle** do fluxo e armazenamento eficiente e econômico de matérias-primas, materiais semiacabados e produtos acabados, bem como as **informações** a eles relativas, desde o ponto de origem até o ponto de consumo, com o propósito de atender às exigências dos **clientes**.

Natureza da Carga

As cargas podem ser classificadas basicamente em:

a) **Carga geral**: pode ser solta ou unitizada, sempre com identificação e contagem de unidades. As cargas **soltas** são itens avulsos, embarcados separadamente em embrulhos, fardos, pacotes, sacas, caixas, tambores, entre outros. A grande quantidade de volumes provoca lentidão durante a movimentação desse tipo de carga. O agrupamento favorece o trabalho e as cargas **unitizadas** são movimentadas com rapidez.

b) **Carga a granel** (sólida ou líquida): por sua natureza, não recebem marca de identificação, numeração ou embalagem (exemplos: petróleo, minérios, trigo, farelos e grãos etc.).

c) **Carga frigorificada**: são cargas que necessitam de refrigeração para conservar suas características essenciais (exemplos: frutas frescas, pescados, carnes etc.).

LOGÍSTICA, TRANSPORTES INTERNACIONAIS E SEGUROS

d) **Carga perigosa**: são cargas que podem provocar acidentes, oferecer risco para as pessoas, danificar outras cargas ou o meio de transporte; classificadas em classes: I – explosivos, II – gases, III – líquidos inflamáveis, IV – sólidos inflamáveis, V – substâncias oxidantes, VI – substâncias infecciosas, VII – substâncias radioativas, VIII – corrosivos, e IX – variedades de substâncias perigosas.

e) **Neogranel**: carregamento formado por conglomerados homogêneos de mercadorias, de carga geral, sem acondicionamento específico, cujo volume ou quantidade possibilita o transporte em lotes, em um único embarque (exemplo: veículos).

Embalagem

Para que a mercadoria seja movimentada do ponto A ao ponto B sem nenhuma alteração em suas características, a embalagem deve ser capaz de protegê-la adequadamente, porém, sem exageros desnecessários que elevariam o peso bruto da mercadoria e, por consequência, influenciaria no custo do frete e de outras despesas que incidem sobre o peso e/ou sobre a cubagem. De acordo com Minervini (2008), a embalagem tem quatro funções básicas: servir de recipiente para determinada quantidade de produto, protegê-lo, facilitar seu manuseio, promover sua venda e, ainda pode-se acrescentar, sua função de contenção, divisão e comunicação, devendo expressar símbolos claros para compreensão imediata.

No capítulo 4 "Sistemática de Exportação e Importação", você aprendeu que existem alguns termos que indicam o limite de responsabilidade do exportador e do importador, ou seja, em um embarque, até onde vai a responsabilidade do exportador e onde tem início a do importador. Entretanto, dada a responsabilidade necessária para a preparação da embalagem e a exigência de pleno conhecimento do produto que será despachado, independentemente do termo negociado, a preparação da embalagem sempre será responsabilidade do exportador.

Em geral, os produtos recebem mais de uma embalagem. Por exemplo, em uma exportação de perfumes, o vidro é a **embalagem primária** porque está em contato direto com o produto, ou seja, com o líquido. Considerando que o perfume é oferecido em uma caixinha, está será a **embalagem secundária**. Se as caixinhas forem acondicionadas em uma caixa de papelão para unitizar 24 unidades, por exemplo, esta será a **embalagem terciária**.

A embalagem deve ser pensada de modo a tornar o produto mais atraente ao consumidor, já que é o "cartão de visitas" do produto, mas também deve respeitar as regulamentações do país de destino.

Unitização

Unitizar significa agrupar vários produtos em um único volume com dimensões padronizadas para facilitar as operações de movimentação, manuseio e armazenamento de forma mecanizada. Não se trata de uma embalagem, e sim de uma técnica de agrupar produtos com a finalidade de reduzir o número de volumes a manipular, utilizar menos mão de obra, possibilitar o uso de mecanização, melhorar o tempo de operação de embarque e desembarque, reduzir custos e diminuir avarias.

Dentre as formas mais comuns de unitização, podemos utilizar:

a) Pré-lingagem (amarração ou cintamento)
Envolvimento da carga por redes especiais (*slings*) ou cintas com alças adequadas à movimentação por içamento.

b) *Palett*
Técnica muito utilizada por diversas empresas por ser simples, de baixo custo e fácil movimentação pelos garfos das empilhadeiras. Os paletes mais utilizados são constituídos de madeira, mas também existem versões de alumínio, aço, fibra ou polipropileno.

c) Contêiner
Fortemente utilizado no transporte marítimo, os contêineres são grandes caixas de ferro que permitem fácil carregamento e descarregamento, grande resistência e durabilidade para transportar mercadorias com segurança e inviolabilidade. Os tipos de contêineres estão detalhados juntamente com o transporte marítimo.

d) *Big bag*
Grandes sacolas confeccionadas em polipropileno com capacidade de até duas toneladas.São impermeáveis, reutilizáveis e dobráveis quando vazias. Possuem alças para içamento e, normalmente, acondicionam cargas a granel ou embaladas em sacos.

Marcação dos Volumes

A marcação dos volumes tem a função de identificá-los e apresentar instruções sobre a forma de manuseio e os cuidados necessários para aquela mercadoria durante todas as etapas do processo de movimentação, transporte, armazenagem, desde o ponto de origem até o ponto de destino.

Como informações básicas, a marcação dos volumes deverá conter: dados do remetente, dados do destinatário, identificação do lote, peso líquido e peso bruto.

Além disso, todos os volumes devem ser numerados, indicando o número do volume e a quantidade de volumes daquele embarque. Por exemplo, em se tratando de um embarque com quatro volumes:

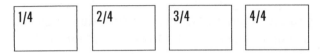

Também é essencial que as marcações suportem eventual contato com água ou umidade para que não haja perda da identificação mesmo em situações adversas.

Além de oferecer informações sobre os volumes, é imprescindível apresentar instruções sobre os cuidados com a mercadoria, mas deve-se considerar que ela será manuseada por profissionais de outros países, que muitas vezes não têm domínio de um segundo idioma. Assim, recomenda-se a utilização de símbolos, tais como:

Rotulagem

O rótulo é inerente às características da embalagem primária e tem a função de transmitir dados da empresa e da mercadoria, sempre respeitando a legislação do país de destino. Assim, o desenvolvimento do rótulo deverá ser cercado de cuidados, pois deve atender às legislações específicas que cada país estabelece para os produtos. Podemos citar como outro exemplo os rótulos de alimentos que devem informar se há glúten em sua composição a fim de orientar pessoas sensíveis a este componente. Da mesma forma, cada país tem seus órgãos reguladores com exigências específicas.

Você compraria um produto anônimo? Quem será o produtor? Qual a procedência? Qual o prazo de validade? Quais são os ingredientes? Existem precauções de uso? Existem contraindicações? O rótulo deve conter respostas para todas essas perguntas, ou seja, deve ser capaz de transmitir claramente a identidade do produto.

TRANSPORTES INTERNACIONAIS

Vamos iniciar o estudo dos modais de transporte chamando atenção para duas premissas básicas que aprendemos ao longo de anos de experiência na área de Comércio Exterior e que, embora bem simples e até um pouco óbvias, são pouco vistas dentro das empresas, o que demonstra falta de planejamento estratégico.

A primeira busca desmistificar a ideia do melhor modal de transporte, pois, "não há o melhor meio de transporte". Há o meio de transporte mais adequado para a sua mercadoria, o meio de transporte capaz de atender aos prazos do importador ou do exportador, o meio de transporte mais viável para a rota pretendida, o meio de transporte mais eficiente dadas as condições climáticas daquele período do ano no país de origem e no país de destino e, como também não podemos deixar de comentar, o meio de transporte com custos compatíveis com as pretensões do importador e do exportador.

Veja que estamos demonstrando objetivos que vão além da ideia de tornar a operação mais barata, porque nem sempre o objetivo é reduzir custos. Por exemplo, imagine que você vendeu um equipamento que está apresentando defeito de fabricação e seu cliente está com a linha de produção parada por conta disso. Nesse momento, seu objetivo não pode ser custo, mas deve ser rapidez.

Esse exemplo nos leva à segunda premissa: você deve ter estratégias logísticas capazes de atender a situações com diferentes interesses. Mesmo

LOGÍSTICA, TRANSPORTES INTERNACIONAIS E SEGUROS

que, normalmente, suas exportações ocorram por transporte marítimo por apresentar o custo mais baixo, na situação descrita no parágrafo anterior, você deverá ter conhecimento e contato com empresas que poderão atendê-lo no transporte aéreo.

Ou, ainda, imagine que todos os seus embarques são realizados no Porto de Santos e você não tem nenhuma informação sobre a rotina em outros portos. Como poderá buscar uma alternativa nos períodos de superlotação no Porto de Santos? Se seu concorrente conseguir operar, ainda que provisoriamente, em outro porto, ele terá uma vantagem.

Portanto, podemos dizer que diversas variáveis influenciam a tomada de decisão na escolha do modal, como velocidade, confiabilidade, capacidade de movimentação, disponibilidade e adequação do equipamento, frequência do serviço, entre outras.

Para todos os modais, podemos dizer que os custos do transporte são influenciados pelas características da carga, peso e volume, tipo de embalagem, valor, distância a ser percorrida e localização dos pontos de embarque e desembarque. Com isso, mais uma vez pretendemos mostrar que os custos variam de produto para produto, de destino para destino, justificando a importância do profissional de comércio exterior criar rotas alternativas e sempre estudar novas propostas logísticas na busca por melhores custos e desempenho.

Custo Brasil

Indiscutivelmente a escolha do modal é determinante para o sucesso da operação e, como vimos, não há o melhor modal de transporte. Porém, no Brasil, muitas vezes as escolhas devem curvar-se às limitações de cada modal, de cada trecho, de cada época do ano. Como se não fossem suficientes os problemas causados pelo chamado "gargalo logístico", que torna impraticáveis as operações no Porto de Santos (maior da América Latina) em algumas épocas do ano, ainda devemos considerar longas greves de fiscais da Receita Federal do Brasil e de órgãos anuentes.

Enquanto a Alemanha desembaraça suas cargas em 3,1 dias, o Chile, em 4,2 dias e a China, em 5,2, o tempo médio no Brasil é de 13 dias, podendo chegar a 30 dias em situação de greve. De 2005 a 2008, empresas que dependiam de importações e exportações enfrentaram 492 dias de greves e operações-padrão de funcionários públicos ligados ao comércio exterior (RYDLEWSKI, 2008). Tudo isso sem contar que

NEGÓCIOS INTERNACIONAIS E SUAS APLICAÇÕES NO BRASIL

normalmente o navio aguarda de 2 a 3 dias para conseguir autorização para atracar nos portos de Santos e Paranaguá. Em época de greve ou alto fluxo em função do escoamento da safra, o tempo de espera varia de 10 a 20 dias. Um verdadeiro absurdo que eleva os custos das operações logísticas no Brasil.

Os prejuízos ainda incluem o pagamento de *demurrage* (multa por atraso na devolução do contêiner), armazenagem, interrupção da linha de produção por falta de um componente importado que esteja "parado" no desembaraço e possíveis multas contratuais por atraso, além de considerar a demora no recebimento das divisas, uma vez que atrasou o envio da mercadoria que está exportando. É verdade que o Brasil necessita de investimentos de infraestrutura, mas uma grande parcela dos atrasos se deve à lentidão dos órgãos responsáveis pela conferência e liberação, inclusive porque o Brasil é um dos poucos países onde a Receita Federal e demais órgãos intervenientes não operam 24 horas. Aliás, no Brasil estamos muito longe disso. A fiscalização opera apenas cinco dias por semana, completando menos de 40 horas. Isso porque os Fiscais não cumprem o horário padrão do país que seria das 8hs às 18hs. Além disso, o Porto de Santos não opera à noite por falta de instrumento.

Lecionando há anos, ainda nos deparamos com a inocência da pergunta: "mas, professora, quem paga as despesas por atrasos causados durante um período de greve?" Esclarecemos que, no que se refere às questões operacionais, todos os prejuízos são atribuídos ao exportador ou importador, respeitando-se o termo negociado. Por exemplo, se o exportador é responsável pela entrega da mercadoria a bordo do navio no porto de embarque que está em greve, as despesas de armazenagem ocorridas durante esse período em que o carregamento não está ocorrendo por conta da greve, correrão por conta do exportador. Assim, mostramos aos alunos um raciocínio crítico que abrange todas as etapas do processo, não somente as questões tributárias.

Multimodalidade e Intermodalidade

Os diversos tipos de transportes são classificados de acordo com a modalidade, podendo ser terrestre (rodoviário, ferroviário e dutoviário), aquaviário (marítimo, hidroviário, lacustre e fluvial) ou aéreo.

Quando se tratar de um único modal a ser utilizado, teremos uma operação chamada de modal ou unimodal, mas também é possível que mais de

LOGÍSTICA, TRANSPORTES INTERNACIONAIS E SEGUROS

uma modalidade de transporte seja utilizada. Neste caso temos: **intermodal**, quando envolve mais de uma modalidade e para cada trecho é realizado um contrato; **multimodal**, quando envolve mais de uma modalidade, porém regido por um único contrato. A prática do multimodal requer a presença do **Operador de Transporte Multimodal – OTM**, que é a pessoa jurídica contratada para a realização do Transporte Multimodal de Cargas, da origem até o destino, por meios próprios ou por intermédio de terceiros. O OTM não precisa ser necessariamente um transportador, mas assume perante o contratante a responsabilidade pela execução do contrato de transporte multimodal, pelos prejuízos resultantes de perda, por danos ou avarias às cargas sob sua custódia, assim como por aqueles decorrentes de atraso em sua entrega, quando houver prazo acordado. O Transporte Multimodal de Cargas compreende, além do transporte em si, os serviços de coleta, consolidação, movimentação e armazenagem de carga, desconsolidação e entrega, enfim, todas as etapas indispensáveis à completa execução da tarefa.

O Custo Brasil ainda sofre com a situação precária que pode ser observada na infraestrutura de todos os modais, o que se deve principalmente pela queda nos investimentos. Em 1975, mais de 1,8 do PIB era direcionado para investimentos em infraestrutura. Em 1990, esse montante foi inferior a 0,2% do PIB, depois de alguns anos em que o percentual nem alcançava 0,4, até que o ano de 2003 apresentou o menor resultado, com aproximadamente 0,1% do PIB. A partir daí, houve registro de crescimento nos investimentos que chegaram a 0,5% do PIB em 2007 (PERRUPATO, 2010). Ainda de acordo com Perrupato (2010), essa falta de investimentos se traduz nos mais diversos problemas:

Nas rodovias: níveis insuficientes de conservação e recuperação, déficit de capacidade da malha em regiões desenvolvidas e inadequação de cobertura nas regiões em desenvolvimento;

Nas ferrovias: invasões de faixa de domínio, quantidade excessiva de passagens de nível, falta de contornos em áreas urbanas e extensão e cobertura insuficientes da malha;

Nos portos: limitações ao acesso marítimo, restrições ao acesso terrestre (rodoviário e ferroviário), deficiências de retroárea e berços e modelo gerencial da Administração Portuária desatualizado;

Nas hidrovias: restrições de calado, deficiências de sinalização e balizamento e restrições à navegação pela inexistência de eclusas.

Devido à falta de opções viáveis, a matriz do transporte brasileiro é desbalanceada, concentrando mais de 50% no uso do transporte rodoviário e baixíssima utilização dos modais mais econômicos, enquanto países com porte equivalente ao Brasil apresentam maior concentração no modal ferroviário, conforme segue:

TABELA 5.1 – Matriz de Transportes – Ano 2005

País	Ferroviário	Rodoviário	Aquaviário/outros
Rússia	81%	8%	11%
Canadá	46%	43%	11%
Austrália	43%	53%	4%
EUA	43%	32%	25%
China	37%	50%	13%
Brasil	25%	58%	17%

Fonte: Perrupato (2010).

Embora os números demonstrem que ainda há um longo caminho a percorrer no que se refere à disponibilidade de serviços nos meios de transporte mais viáveis do ponto de vista econômico, social e ambiental, como também no pensamento do empresário que deverá buscar novas alternativas, estão sendo registrados importantes avanços (PERRUPATO, 2010): "De 1997 a 2009, o número de contêineres movimentados nas ferrovias passou de 3.459 em 1997 para 272.808 em 2009, ou seja, cresceu 79 vezes em 12 anos".

Na cabotagem (transporte marítimo realizado dentro de um único país), o Brasil registrou somente 20 contêineres em 1999, mas esse volume passou para 662 em 2009, apresentando crescimento de 33 vezes em dez anos.

Formas de Pagamento do Frete

Independentemente do modal escolhido e da forma de pagamento da mercadoria, o frete pode ser pago das seguintes formas:

- Frete pré-pago (*freight prepaid*): significa que o frete será pago imediatamente após o embarque.
- Frete pagável no destino (*freight payable at destination*): significa que o frete será pago pelo importador na chegada ou retirada da mercadoria no ponto de destino.

- Frete a pagar (*freight collect*): o pagamento do frete poderá ocorrer em local diverso daquele de embarque ou destino, sendo que o armador será avisado por seu agente sobre o recebimento, para proceder a liberação da mercadoria.

O profissional de Comércio Exterior deve ter completo entendimento das implicações do uso de determinado modal, pois, dependendo da modalidade de pagamento escolhida, tem-se mais ou menos tempo para contratar o câmbio, ou, ainda, tem-se maior tempo de espera pelos documentos originais (que incluem o conhecimento de embarque), sem os quais não se pode contratar o câmbio.

Vamos pensar em uma carga que está sendo importada da China com modalidade de pagamento à vista. No caso do modal marítimo, este câmbio será contratado aproximadamente 40 dias depois do embarque. Já no caso do modal aéreo, ele será contratado aproximadamente dois dias depois do embarque. Assim, o preço é influenciado não só pela modalidade de pagamento escolhida, mas também pela associação com o modal que será utilizado, uma vez que é completamente diferente receber ou dispor do dinheiro em dois ou 40 dias.

Da mesma forma, realizar um embarque aéreo com pagamento por meio de carta de crédito pode trazer atrasos e despesas extras para o importador, já que a mercadoria chegará a seu país e ele não poderá tratar do desembaraço por estar dependendo dos documentos originais que estão seguindo os trâmites bancários.

Sendo assim, embora não haja nenhum impedimento quanto ao uso de determinada modalidade de pagamento associada aos modais de transporte, uma negociação estratégica deve considerar o prazo operacional necessário para o trâmite documental, associado ao deslocamento da carga. Neste sentido, ao optar pelo modal aéreo com pagamento à vista, deve-se incluir na negociação a agilidade com que o pagamento será disponibilizado ao exportador.

Segurança Pós-Ataque 11 de Setembro

Principalmente depois dos atentados de 11 de setembro de 2001, não só os Estados Unidos, como todos os países, passaram a ter maior preocupação com a segurança e, desde então, diversas medidas têm sido implantadas como novas formas de controle. O Brasil, como Estado-parte da Convenção

Internacional para a Salvaguarda da Vida Humana no Mar Solas, assumiu o compromisso de implementar o Código Internacional para a Proteção de Navios e Instalações Portuárias – Código ISPS, que entrou em vigor em julho de 2004.

A meta desse sistema é estabelecer uma cooperação internacional entre governos, organismos governamentais, administradores locais e os setores naval e portuário para detectar ameaças à proteção dos navios ou das instalações portuárias utilizadas no comércio internacional. O Código ISPS requer, fundamentalmente, avaliação de riscos à proteção marítima, compartilhamento dessas informações, manutenção de protocolos de comunicação, proibição de acessos não autorizados aos navios e às instalações portuárias, combate à introdução de armas, de artefatos incendiários ou de explosivos nos navios e nos portos, facilitação do alarme em caso de ameaças à segurança marítima e portuária, planos de proteção dos navios e portos baseados na avaliação de risco e treinamento dos recursos humanos.

O Código ISPS estabelece determinadas regras que tornam os navios e instalações portuárias mais seguras. Dentre as medidas adotadas podemos destacar o estabelecimento de maior controle de entrada e saída de pessoas e veículos nas instalações portuárias, a delimitação do perímetro do porto, a instalação de sistema de vigilância dos limites do perímetro do porto e do cais e a necessidade de cadastramento das pessoas e veículos que entram na instalação portuária.

A preocupação com segurança também tem se refletido nos aeroportos, que têm investido em *scanners* de alta tecnologia para verificação de cargas e passageiros. Em outubro de 2010, a Empresa Brasileira de Infraestrutura Aeroportuária (Infraero) assinou acordo com a *Transportation Security Administration* (TSA), autoridade do setor de segurança de transporte dos Estados Unidos, para o desenvolvimento de ações na área de segurança aeroportuária. Dentre os objetivos está a troca de experiências, o desenvolvimento de novas ações na área de segurança por meio de intercâmbio e capacitação de técnicos, além de testes de equipamentos e normas para certificação no âmbito da segurança aeroportuária.

Sempre buscando desenvolver uma visão crítica para conseguir atender às necessidades do embarque, aproveitando as vantagens de cada modal, vamos ao estudo de cada um deles, iniciando pelo transporte marítimo.

TRANSPORTE AQUAVIÁRIO

O sistema de transporte aquaviário compreende o transporte marítimo, o hidroviário, fluvial e lacustre.

Transporte Marítimo

O transporte marítimo é realizado por navios que cruzam oceanos e mares, sendo chamado de "longo curso", quando cruza fronteira entre diversos países, ou "cabotagem", quando realizado dentro de um único país.

É extremamente utilizado por apresentar o custo do frete relativamente baixo, oferecer alta capacidade de movimentação e poder ser utilizado por todos os tipos de cargas, já que existem diversos tipos de navios para atender às necessidades específicas de cada carga, como carga geral conteinerizada, carga seca ou com controle de temperatura, granéis líquidos ou sólidos, produtos químicos, automóveis, entre outros.

O ato de carregar ou encher o contêiner deverá ser chamado de "ovar" ou "estufar" o contêiner. O ato de esvaziá-lo recebe o nome "desovar" o contêiner. Sem deixar de atender a regulamentações específicas, quando o contêiner estiver estufado somente com a sua mercadoria, as operações de ova e desova podem ser realizadas das seguintes formas:

- H to H – *house to house*/ponto a ponto
- Ovado na fábrica do exportador/desovado na fábrica do importador
- H to P – *house to pier*/ponto a porto
- Ovado na fábrica do exportador/desovado no píer do importador
- P to P – *pier to pier*/porto a porto
- Ovado no píer do exportador/desovado no píer importador
- P to H – *pier to house*/porto a ponto

Ovado no píer do exportador/desovado na fábrica do importador

Contêineres

O contêiner é considerado um equipamento do veículo transportador, com a finalidade de unitizar e proteger cargas. Existem diversos tipos de contêineres, com medidas que variam entre TEU's e FEU's:

- TEU (*twenty feet* ou *twenty equivalent unit*) → contêineres de 20'
- FEU (*forty feet* ou *forty equivalent unit*) → contêineres de 40'

Especialmente no ano de 2012 o Porto de Santos registrou queda na movimentação de contêineres e do fluxo de navios, justificada pela crise internacional e a consequente desaceleração da economia brasileira. Entretanto, a supersafra colhida no início de 2013 comprovou a incapacidade da infraestrutura rodoviária que cerca o porto, bem como a falta de armazéns e a incapacidade dos terminais e os respectivos órgãos anuentes que lá operam. Foram mais de 30 dias com média de 20 quilômetros de filas de caminhões de grãos cercando os Portos de Santos e de Paranaguá, sem contar o percurso de até 2.000 quilômetros de estradas esburacadas, percorridos das áreas produtivas até os locais de escoamento. Dessa forma, toda a tecnologia empregada na produção agrícola e todos os esforços implementados na busca da competitividade no campo, são suprimidos pelos entraves logísticos.

Navios
Atualmente, o transporte marítimo conta com diversos tipos de navios, em função da diversidade na natureza das cargas movimentadas entre os países. A seguir, seguem os mais comuns:

a) Cargueiro, Convencional: é adequado para o transporte de carga geral, possui porões divididos de forma a atender a diferentes tipos de carga.
b) Graneleiro: visa atender especificamente a granéis sólidos.
c) Tanque: destina-se ao transporte de granéis líquidos.
d) *Full Container Ship* ou Porta-contêiner: exclusivo para o transporte de contêineres, que são alocados por meio de encaixes perfeitos.
e) *Roll-on/Roll-off*: possuem rampas de acesso para que os veículos de exportação possam entrar "em movimento".

Profissionais envolvidos no transporte de cargas
Para operar no transporte marítimo é essencial a figura do **Armador**, que é a pessoa jurídica, estabelecida e registrada com a finalidade de realizar transporte marítimo, local ou internacional, por meio de operação de navios com rota regular ou não regular, sendo:

- **Navio regular/Linha regular**: Quando o navio pratica o transporte em determinada rota, com escalas em portos predeterminados, com itinerário conhecido e anunciado, podendo-se esperá-lo nas datas razoavelmente estabelecidas para atracação, operação e saída.

LOGÍSTICA, TRANSPORTES INTERNACIONAIS E SEGUROS

- **Navio não regular/Linha não regular**: Navega para cumprir a rota estabelecida entre o armador e embarcador para aquela viagem.

A reserva de linhas não regulares (navio não regular) é realizada com a Carta de Partida (*Charter Party*), que garante o afretamento (ou aluguel do navio) por período ou tempo determinado. A grande vantagem é que esses navios podem operar de acordo com a necessidade de rota do cliente, além de completar a frota dos armadores de linhas regulares quando estes a contratam.

Operador portuário é a empresa responsável pelas operações alfandegadas dentro da área do porto organizado, com atividades que envolvem a movimentação de cargas. Assim, tão importante quanto conhecer a rota do navio, é saber em qual Terminal Portuário ele irá atracar. Por exemplo, o Porto de Santos tem terminais na margem direita e na margem esquerda, por isso deve-se saber em qual margem e em qual terminal o navio irá atracar. Para conseguir melhores resultados financeiros e operacionais, é imprescindível estabelecer um diálogo para negociar valores e criar rotinas de trabalho integrado entre o importador/exportador, o despachante, o agente de cargas e o terminal portuário, já que o sucesso da operação depende, prioritariamente, da comunicação entre todos os envolvidos.

Para conduzir as manobras de entrada e saída dos navios dos portos, bem como conduzir as passagens pelos canais de navegação brasileiros, conta-se com o trabalho dos **Práticos**, que são os técnicos com grande conhecimento marítimo e náutico, capazes de realizar o trabalho.

Como nos demais modais que serão tratados posteriormente, no transporte marítimo é essencial a figura do **Agente de Cargas** que, no primeiro momento, deverá realizar a Reserva de Praça, ou seja, reservar espaço para a carga naquele determinado navio regular.

Em se tratando de mercadoria que não utilize todo o espaço disponível no contêiner, a **NVOCC** (*Non-Vessel Operating Common Carrier* ou **Transportador não operador de navio**) é a empresa responsável por receber cargas de vários clientes e colocá-las em uma única unidade para ser entregue ao navio. Atenção quanto ao detalhe do Conhecimento de Embarque:

a) O Armador irá emitir um único Conhecimento de Embarque para a NVOCC;

b) A NVOCC irá emitir um Conhecimento de Embarque para cada um dos clientes que lhe entregou carga.

Na tentativa de reduzir custos e garantir transparência nos processos, renomadas consultorias e grandes empresas têm preferido desmembrar os diversos serviços que envolvem uma operação de importação ou exportação a fim de contratar uma empresa para desempenhar cada etapa do processo, como um Despachante, um Agente de Cargas, uma Transportadora etc. Essa prática é aconselhada por grandes consultorias por trazer transparência e independência à empresa contratante, porém, além da necessidade de comunicação e integração que já foi salientada neste tópico, alertamos quanto à dificuldade na identificação do responsável por um eventual erro.

Então, vamos pensar na situação inversa: você é um importador e pode contratar uma única empresa para gerenciar o embarque (independentemente do termo internacional de comércio), acompanhar a viagem, a chegada da mercadoria no Brasil, executar os procedimentos para o desembaraço e, ao final, entregar a mercadoria em seu estabelecimento. Nesse modelo, você está contratando um único prestador de serviços, chamado **Freight Forwarder**, o que facilitará o gerenciamento de cada processo e possíveis discussões sobre atrasos, erros ou prejuízos que venham a ocorrer.

Não pretendemos encerrar nenhuma discussão sobre as melhores práticas para operar no comércio exterior, mas, além de discutir conceitos básicos, nosso objetivo neste livro também é apresentar olhares diferenciados para situações administrativas e estratégicas que preocupam empresários, diretores e gerentes.

Frete no Transporte Marítimo

No transporte marítimo a relação peso/volume é 1:1, o que significa que cada tonelada métrica (1.000 Kg) equivale a $1m^3$. Entretanto, depois da crise financeira de 2008-2009, a relação peso/volume passou a ser de 750 Kg equivalente a $1m^3$. Contudo, ressaltamos que esta condição é perfeitamente negociável, variando de armador para armador. Da mesma forma, não se limita a negociar apenas o frete, pois existem várias outras despesas e taxas capazes de alterar suas previsões, como:

- *Heavy Lift Charge* (taxa sobre volumes pesados): É cobrada sobre volumes com excesso de peso que necessitarão de equipamentos especiais para sua movimentação.

- *Extra Length Charge* (taxa sobre volumes com dimensões excepcionais): é cobrada sobre volumes de difícil movimentação por suas dimensões fora do padrão.

As sobretaxas são adicionais cobrados sobre a carga e acrescidos ao frete, não em virtude da carga, mas de outras dificuldades:

- *Port Congestion Surcharge* (sobretaxa de congestionamento portuário): resultante da espera para atracação do navio.
- *War Surcharge* (sobretaxa de guerra): cobrado quando há situação de guerra ou perspectivas de que venha a ocorrer.
- *Bunker Surcharge* (sobretaxa por aumentos extraordinários dos preços dos combustíveis): pode ocorrer por causa de alguma crise no petróleo.
- *Differential Port Surcharge* (adicional de porto secundário): é cobrado quando o porto de embarque ou desembarque não é um dos principais da região e oferece dificuldades para a atracação e operação.
- *Demurrage*: na reserva de praça define-se o tempo de permanência do contêiner, sendo que o atraso na devolução gera multa diária denominada *demurrage*.
- *Terminal Handling Charge – THC*/Capatazia: é uma despesa portuária para manuseio de contêineres no terminal.

Além destes, a importação de mercadoria por transporte marítimo sofre a cobrança do Adicional ao Frete para a Renovação da Marinha Mercante (AFRMM). Trata-se de uma despesa extremamente elevada para o importador: 25% sobre o frete e, como o próprio nome indica, trata-se de um valor que seria destinado a manutenção e renovação da Marinha Mercante.

Transporte Hidroviário
No Brasil, em diversos pontos, para que a rede hidroviária brasileira venha a ser utilizada plenamente, há necessidade de diversos investimentos na construção de eclusas e comportas capazes de corrigir obstáculos naturais, como as quedas d'água que subdividem os rios em trechos navegáveis e outros não, inclusive variando em razão dos períodos cíclicos de cheias e estiagem.

As principais bacias hidrográficas brasileiras são: a Bacia Amazônica, a Bacia Araguaia-Tocantins, a Bacia do São Francisco, a Bacia do Paraná e a Bacia do Uruguai. Muitas operações do Mercosul são desenvolvidas pela rede hidroviária dos rios Tietê, Paraná, Paraguai e Uruguai.

Os equipamentos de transporte utilizados nesses modais são as balsas, chatas, barcaças, além de navios de grande porte e barcos pequenos.

Transporte Fluvial e Lacustre

O transporte fluvial é realizado nos rios, enquanto o transporte lacustre é realizado em lagos. Ambos podem transportar qualquer tipo de carga, respeitando-se as características do veículo de navegação e da via.

Embora tenham baixa velocidade, rotas fixas, limitações variáveis em função do nível das águas e ainda demandem altos investimentos, esses modais têm elevada capacidade de transporte, apresentam baixo índice de poluição e oferecem condições competitivas às empresas em função dos baixos custos do frete.

Uma grande possibilidade de aproveitamento desses modais é utilizá--los na continuidade do transporte marítimo de longo curso, permitindo a navegação no território brasileiro até chegar a centros consumidores, sem a utilização do transporte rodoviário, por exemplo.

Novamente é importante observar que a navegação nesses tipos de vias depende da disponibilidade de calado (profundidade do rio ou do lago), que também sofrem interferência das oscilações climáticas.

Malha hidroviária e tipos de embarcações

As principais bacias hidrográficas brasileiras são: a Bacia Amazônica, a Bacia Araguaia-Tocantins, a Bacia do São Francisco, a Bacia do Paraná e a Bacia do Uruguai. Muitas operações do Mercosul são desenvolvidas pela rede hidroviária dos rios Tietê, Paraná, Paraguai e Uruguai.

Os equipamentos de transporte utilizados nesses modais são as balsas, chatas, barcaças, além de navios de grande porte e barcos pequenos.

TRANSPORTE TERRESTRE

O transporte terrestre é formado pelos modais rodoviário, ferroviário e dutoviário.

Transporte Rodoviário

Podemos dizer que a principal vantagem do modal rodoviário é a flexibilidade das rotas, já que é o único modal capaz de operar "porta a porta", ou seja, capaz de retirar a carga na porta da sua empresa e entregá-la na porta da empresa de seu cliente.

A indústria automotiva tem desenvolvido grande diversidade de veículos capazes de atenderem às necessidades específicas de cada produto, garantindo ganho de eficiência e menores custos para a operação de granéis sólidos ou líquidos, cargas unitizadas, perigosas, entre outras.

Como desvantagens, esse modal sofre sérias limitações quanto ao volume de cargas, restrições de horários de circulação em algumas cidades, elevados índices de roubo de carga, que tornam o seguro praticamente inviável para algumas cargas, além de ser o modal mais poluente.

Tipos de veículos

Os equipamentos de transporte são definidos com base na análise do tipo de carga a ser transportada, podendo transportá-la solta, conteinerizada ou com algum outro tipo de unitizador.

Os veículos são classificados da seguinte forma: caminhões, carretas e cavalos mecânicos. Os caminhões são monoblocos, as carretas são semirreboques ou reboques preparados para os mais diversos tipos de cargas, e o cavalo mecânico é o que traciona a carreta.

Frete no Transporte Rodoviário

O frete no transporte rodoviário é composto do **frete básico**, que é calculado sobre o peso e volume da mercadoria (metro cúbico), em que a relação é igual a 300 kg, ou seja, 1m³ (1ton = 3,3m³). Também há possibilidade de contratação de uma unidade de transporte, como uma carreta ou caminhão, estudando-se a distância a ser percorrida.

Acrescentam-se a **taxa de *ad valorem***, calculada sobre o valor FOB da mercadoria, e a **taxa de expediente**, que pode ser cobrada para despesas com emissão do Conhecimento de Embarque.

Por ser um modal com as menores barreiras de entrada, já que para ser autônomo somente é necessário possuir o veículo transportador e a habilitação específica, é possível pesquisar e negociar em busca das melhores oportunidades.

Transporte Ferroviário

O modal ferroviário tem a desvantagem de ser lento e não oferecer flexibilidade no trajeto, entretanto ele acumula vantagens. Em média, uma composição de vagões é capaz de retirar das ruas o equivalente a 200 caminhões dada a sua enorme capacidade de carga. Apresenta baixo nível de poluição, atua em longas distâncias e é seguro por apresentar baixos índices de acidentes, furtos e roubos.

A carga pode ser transportada isolada ou junto com outras cargas e esse modal pode ter terminais particulares dentro ou próximo às unidades produtoras. Entretanto, especialmente no Brasil esse modal ainda sofre com um problema estrutural muito antigo que são as diferenças de bitolas. Bitola é a distância que separa os trilhos de uma via férrea. Na época do desenvolvimento do transporte ferroviário, os países pensaram em estabelecer bitolas diferentes de seus vizinhos a fim de protegerem-se da invasão de estrangeiros. Mas o que foi solução naquela época tornou-se um grande problema nos dias atuais, e o comércio internacional da América do Sul sofre com essa barreira logística, que é lidar com as dificuldades provocadas por essa diferença.

Tipos de vagões e frete

Os tipos de vagões mais comuns são: fechado com escotilha para granéis sólidos, fechado convencional para carga geral, gaiola com estrados para gado, isotérmico para cargas que necessitam de controle de temperatura, plataformas com um ou dois pavimentos para automóveis e contêineres, plataformas sem laterais e cabeceiras para madeiras e grandes volumes, tanque para o transporte de líquidos e vagão basculante para minérios e granéis sólidos.

No transporte ferroviário o frete é calculado da seguinte forma:

- Frete básico: calculado sobre o peso ou o peso e o volume da mercadoria, e a distância a ser percorrida, considerando TKU, ou seja, tonelada por quilômetro;
- Taxa *ad valorem*: calculada sobre o valor FOB da mercadoria;
- Taxa de expediente: pode ser cobrada em função das despesas de emissão do Conhecimento de Embarque.

A relação peso/volume no transporte ferroviário é 1 ton = $3,5m^3$, mas o frete também pode ser cobrado por unidade de transporte, ou seja, por vagão.

Transporte Dutoviário

Recebe o nome de transporte dutoviário aquele que se utiliza da força da gravidade ou pressão mecânica para percorrer dutos. Utilizado para o transporte de granéis, essa alternativa de transporte não é poluente, não sofre congestionamentos e é relativamente barata.

No Brasil, o transporte dutoviário é utilizado para o transporte de gases, principalmente no eixo Brasil-Bolívia. Os minerodutos também aproveitam a força da gravidade para transportar minérios entre as regiões produtoras e as siderúrgicas ou portos, sendo impulsionados por um forte jato de água. Por fim, o oleoduto utiliza-se de sistema de bombeamento para o transporte de petróleos brutos e derivados aos terminais portuários ou centros de distribuição.

TRANSPORTE AÉREO

É um modal ágil e o conhecimento de transporte é emitido com maior rapidez. Assim, é recomendado para encomendas urgentes, perecíveis, com alto valor agregado, amostras ou pequenos volumes. Em virtude da rapidez, o uso do transporte aéreo é capaz de reduzir estoques e também oferece a vantagem de ser o modal com menores tarifas para contratação do seguro. Como desvantagens, podemos dizer que possui o custo do frete relativamente alto em relação aos demais modais e menor capacidade de carga por veículo.

Esse modal é regulamentado pela *International Air Transports Association* (Iata), ou Associação Internacional do Transporte Aéreo, que foi criada em 1945, com sede em Montreal, no Canadá.

A *International Civil Aviation Organization* (Icao), agência especializada das Nações Unidas, codifica os princípios e técnicas da navegação aérea internacional e promove o planejamento e o desenvolvimento do transporte aéreo internacional para garantir o crescimento seguro e ordenado, também com sede no Canadá.

No Brasil, a Agência Nacional de Aviação Civil (Anac), autarquia vinculada ao Ministério da Defesa, tem como atribuições regular e fiscalizar as atividades de aviação civil e de infraestrutura aeronáutica e aeroportuária. Para tal, o órgão deve observar e implementar as orientações, diretrizes e políticas estabelecidas pelo Conselho de Aviação Civil (Conac), adotando as medidas necessárias ao atendimento do interesse público e ao desenvolvimento da aviação (ANAC, 2011).

Tipos de Aeronaves

Depois da Segunda Guerra Mundial, diversos países passaram a investir na produção de aeronaves maiores e mais rápidas, além de desenvolverem novas embalagens e equipamentos de movimentação. Os tipos comuns de aeronaves são:

- *Full Pax*: transportam passageiros no *deck* superior e bagagens e cargas no *deck* inferior.
- *All Cargo* ou *Full Cargo*: cargueiros, são aeronaves específicas para o transporte de cargas, inclusive as perigosas.
- **Combi**: aeronaves de utilização mista.

Embora não seja uma prática comum porque eleva o custo do frete, se o remetente decidir informar o valor declarado do bem que será transportado, o *Air Waybill* (AWB), também terá a função de certificado de seguro. Caso decida embarcar sem valor declarado e haja algum incidente com sua mercadoria, será reembolsado no valor de US$ 20,00 (ou equivalente em outra moeda) por quilo embarcado. Essa medida foi estabelecida pela Convenção de Varsóvia, celebrada em 12 de outubro de 1929, posteriormente ratificada pelo Protocolo de Haia.

Frete no Transporte Aéreo

No transporte aéreo, a relação peso/volume é estabelecida em seis vezes, ou seja, cada quilograma (1.000 gramas) pode ocupar no máximo um espaço de 6.000cm³. Assim, o frete é cobrado pelo peso da carga, porém o volume não poderá exceder os limites determinados para aquele peso, caso contrário, o frete será cobrado pelo peso cubado.

$$\frac{C\ (cm) \times L\ (cm) \times A\ (cm)}{6000\ cm} = kg/volume\ a\ ser\ cobrado$$

em que:
C = comprimento
L = largura
A = altura

Vamos analisar um exemplo:

1 volume

Peso bruto: 45kg

Dimensões: 160cm × 210cm × 40cm = 1.344.000

1.344.000 : 6.000 = 224,00 kg/cubado

Neste caso, embora a mercadoria tenha o peso bruto de 45 quilos, o frete será cobrado pela cubagem, que indica 224 kg. A seguir, veja um exemplo de como se dá a escala de valores para cobrança do frete.

Até 50kg	51kg a 100kg	101kg a 150kg	151kg a 300kg	Acima de 300kg
2,00	1,93	1,85	1,80	1,70

Verifica-se redução no custo do frete por quilo à medida que a mercadoria tem maior peso/cubagem, onde:

Até 50kg, seriam cobrados US$ 2,00 por quilo;

de 51 a 100 kg, seria cobrado US$ 1,93 por quilo;

de 101kg a 150kg, seria cobrado US$ 1,85 por quilo;

de 151kg a 300kg, seria cobrado US$ 1,80 por quilo;

acima de 300kg, seria cobrado US$ 1,70 por quilo.

Para a carga apresentada no exemplo, o frete terá o custo de US$ 1,80 por quilo:

$$224 × 1,80 = US\$ 403,20$$

Entretanto, cada companhia aérea estabelece uma tarifa mínima e condições específicas para mercadorias que apresentam dificuldade de manipulação.

SEGURO DE CARGAS

Felizmente, para o mercado segurador e, infelizmente, para a sociedade em geral, contratar seguro é uma operação cada vez mais necessária diante das incertezas que cercam as operações e da fragilidade dos negócios. Muitas empresas seriam incapazes de recuperar-se após um incêndio ou algum desastre natural, como enchente ou ciclone. Também poderiam se ver incapazes de realizar o pagamento de indenização pela responsabilidade em algum acidente, consertar o maquinário danificado por queda de raios e explosões ou, ainda, repor uma carga roubada.

As seguradoras oferecem produtos capazes de atender praticamente a todos os tipos de eventos, variando a taxa do prêmio de acordo com o risco de ocorrência, com o histórico do segurado e demais índices do setor. Uma informação essencial para que o seguro cumpra sua função de repor o bem sinistrado é o **valor segurado**, ou seja, o real valor do que se pretende proteger.

Com base na informação do valor segurado e dos demais indicadores pertinentes, a seguradora indicará o **prêmio de seguro**, que significa o valor que o segurado terá de dispor à seguradora para efetivar a cobertura.

Para que o segurado também compartilhe do risco e zele pela proteção dos bens, foi instituído o valor da **franquia**, que compreende a parcela de responsabilidade do segurado diante de algum sinistro.

Sinistro é a ocorrência do fato que se pretendia proteger. É, propriamente, o roubo, furto, incêndio, entre outros. Contudo, não podemos pensar que o seguro somente é utilizado quando há um sinistro. Na verdade, do ponto de vista da tranquilidade, a contratação do seguro começa a mostrar resultados no exato momento da sua contratação, sendo assim, ele começa a ser utilizado no momento seguinte a sua contratação.

Autoridades e Intervenientes

No Brasil, as entidades que atuam no setor de seguros são:

Conselho Nacional de Seguro Privado (CNSP): estabelece as diretrizes para a atividade de seguro no país.

Superintendência de Seguros Privados (Susep): fiscaliza o cumprimento das determinações do CNSP e toma providências necessárias no caso de irregularidades.

Instituto de Resseguros do Brasil (IRB): atua como ressegurador, divide as funções de autoridade com a Susep.

Há também as **Sociedades Seguradoras**, que são as empresas que assumem os riscos na contratação do seguro, e as **Sociedades Corretoras**, que são obrigatórias na intermediação dos seguros.

Tipos de Coberturas e Métodos de Contratação

Nesta última parte do capítulo, vamos aproveitar nossa experiência prática para discorrer sobre alguns cuidados e métodos de trabalho para não cometer falhas na administração dos seguros internacionais.

Para a escolha da corretora e da seguradora que prestarão serviços, é conveniente preparar uma apresentação sobre sua empresa e um perfil de suas cargas, indicando o volume mensal/anual, os principais destinos/ori-

LOGÍSTICA, TRANSPORTES INTERNACIONAIS E SEGUROS

gens, os valores médios, os tipos de produtos e embalagens, os modais mais utilizados e as práticas para controle e segurança dos processos.

Por meio de um processo licitatório ou algum critério definido pelo segurado, definem-se a corretora e a seguradora que irão operar em seus embarques, não sem antes visitá-las pessoalmente e buscar suas referências financeiras e comerciais. Para alguns setores, também pode ser essencial que os prestadores de serviços já possuam experiência naquele ramo de negócio para conseguir entender com maior clareza suas necessidades e limitações. Com a emissão da apólice, recomenda-se a leitura minuciosa de todas as cláusulas contratuais, com muito maior atenção às "exclusões", que indicam as situações que estarão fora da cobertura. Ainda assim, para reduzi-las, deve-se optar pela contratação do seguro com a **cobertura all risks**, incluindo eventos de guerra e greves.

A leitura também é essencial porque orienta sobre as providências que deverão ser tomadas diante de um sinistro, estipulando prazos, tanto para a comunicação do fato por parte do segurado, quanto para as análises e pagamento da indenização por parte da seguradora, quando for o caso.

Algumas empresas optam por contratar o seguro somente das cargas que julgam ter maior risco e daquelas com maior valor, porém, esta prática leva à aplicação de uma elevada taxa para o cálculo do prêmio de suas cargas. Se a empresa estabelece que contratará seguro para todas as suas cargas, a seguradora será capaz de conhecer plenamente o perfil daquele segurado, as boas práticas adotadas pelo segurado para reduzir os riscos, o índice de sinistralidade, a média dos riscos envolvidos, a parceria existente e, assim, atribuir uma taxa condizente com a realidade da empresa.

Outro aspecto que precisa ser considerado é a possibilidade de falha no caso de o funcionário esquecer-se de averbar, ou seja, esquecer-se de notificar a seguradora sobre o risco que se pretende cobrir. Dado o corre--corre do dia a dia, não é difícil acontecer isso em um setor de importação ou exportação. Por esse motivo, os segurados têm abandonado a prática da contratação de seguro por meio de apólice simples ou avulsa, na qual cada cobertura deve ser averbada, passando a administrar o seguro por meio de uma apólice aberta, da seguinte forma:

a) Realizam-se todos os embarques durante o mês.

b) No primeiro dia útil de cada mês, apresenta-se um relatório indicando todos os embarques ocorridos no mês anterior, incluindo

NEGÓCIOS INTERNACIONAIS E SUAS APLICAÇÕES NO BRASIL

todas as informações pertinentes ao embarque e informando se o risco já foi encerrado ou se o processo permanece em andamento.

c) A seguradora emite uma única cobrança.

Nesse sistema, o segurado estará protegido mesmo se algum embarque ocorrer inesperadamente, haverá redução de custos com pagamento de uma única taxa de emissão de apólice por mês (em vez de uma apólice por embarque) e menores custos administrativos com o pagamento de uma única fatura mensal.

Estamos enfatizando o seguro de carga que é contratado pelo importador ou exportador. No entanto, ainda há o seguro do transportador, em que o responsável pelo transporte poderá segurar seu veículo, seus equipamentos e também a carga. Neste caso, é mais habitual a utilização do **certificado de seguro**, ou seja, a apólice avulsa.

O pagamento do seguro poderá ocorrer em moeda nacional ou em moeda estrangeira, dependendo da forma como foi estabelecida a cobertura. Em situações de grandes oscilações cambiais pode ser mais conveniente a cobertura em moeda estrangeira. Em situações mais estáveis, a cobertura e a cobrança em moeda nacional eliminam as despesas de fechamento de câmbio para o pagamento mensal.

QUESTÕES PARA DEBATER

1. Após a leitura deste capítulo, como pode ser definido o melhor meio de transporte?

2. Explique a diferença entre transporte multimodal e intermodal.

3. Qual é o nome dado ao valor que o contratante paga à seguradora pela cobertura da sua carga de importação, por exemplo?

4. Aproveitando o exemplo apresentado, calcule o frete aéreo de uma carga com 170kg e as seguintes dimensões: 151cm × 82cm × 25cm. A cobrança será baseada no peso ou na cubagem?

5. Desenvolva um quadro apresentando as vantagens e desvantagens de cada modalidade estudada.

Capítulo 6
Marketing Internacional

INTRODUÇÃO AO MARKETING

A vasta bibliografia de marketing nos oferece diversas definições sobre o tema, dentre as quais ressaltamos as palavras de Kotler e Armstrong (2007), dizendo que o marketing é um processo social por meio do qual pessoas e grupos de pessoas obtêm aquilo que necessitam e o que desejam com a criação, oferta e livre negociação de produtos e serviços de valor com os outros, com dois principais objetivos: atrair novos clientes, prometendo--lhes valor superior, e manter e cultivar os clientes atuais, propiciando-lhes satisfação.

O marketing trata do processo de planejar e executar a criação de bens ou serviços, desde a pesquisa de marketing para definição das características do produto, determinação de seu preço, sua divulgação, promoção e distribuição. Sendo que qualquer bem ou serviço deverá criar trocas que satisfaçam metas individuais e organizacionais.

Trocas são transações voluntárias entre uma organização e um cliente, destinadas a beneficiar ambos. **Metas individuais** são aquelas que o consumidor espera alcançar utilizando determinado produto ou serviço, e as **metas organizacionais** são as esperadas pela empresa, como fidelidade do consumidor e lucro.

Assim, considerando que o marketing é o processo pelo qual as pessoas obtêm aquilo que necessitam ou desejam, nossa primeira tarefa é conhecer os **desejos** e **necessidades** dos consumidores. Tomando como exemplo a indústria alimentícia, em um primeiro momento pode-se concluir que todo alimento é uma necessidade, mas pizza de quatro queijos com borda recheada é desejo. Da mesma forma, nem toda bebida é necessidade, já que a sede pode ser saciada com água, qualquer sabor de suco ou refrigerante. Para o vendedor que é obrigado a visitar vários clientes vestindo terno mesmo nos dias quentes, ou para quem reside em uma cidade com temperaturas médias muito elevadas durante vários dias do ano, veículos com ar-condicionado não são um desejo, mas uma necessidade. Portanto, não é tão simples distinguir desejo e necessidade.

Também podemos concluir que os consumidores não compram produtos ou serviços. Compram soluções para problemas. Neste sentido, a empresa deverá ser capaz de entender seus problemas para criar produtos e serviços como soluções.

Ao adquirir internet banda larga em sua residência, você está buscando resolver um problema de lentidão em sua rede discada de internet. Ao contratar TV a cabo, está buscando novas alternativas de entretenimento. Ao adquirir uma esteira, está em busca de um corpo mais saudável, e assim por diante. Portanto, empresas utilizam o marketing para criar valor aos clientes, e valor, neste caso, não tem nenhuma relação com dinheiro. Aliás, em marketing, valor nunca tem relação com dinheiro. **Valor** é o grau de importância que o produto ou serviço representa para o consumidor. Imagine que você está precisando economizar para comprar um carro novo. Quais são os produtos que deixará de consumir (ou consumirá em menor quantidade) e de quais não abrirá mão? Eis o conceito de valor. Não se abre mão daquilo que tem muito valor pra você. Logo, o profissional de marketing deve buscar criar valor para que seu cliente sinta que o produto é essencial para a sua vida, mesmo sendo um produto supérfluo.

COMPOSTO DE MARKETING

Em meio a esses conceitos, o estudo do marketing teve início com foco no produto e na tarefa de convencer o cliente potencial a trocar seu dinheiro pelo produto da empresa. Por volta de 1960, o foco passou a ser o cliente e, em seguida, passou a propor o estudo do composto de marketing ou 4P's: produto, preço, ponto de venda (incluindo distribuição) e promoção (incluindo comunicação). Para entendê-los, vamos recorrer a Philip Kotler e Kevin Lane Keller (2006).

Produto

Como vimos, o produto é desenvolvido para satisfazer ao desejo ou à necessidade à medida que resolve um problema para o consumidor. Na tentativa de investigar o comportamento do consumidor, o sociólogo Everett Rogers descobriu um padrão de semelhança no processo pelo qual o indivíduo adota uma nova ideia. Um de seus estudos apontou para o chamado "Processo de Adoção", em que foram constatados cinco estágios mentais pelos quais o indivíduo passa, desde o momento em que fica sabendo da existência do produto ou serviço até a adoção, ou seja, até sua compra, conforme segue:

1. **Conscientização**: Nesta primeira fase é fundamental o papel da comunicação, que fará que o indivíduo tenha conhecimento da existência do produto. Parte-se do princípio de que somente haverá interesse em comprá-lo depois de saber de sua existência. Em situações em que já há conhecimento do produto, o processo de adoção é impulsionado pelo reconhecimento da necessidade do produto, conforme apontado por Kotler e Armstrong (2007).
2. **Interesse**: Agora que o indivíduo já ouviu falar do produto, ele buscará mais informações, então é o momento da pesquisa em que o marketing boca a boca pode ser fundamental. Dependendo do produto e do perfil do indivíduo, a pesquisa poderá ser realizada pela internet, visitando o site da empresa e buscando opinião dos internautas que já experimentaram o produto.
3. **Avaliação**: Esta terceira fase será o momento de avaliar as características do produto e sua real necessidade, priorizando a relação custo-benefício do investimento.
4. **Experimentação**: Chegou a hora do contato direto com o produto, em que se realiza o *test drive*, a visita a um apartamento decorado, o recebimento de determinado jornal por 15 dias sem custo ou a degustação de um novo biscoito no ponto de venda. Para serviços educacionais ou aulas de dança, por exemplo, utiliza-se a aula-teste como forma de contato.
5. **Adoção**: Se as etapas anteriores demonstraram resultados satisfatórios, o consumidor optará pela adoção, ou seja, pela aquisição do produto ou serviço.

Essas etapas sempre são percorridas, em maior em menor velocidade, de acordo com diversos fatores, como a urgência que pode haver na aquisição do bem, as características do produto e seu preço. Por exemplo, o consumidor tende a gastar mais tempo em cada etapa no momento de comprar um veículo, um apartamento ou um refrigerador do que ao comprar um tênis.

A escolha das estratégias de marketing é fortemente influenciada pelas características do produto, que pode ser mais uma opção que chegou para disputar a concorrência ou uma inovação. Ainda de acordo com Everett Rogers, em se tratando de inovações, ele identificou cinco fatores que traduzem as características das inovações e que afetam o ritmo de adoção das inovações, sendo eles:

1. **Vantagem relativa**: Qual é o diferencial de seu produto em relação à concorrência, ou seja, o que há de novo para o consumidor? Esta pergunta pode ser fundamental para justificar o preço mais elevado de seu produto, já que muitos consumidores estão dispostos a pagar um preço mais elevado quando percebem a vantagem relativa do produto.

2. **Compatibilidade**: A inovação terá maiores chances de aceitação se for compatível com outros produtos que o consumidor já possui. Por exemplo, um novo *software* deve ser capaz de ler e armazenar arquivos produzidos em versões mais antigas.

3. **Complexidade**: A inovação pode vir acompanhada de novas funções, que tornam o produto mais complexo, porém devem ser simples e de fácil entendimento para facilitar a aceitação por consumidores de diferentes níveis sociais e faixas etárias. Por exemplo, um equipamento de micro-ondas pode ter inúmeras funções, porém, deve apresentar certa simplicidade operacional para ser manuseado por senhoras idosas, domésticas e homens pouco habilidosos na cozinha.

4. **Divisibilidade**: Diante das diferenças sociais que impõem restrições financeiras e apresentam diversas estruturas familiares, faz-se necessário disponibilizar o produto em pequenas embalagens e em tamanho família. Como exemplo, o pão de fôrma foi lançado em embalagem menor para atender aqueles consumidores que deixavam de comprar o produto porque não conseguiam consumi-lo dentro do prazo de validade.

5. **Comunicabilidade**: Novamente tem destaque a importância da comunicação no processo de adoção, seja para conscientizar o consumidor potencial sobre a existência do produto, seja para transmitir as vantagens da inovação.

Em se tratando de "produto", diversas outras análises podem ser realizadas, mas, no caso do desenvolvimento de produto para o mercado externo, salientamos a importância do respeito aos valores do consumidor que se pretende atingir. Grandes indústrias já cometeram esse erro e amargaram prejuízos, como o caso das bonecas loiras e altas que não foram aceitas por crianças japonesas, simplesmente porque elas não se reconheciam naquele biotipo.

Preço

Preço é a quantia em dinheiro, quantidade de bens ou serviços que deve ser dada para se adquirir propriedade ou direito de uso, desempenhando dois papéis principais no composto de marketing:

No que se refere ao consumidor: o preço ajuda a decidir **se a compra será feita** e **qual quantidade será comprada**.

No que se refere ao fabricante: o preço indica se **a venda será suficientemente lucrativa**.

É verdade que a análise do poder aquisitivo do consumidor-alvo traduz as chances de venda do produto, porém, o fato do consumidor ter dinheiro não significa que esteja disposto a gastá-lo com o seu produto. A compra será efetivada se o consumidor considerar que o montante de dinheiro necessário para comprar o produto será justificado pelo volume de benefícios proporcionados por ele. Assim, o valor deve justificar o preço.

Em função de o preço ser um indicador de qualidade, os consumidores tendem a "esperar mais" de um produto com alto preço. Quando "pagamos barato" em um calçado, há certo conformismo caso ele apresente pequena durabilidade e baixo conforto. Porém, quando compramos um calçado com preço elevado, as expectativas são maiores. Isso também pode ocorrer durante uma viagem na qual o consumidor é muito mais exigente ao hospedar-se em um *resort* do que ao fazê-lo em uma pousada.

É mais difícil satisfazer o cliente que está com alta expectativa quanto ao "produto esperado".

De maneira geral, a política de preços é influenciada pelo custo de produção, pela presença da concorrência e por fatores econômicos e sociais. Em se tratando de mercado externo, somam-se ainda as variações cambiais, os custos logísticos e as barreiras tributárias.

Em relação à formação de preço para entrada em um mercado, a empresa pode optar por estabelecer um preço abaixo do custo para conseguir espaço entre os concorrentes. Embora tenha fôlego financeiro para sustentar essa situação por alguns meses, a Organização Mundial do Comércio (OMC) condena essa prática, denominada *dumping*, sob a alegação de que prejudica a competitividade e torna o comércio exterior um ambiente restrito para grandes empresas.

A OMC também condena a prática de **subsídio**, que ocorre quando o governo oferece recursos financeiros ou benefícios tributários para garantir maior competitividade à indústria ou produção local.

Além de considerar todas as questões levantadas até aqui, é importante observar a diferença existente entre o modelo desenvolvido pelos norte-americanos e, posteriormente, aperfeiçoado pelos japoneses, para os procedimentos de pesquisa e desenvolvimento de um novo produto. De acordo com o modelo norte-americano, o projeto de um novo produto teria início com a pesquisa de mercado, em que se buscaria conhecer, essencialmente, os desejos e necessidades dos consumidores. Em seguida, já dentro da empresa, a equipe de engenharia trabalharia em conjunto com os profissionais de compras na escolha das matérias-primas e no desenvolvimento de fornecedores. Conhecendo os custos seria possível estabelecer o preço de venda, colocar em produção e vender. Porém, esse modelo não considerava a disponibilidade de recursos financeiros do consumidor, tampouco sua disposição em gastar certo montante de seu dinheiro com aquele produto.

MODELO AMERICANO

Pesquisa de mercado → Características do produto → Escolha matérias-primas/fornecedores → Custo-total → Preço de venda → Produção → Venda

Fonte: Adaptado de Keegan (2006).

Para resolver essa questão, o modelo japonês apresentou um formato que teria início com a pesquisa de mercado, em que se buscaria conhecer os desejos e necessidades dos consumidores, mas também identificar o nível de preço que deveria ser aplicado no produto. Dessa forma, o passo seguinte, que seria o desenvolvimento de matérias-primas e de fornecedores, seria orientado pelo custo-alvo. Somente se esse custo-alvo fosse alcançado, o projeto seria implementado, pois teria maiores garantias de aceitação do produto, tanto por suas características técnicas como por seu preço de venda adequado ao mercado-alvo.

MODELO JAPONÊS

Pesquisa de mercado → Características do produto → Custo-alvo → Escolha matérias-primas/fornecedores → Preço-alvo → Produção → Venda

Fonte: Adaptado de Keegan (2006).

Ponto de Venda

A escolha do mercado-alvo é uma tarefa complexa que envolve a análise ambiental, que será tratada a seguir, e também os cuidados discutidos no módulo de "exportação", abordado no capítulo 4, "Sistemática de Exportação e Importação".

Uma vez definido o mercado-alvo, outra etapa será o desenvolvimento e o gerenciamento dos canais de distribuição, que serão a ponte entre o fabricante e o consumidor final. O canal de distribuição irá manusear e expor o produto que, muitas vezes, requer cuidados especiais por ser frágil, perecível, pesado ou volumoso, exigindo equipamentos especiais de movimentação. Também pode fazer parte de seu trabalho apresentar o produto, tirar dúvidas e, muitas vezes, ajudar no processo de convencimento do consumidor, inclusive, apresentando a marca e o país de origem do produto.

A estrutura do canal de distribuição pode seguir um modelo mais fragmentado em que existem diversos intermediários (Figura 6.1).

A desvantagem desse modelo é que o produto chega ao consumidor final com custo mais elevado do que se não houvesse tantos intermediários. Portanto, quando a estratégia indica economia no preço de venda a ser praticada, deve-se reduzir o número de intermediários.

No comércio internacional, é muito comum a presença de empresas especializadas na busca de produtos em diversas partes do mundo para

FIGURA 6.1 – Modelo de Canal de Distribuição

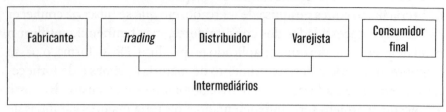

atender ao seu mercado. As chamadas *tradings*, ou distribuidoras, conseguem realizar esse trabalho com base no amplo conhecimento que possuem sobre o mercado, perfil do consumidor, características econômicas, políticas e fiscais.

Até por questões logísticas, a distribuição dessa forma pode ser extremamente vantajosa porque, à medida que o exportador realiza um único embarque de um grande volume, o distribuidor administra seu estoque.

Promoção
As vendas são impulsionadas utilizando as ferramentas da comunicação que deverão despertar o consumidor para a existência e/ou as vantagens do produto ou serviço. Assim, esse tópico não trata somente da promoção, mas também de diversas outras ferramentas utilizadas no processo de comunicação com esforço voltado para a efetivação da venda, como propaganda, publicidade, relações públicas e vendas pessoais.

A **propaganda**, que pode ser definida como qualquer anúncio ou comunicação persuasiva veiculada nos meios de comunicação de massa durante determinado período e em espaço pago específico.

A **promoção de vendas** também estabelece uma comunicação com o consumidor, porém, é uma estratégia fortemente utilizada para estimular as vendas oferecendo redução de preço ou entrega de mais produtos, a fim de incentivar novos usos, como as campanhas "leve 3 e pague 2".

A área de **relações públicas** tem a função de desenvolver boas relações com os diversos públicos da empresa, sendo acionada em casos em que há necessidade de eliminar algum boato, responder à sociedade sobre algum erro ou, simplesmente, zelar pela boa imagem corporativa.

A **venda pessoal** tem se mostrado capaz de resistir às modernidades tecnológicas com as vendas pela internet e ao apelo dos mais glamorosos *shoppings centers*. Com grande destaque, a venda porta a porta tem sucesso porque conta com a amizade e com a relação de confiança entre as partes. Uma grande vantagem para a empresa é a possibilidade de um *feedback* imediato.

Se, por um lado, o mundo globalizado abre uma infinidade de possibilidades, por outro, a exposição e o excesso de possibilidades cria um cenário plural, em que estamos rodeados de produtos desenvolvidos e fabricados em diferentes partes do mundo. Nesse contexto, a tão sonhada diferenciação pode estar relacionada com o principal ativo intangível de uma empresa: sua marca.

Em 2009, o presidente da japonesa Toyota, Akio Toyota, deu uma longa demonstração pública de remorso por um defeito técnico que levou ao *recall* de dez milhões de carros. O pedido de desculpas aconteceu depois de um acidente com um automóvel da marca que matou uma família norte-americana. "Os consumidores compraram nossos carros porque achavam que eram os mais seguros do mundo. Não era o caso. Mal posso começar a expressar o meu remorso", disse Toyota.

Com esse episódio é possível perceber como a imagem construída ao longo de décadas pode ser abalada por um erro e como a comunicação tem papel fundamental nesse processo em que os consumidores esperam por uma explicação, um pedido de desculpas e providências. Mas como assegurar que essas ações serão suficientes para garantir o posicionamento favorável do produto? **Posicionamento** pode ser entendido como a posição que a empresa ocupa na mente do consumidor (CHURCHILL, 2008). Por exemplo, em se tratando da indústria automotiva, a Volkswagen busca o posicionamento de fabricante de veículos resistentes, enquanto a Volvo quer ser reconhecida pela segurança em seus modelos. Profissionais de marketing também realizam pesquisas nas quais se pergunta ao consumidor qual é a marca que ele lembra ao ouvir "sabão em pó", "refrigerante", "creme dental", e assim por diante. Figurar entre as marcas mais lembradas demonstra o sucesso das ações de comunicação da empresa.

FEIRAS INTERNACIONAIS

Como a comunicação foi amplamente difundida com o advento da internet, agora temos facilidade para buscar informações sobre qualquer país, o que abre novas possibilidades para muitos empresários que passaram a se interessar por cruzar fronteiras e atender a outros mercados. Um excelente caminho para conseguir divulgar seus produtos e suas marcas é participando de feiras internacionais.

Para aquelas empresas que estão iniciando suas operações de exportação, as feiras possibilitam o primeiro contato com o mercado-alvo e, para aquelas que já possuem experiência, a feira representa um momento de avaliação e de início de novas estratégias (MINERVINI, 2008). Isso porque a feira também deve ser aproveitada como um instrumento de pesquisa de mercado, por proporcionar o contato direto com o cliente, a concorrência e as tendências do mercado.

Ao escolher entre as diversas feiras nacionais e internacionais, é necessário pesquisar se o perfil da exposição se encaixa com os objetivos do negócio da empresa. Algumas feiras são abertas ao público em geral e acabam reunindo muitos visitantes curiosos, que estão somente passeando, sem interesse em negócios significativos, enquanto outras são destinadas a visitantes profissionais, sendo organizadas por setores da indústria e do comércio, onde, normalmente, se registra grande volume de bons contatos e negócios.

No entanto, para retornar para casa com a certeza de que fez um bom investimento, a viagem deverá ser bem planejada, não podendo ser confundida com um passeio turístico ou uma viagem de férias. Uma longa e detalhada análise ambiental deverá ser realizada para certificar-se da potencialidade do mercado-alvo e das condições que o aguardarão lá. É importante buscar informações sobre o sistema de transporte, o clima e as condições de comunicação, como também saber curiosidades da região, datas importantes e possíveis manifestações públicas e greves.

Durante a feira, a prioridade deverá ser receber os visitantes com cordialidade, apresentando amostras dos produtos e oferecendo bons materiais de divulgação como folhetos, catálogos e CD-ROM, incluindo todos os dados para contato com a sua empresa em português e também no idioma do país anfitrião.

O envio das amostras e dos materiais que serão distribuídos deve ser planejado com antecedência, considerando possíveis atrasos em decorrência de embargos fiscais em função da natureza da operação, do produto em questão ou até por alterações climáticas ou gargalo logístico.

Quem já teve a oportunidade de trabalhar em alguma feira sabe da grande quantidade de contatos que são realizados a cada dia, mas, na correria do trabalho intenso, deve-se ter atenção para a troca de cartões de visita ou o preenchimento de algum formulário com os dados do visitante para posterior contato. Assim, mesmo que naquele ambiente

MARKETING INTERNACIONAL

não seja possível estabelecer um diálogo mais aprofundado, isso poderá ser feito depois.

Quando nos referimos a feiras, pensamos em expor nossos produtos em outros países, mas a cidade de São Paulo, por exemplo, também pode representar uma grande oportunidade de contato com potenciais consumidores ou parceiros estrangeiros. A cidade, que já é conhecida pelo turismo de negócio, realiza mais de 90 mil eventos anualmente, promove cerca de 75% das grandes feiras organizadas no país e recebe por ano mais de quatro milhões de pessoas com objetivo de participar de feiras ou tratar de negócios (SPTuris, 2010).

Se o objetivo é conseguir informações sobre feiras no Brasil e no exterior, empresas que operam no comércio internacional, demanda de produtos e pesquisas de mercado, o BrazilTradeNet é o portal de promoção comercial do Ministério das Relações Exteriores que oferece uma ampla e completa rede de informações comerciais, criada para estimular as exportações brasileiras e atrair investimento direto estrangeiro para o país.

A Agência Brasileira de Promoção de Exportações e Investimentos (ApexBrasil) foi criada em 1997, no âmbito do Serviço Brasileiro de Apoio às Micro e Pequenas Empresas (Sebrae), com a finalidade de apoiar as atividades de divulgação dos exportadores do Brasil, contribuindo para a internacionalização das empresas brasileiras, fortalecimento da imagem do país e potencializando a atração de investimentos. A ApexBrasil também oferece apoio financeiro às micro e pequenas empresas, sem deixar de apoiar atividades que envolvem empresas de médio e grande portes, desde que resultem na ampliação de oportunidades comerciais e na melhoria da competitividade das micro e pequenas empresas, integrantes das cadeias produtivas beneficiadas. Ou seja, quando uma empresa de grande porte tem algum projeto que trará benefícios às micro ou pequenas empresas, também poderá contar com a ApexBrasil.

Nessas ocasiões, a ApexBrasil coordena a participação brasileira, visando o atendimento aos clientes externos; realiza atividades diferenciais como degustações, exposições, lançamentos de produtos, coletivas de imprensa, programas de relações públicas e de comunicação visual. Lado a lado com grandes marcas internacionais, os produtos brasileiros demonstram sua qualidade, preço competitivo, design moderno e criativo.

ANÁLISE AMBIENTAL

Uma análise ambiental detalhada é essencial para trazer conhecimento sobre o mercado-alvo e orientar as tomadas de decisões. Durante a análise é possível identificar diversos aspectos que devem ser agrupados em variáveis controláveis e incontroláveis.

Compõem as **variáveis controláveis** os acontecimentos que dependem da empresa, ou seja, que estão em sua alçada de decisão, sob o controle da empresa. Como exemplo, temos:

- Preço e qualidade dos produtos.
- Aplicação dos investimentos.
- Imagem da empresa no mercado.
- Seleção dos colaboradores.
- Grau de endividamento da empresa.
- Atendimento ao cliente.
- Processos na justiça, entre outros.

Como **variáveis incontroláveis** temos aquelas situações que não dependem da empresa, mas que influenciam diretamente seu ambiente. Exemplo: inflação, alta taxa de juros, leis, desempenho da concorrência, alteração no comportamento do consumidor etc.

Tomando como exemplo uma situação de queda nas vendas, deve-se questionar se o problema está sendo provocado por uma variável controlável ou incontrolável.

Em se tratando de variáveis incontroláveis, a justificativa pode ser uma crise econômica e, neste caso, também haverá crise em outros setores da economia. A justificativa pode ser a alteração nos hábitos do consumidor ou a chegada de produtos importados de países com menores custos, prejudicando pontualmente alguns setores produtivos. De uma forma ou de outra, deve-se pensar que tais dificuldades também estão sendo sofridas pela concorrência. Mas como o seu concorrente está reagindo? A capacidade de gestão das variáveis controláveis será essencial para responder às variáveis incontroláveis. Assim, mais importante do que buscar justificativas no macroambiente é criar soluções e respostas no microambiente.

Microambiente e Macroambiente de Marketing

Podemos dizer que as variáveis controláveis são as variáveis internas, que estão no microambiente da empresa, enquanto as variáveis incontroláveis são as variáveis externas, que estão no macroambiente da empresa.

O macroambiente é bastante estudado porque é composto por diversos personagens que podem influenciar fortemente as condições de mercado para a empresa – são os chamados *stakeholders*: concorrentes, fornecedores, intermediários, prestadores de serviços, organizações não governamentais, o setor público, a sociedade e os clientes. Além disso, a empresa opera em um amplo macroambiente com forças que oferecem oportunidades e impõem ameaças a ela (KOTLER; ARMSTRONG, 2007). Desse modo, aspectos relacionados à demografia, economia, recursos naturais e tecnológicos, bem como assuntos políticos e culturais, devem ser analisados e aproveitados estrategicamente.

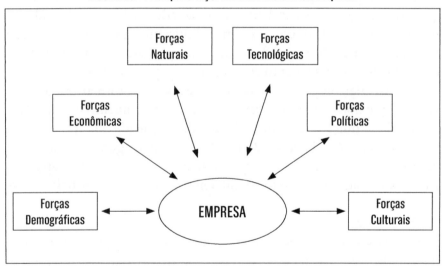

FIGURA 6.2 – Principais Forças do Macroambiente da Empresa

Fonte: Adaptada de Kotler e Armstrong (2007).

Na Figura 6.2, podemos observar a posição da empresa em meio a todas essas forças, sendo que as setas com sentido duplo indicam que as forças influenciam a empresa, mas que a resposta da empresa também influencia essas forças.

Ambiente Demográfico

Demografia é o estudo da população humana em matéria de tamanho, densidade, localização, idade, sexo, raça, ocupação e outros dados estatísticos. Assim, refere-se a questões com alta mutação e importantes implicações para os negócios.

A China tornou-se um grande mercado para produtos educacionais infantis depois que o governo estabeleceu apenas um filho por casal, o que provocou a "síndrome dos seis bolsos", em que temos seis adultos, considerando os pais, avós maternos e paternos, para satisfazer as necessidades e vontades da criança.

No Brasil, em 1996, 5,2 milhões de casais não tinham filhos e, em 2006, esse número era de 8,6 milhões de casais. Em 1980, o Brasil tinha 60 milhões de mulheres e, em 2005, havia 95 milhões. Entretanto, em 1999, 41,4% das mulheres representavam uma população economicamente ativa, e em 2006 esse número era de 43,8% da população feminina. O Censo 2010 demonstrou que a região litorânea e central do Nordeste tem registrado um crescimento mais estável, fruto de uma redução do ritmo de saída dos nordestinos para outros estados do país. Enquanto na área urbana há uma média de 3,3 moradores por domicílio, na área rural há 3,7 moradores por domicílio, maior crescimento demográfico e população mais jovem. Aliás, esse Censo alertou para o perigo do Brasil se transformar em um país velho já que houve uma redução no ritmo do crescimento populacional no Brasil em função da redução da taxa de natalidade que foi verificada em todas as regiões do país (IBGE, 2011). De modo geral, estudos dessa natureza apresentam ou confirmam mudanças na sociedade e apontam para tendências que terão forte influência no consumo daquela região.

Ambiente Econômico

Alguns países possuem economia de subsistência, em que há o consumo interno da maior parte de seus produtos agrícolas; outros possuem economia industrial, em que há maior poder de renda e, por consequência, mercado para diferentes tipos de bens. Assim, pode-se afirmar que o ambiente econômico consiste em fatores que afetam o poder de compra e o padrão de gastos das pessoas (KOTLER; ARMSTRONG, 2007).

A análise do ambiente econômico é de extrema relevância para qualquer empresa, uma vez que a mudança na renda, custo de vida, taxa de juros, poupança e empréstimos causam grande impacto no mercado.

Em se tratando do ambiente econômico, cada país determina a maneira como será controlada a oferta de produtos e serviços à população, tendo em vista, principalmente, motivações políticas. Hoje, podemos dizer que já não existem sistemas puros de distribuição pelo mercado ou pelo poder central, porém, alguns países ainda demonstram fortemente essas características, como veremos a seguir.

- **Distribuição pelo mercado**

Este sistema se apoia nos consumidores para distribuir recursos já que há uma democracia econômica e os cidadãos têm o direito de escolher as mercadorias de acordo com suas carteiras, ou seja, seu poder de consumo. Ao Estado cabe a tarefa de promover a concorrência e assegurar a defesa do consumidor.

- **Distribuição pelo poder central**

Neste sistema, o Estado tem amplos poderes para atender aos interesses do público, inclusive de decidir quais produtos fabricar e de que maneira. Os consumidores têm liberdade de gastar seu dinheiro com o que está disponível, mas as decisões sobre o que é produzido e, portanto, sobre o que vai ser colocado à disposição dos consumidores é tarefa do Estado. Atualmente, ainda é possível encontrar ações dessa natureza – por exemplo, o forte controle que o governo chinês exerce sobre o conteúdo da internet disponível aos cidadãos tem prejudicado as operações da empresa Google naquele país. Sob a alegação de que o site tenta se infiltrar na cultura local para impor valores norte-americanos, além de ter ligação com os serviços de inteligência dos Estados Unidos para fornecer informações sobre a China, o governo chinês impõe sérias restrições à pesquisa e conteúdo do site. Outra medida foi a contratação de dezenas de mães que foram treinadas e agora trabalham para o governo com a finalidade de pesquisar e denunciar sites pornográficos e impróprios para jovens e adolescentes.

- **Distribuição segundo critérios mistos**

Considerando que já não há nenhum país integralmente entregue às escolhas da população ou regido pelas decisões do governo, conclui-se que todos os países estão enquadrados no regime de distribuição segundo critérios mistos em que, dependendo do produto ou do serviço, pode-se verificar a imposição do governo, mas não se trata de uma totalidade.

Outra análise interessante no que diz respeito ao ambiente econômico é o estudo dos estágios de desenvolvimento de mercado, no qual indicadores como Produto Nacional Bruto (PNB) *per capita*, potencial produtivo, capacitação, necessidade de ajuda estrangeira e valor da mão de obra, dentre outros fatores, indicam o estágio de desenvolvimento daquele mercado, considerando cinco categorias: países de baixa renda, países de renda média-baixa, países de renda média-alta, países de alta renda e países inviáveis (KEEGAN, 2006):

Os **países de baixa renda** apresentam industrialização limitada, alta porcentagem da população voltada para a agricultura de subsistência, altas taxas de natalidade, baixas taxas de alfabetização, forte dependência em relação à ajuda estrangeira e instabilidade política.

Os **países de renda média-baixa** encontram-se em estágios iniciais de industrialização, possuem mão de obra barata e suas fábricas suprem o mercado doméstico em crescimento com vestuário, pneus, material de construção e alimentos industrializados.

Os **países de renda média-alta**, também conhecidos como países emergentes, registram a migração da população rural para áreas urbanas, crescimento nos salários, altas taxas de alfabetização e força nas exportações.

Os **países de alta renda**, também conhecidos como países desenvolvidos ou de primeiro mundo, são sociedades com alta renda, conhecimento em tecnologia e elevado consumo de novos produtos e inovações.

Finalmente, os **países inviáveis** possuem problemas econômicos, sociais e políticos muito graves, lutas políticas, guerra civil e situação calamitosa que os colocam em constante necessidade de ajuda internacional.

Do ponto de vista do marketing, o estudo dos fatores tratados nesse ambiente serve de indicador do perfil da população e, consequentemente, de seu poder de consumo.

Ambiente Natural
Nas últimas décadas, pautas relacionadas ao meio ambiente têm tido grande destaque no ambiente empresarial, fazendo com que governo, empresários e sociedade sintam-se forçados a refletir sobre o mundo que deixaremos para as próximas gerações.

Nesse contexto, o **Marketing Verde** desenvolve atividades destinadas a minimizar os efeitos negativos sobre o ambiente físico ou melhorar sua qualidade, levando empresas a repensarem seus valores e desenvolverem ações voltadas para as políticas sustentáveis.

Enquanto muitas ações são implementadas na tentativa de aumentar suas vendas, outras têm o objetivo de conter o consumo, aplicando, por exemplo, o **Demarketing**, que é uma ferramenta estratégica de marketing, muito aplicada nas seguintes situações:

a) Por força de lei: em diversos países e também no Brasil, existem leis que obrigam as empresas a informar sobre os riscos do consumo (ou do excesso de consumo) de seus produtos. Como exemplo, podemos citar os cigarros, as bebidas alcoólicas e os remédios que devem conter mensagens de advertência em suas embalagens e também em seus veículos de comunicação.

b) Para evitar a escassez no abastecimento: empresas responsáveis pelo fornecimento de água, esgoto e energia elétrica, praticam demarketing para conscientizar a população para o uso adequado a fim de preservar os recursos naturais, conter a necessidade de novos investimentos para aumento da capacidade de distribuição e também evitar a escassez.

c) Como estratégia para melhorar a imagem da empresa: o que leva um banco a criar uma campanha pelo uso consciente do crédito uma vez que seu rendimento provém da cobrança dos juros? Ou, ainda, por que uma emissora de televisão coloca a seguinte mensagem na tela: "desligue a televisão e vá ler um livro"? São ações que traduzem o sentimento da empresa e buscam melhorar sua imagem.

Independentemente da motivação, o ambiente natural só terá a ganhar se cada um fizer a sua parte. Esta é uma frase que ouvimos diversas vezes, mas não deve ser banalizada. Se o governo cumprir seu papel de zelar pelo meio ambiente e punir ações ilegais, se as empresas deixarem de visar apenas o lucro e passarem a buscar soluções para que a lucratividade esteja aliada às práticas ecologicamente corretas, e se a sociedade sair do conformismo de que "esse país não tem jeito mesmo" e passar para o discurso de que "cada um deve fazer a sua parte, deve fazer um pouquinho", teremos alguma chance de deixar um mundo melhor para as próximas gerações.

Ambiente Tecnológico

Esse ambiente abrange um número ilimitado de oportunidades voltadas para a inovação, de modo que todas as organizações poderiam, potencialmente, criar valor para seus clientes a partir do momento que alcançarem um desempenho melhor que os concorrentes, a chamada vantagem competitiva.

A vantagem competitiva alcançada por meio da inovação também pode surgir de pequenos *insights*, mas, de qualquer forma, sempre envolve investimentos em habilidades e conhecimento, bem como recursos físicos e reputações marcantes. Algumas inovações criam vantagem competitiva por perceberem uma oportunidade de mercado inteiramente nova ou atenderem a um segmento de mercado que os demais ignoram. De uma forma ou de outra, cada nova tecnologia é uma força de destruição criativa e a competitividade de uma nação depende da capacidade de seus setores industriais para inovar e modernizar (PORTER, 1999).

Na competitividade do mercado global, a inovação tem sido responsável pela redução de custos com a utilização de matérias-primas mais econômicas ou reutilização dos próprios insumos. A indústria automotiva brasileira tem dado exemplo na substituição de produtos derivados do petróleo por matérias-primas alternativas e renováveis, como a fibra de coco, de curauá, juta, sisal e algodão (SEBRAE, 2011).

Essa é uma boa notícia se pensarmos que, então, ser competitivo é uma variável controlável, ou seja, só depende de você. Empresas ganham vantagem contra os melhores concorrentes do mundo por causa de pressões e desafios, beneficiando-se por ter fortes rivais domésticos, fornecedores agressivos e clientes locais exigentes.

A análise desse ambiente demonstra que a inovação já proporcionou importantes descobertas, como os antibióticos e as cirurgias realizadas por robôs, mas também gerou mísseis e armas nucleares.

Em se tratando de competitividade, as cinco forças competitivas definidas por Michael Porter (1999) nos dá a dimensão da abrangência desse tema com base no estudo da ameaça de novos entrantes, a ameaça de produtos substitutos, o poder de barganha dos fornecedores, o poder de barganha dos compradores e a rivalidade entre os concorrentes, conforme segue:

a) **Ameaça de novos entrantes**
   Novos entrantes em uma indústria trazem aumento da oferta e empurram os preços para baixo, forçando a redução das margens

de lucro. O mau desempenho do setor favorece novos entrantes, porém, setores com alto custo de investimento sofrem menos com a ameaça de novos ingressantes. Por exemplo, o custo para iniciar as atividades de uma comissária de despachos é menor do que o custo para estabelecer um armazém alfandegado.

b) **Ameaça de produtos substitutos**

A disponibilidade de produtos substitutos impõe limites de preço e acirra a concorrência, uma vez que o consumidor pode optar entre produtos diferentes que atenderão à mesma necessidade. Como exemplo, temos os equipamentos de videoconferência que reduziram o volume de viagens dos executivos que, por sua vez, passaram a realizar diversas reuniões por meio dessa tecnologia.

c) **Poder de barganha dos fornecedores**

Quando um fornecedor controla uma grande fatia do mercado, ou poucos fornecedores possuem alto poder de abastecimento em uma indústria, eles podem elevar seus preços a níveis suficientemente altos para influenciar sua lucratividade.

d) **Poder de barganha dos compradores**

O objetivo final de compradores industriais é pagar o preço mais baixo possível para obter os produtos e serviços que usam em seu processo produtivo. Porém, no caso de grandes compradores, há elevado poder de negociação diante de um reajuste de preço do fornecedor. Em se tratando de um pequeno comprador, esse poder de negociações é bastante reduzido, restando aceitar o aumento no preço.

e) **Rivalidade entre concorrentes**

A rivalidade manifesta-se em competição por preço, campanhas de propaganda, posicionamento de produto e tentativas de diferenciação. Como já comentamos, é essencial conhecer os concorrentes buscando as seguintes respostas: Quem são os principais concorrentes? Quais são seus pontos fortes e fracos? Quais são suas estratégias de marketing? Com essas respostas, é mais provável que você atraia os clientes da concorrência.

Ambiente Político

O ambiente político afeta diretamente as empresas estabelecidas e os produtos comercializados no país, uma vez que abrange as regras e controles exercidos por órgãos governamentais, grupos de pressão, partidos políticos e organizações por meio das quais o povo de um país e seus dirigentes exercem o poder.

Leis bem concebidas podem regular os negócios e estabelecer critérios adequados para garantir a concorrência e os direitos dos consumidores. Também são capazes de garantir a competitividade entre os concorrentes, afetando diretamente o futuro da empresa, já que o desconhecimento ou descumprimento ocasionará estratégias errôneas e inúmeras perdas.

Em relação aos negócios internacionais, deve-se verificar que **marcas** e **patentes** protegidas em um país não são, necessariamente, protegidas em outro. Assim, os profissionais de marketing devem certificar-se de que elas são registradas em cada país onde fazem negócios.

O risco de mudança de política governamental, que pode afetar negativamente a capacidade da empresa de operar de maneira eficaz e lucrativa, é chamado de **risco político**, que é inversamente proporcional ao estágio de desenvolvimento econômico do país, ou seja, quanto menos desenvolvido é um país, maior é seu risco político. Por esse motivo, um ano de eleição presidencial ou uma situação de "guerra de poder" são momentos de maior risco político, em que investidores e consumidores preferem ser mais cautelosos.

A **soberania** pode ser definida como a autonomia, a independência e a liberdade de cada nação. Todo Estado soberano é obrigado a respeitar a soberania de qualquer outro Estado soberano que tem capacidade de conduzir seus assuntos nacionais sem interferência externa. A soberania abre autonomia, inclusive, para que um país decida sobre a **diluição do controle sobre participação no capital**, o que significa que o governo pode decidir manter algum setor sob controle nacional, restringindo sua abertura para o capital estrangeiro, ou seja, obrigando a presença de sócios-nacionais.

No entanto, a soberania não garante o direito de o governo apropriar-se de empresas ou investimentos estrangeiros, embora o presidente da Venezuela, Hugo Chávez, por vezes já tenha determinado esta prática, chamada de **expropriação**, que é a ação governamental para retirar as posses da empresa ou do investidor estrangeiro.

Ambiente Cultural

Uma cultura expressa a forma de viver de uma sociedade no contexto de instituições sociais, que incluem família e instituições educacionais, religiosas, governamentais e empresariais, envolvendo valores conscientes e inconscientes, ideias, atitudes e símbolos que formam o comportamento humano e são transmitidos de uma geração à próxima.

A cultura consiste em respostas assimiladas a situações recorrentes e Keegan (2006) ainda acrescenta que, quanto mais cedo forem apreendidas essas respostas, mais difícil será mudá-las. Gostos e preferências de alimentação e bebida, por exemplo, representam respostas aprendidas que são bastante variáveis de cultura para cultura e podem causar um impacto importante no comportamento do consumidor.

A preferência por cores também é influência da cultura, explicando as diferentes referências que cada cor tem para aquela cultura. Atitudes em relação a categorias de produtos também podem ser influência da cultura. Enquanto os norte-americanos têm predisposição para inovações capazes de poupar tempo, como faca elétrica e escova de dentes elétrica, os europeus não tem predisposição para tal consumo.

Certamente o comportamento do consumidor também é influenciado por fatores pessoais e psicológicos, mas os fatores culturais são aqueles que exercem a maior e mais profunda influência (KOTLER; KELLER, 2006). Atender às condições ou preferências locais é muitas vezes determinante para a aceitação do produto naquele mercado, e a adaptação do produto pode ocorrer no âmbito de toda uma região de países, de um único país ou mesmo no âmbito municipal.

Todas as culturas do mundo são caracterizadas tanto por diferenças quanto por similaridades e é função do marketing conhecer e compreender as diferenças e depois tentar incorporá-las ao processo de planejamento de seu produto ou serviço, aproveitando características culturais comuns para evitar adaptações desnecessárias e dispendiosas. Além disso, deve-se considerar que neste século, com a rápida expansão da internet como meio de comunicação, marketing, transações e entretenimento, a cultura tem apresentado rápida e constante mutação (KEEGAN, 2006).

Mesmo considerando que cada país carrega os próprios valores culturais que influenciam a demanda, alguns comportamentos estão presentes em todas as culturas e são chamados de **atitudes culturais universais**, podendo ser expressas no esporte, na culinária, em festas, nos hábitos durante as refeições, na medicina, no luto, na música, entre outros.

Dependendo da necessidade de adaptação do produto às necessidades culturais específicas dos diferentes mercados nacionais, determina-se sua **sensibilidade ambiental**. Assim, quando um produto depende de adaptações para ser aceito em um mercado, dizemos que possui alta sensibilidade ambiental, já que está se mostrando sensível às condições do ambiente. Podemos citar a moda praia como exemplo de produto sensível ao ambiente, já que o Brasil exporta biquínis, maiôs e sungas adaptados aos padrões de tamanho e cores valorizados nos países de destino.

Contudo, quando um produto não depende de adaptações para ser aceito em um mercado, dizemos que ele não é sensível às condições do ambiente, ou seja, não necessitará de adaptação para ser comercializado. Por exemplo, podemos citar alguns artigos esportivos, já que bolas de basquete, raquetes de tênis ou tacos de golfe são os mesmos em qualquer parte do mundo.

A empresa que tem produtos sem sensibilidade ambiental gastará relativamente menos tempo para determinar as condições específicas e peculiares dos mercados locais, porque o produto é basicamente universal.

Quanto maior a sensibilidade ambiental de um produto, maior sua necessidade de adaptação a novos ambientes. Quanto menor sua sensibilidade, menor sua necessidade de adaptação.

Por fim, para encerrar o estudo do ambiente cultural, verificamos que a **hierarquia das necessidades de Maslow** também pode ser objeto de estudo do marketing e nos ajudar a compreender como são motivadas as necessidades e os desejos das pessoas.

FIGURA 6.3 – Pirâmide das Necessidades de Maslow

Fonte: Kotker; Armstrong (2007).

De acordo com Maslow, à medida que o indivíduo preenche suas necessidades de um nível, passa para os níveis mais altos. Assim, depois de conseguir atender a suas necessidades diárias de alimentação e higiene pessoal, passa-se para o estágio chamado "segurança", o que representa ter uma casa e um meio de transporte capaz de oferecer segurança à família. Em seguida, busca-se inserção em grupos sociais e, para tanto, surgem expectativas por roupas da moda, tênis de marcas globais e equipamentos eletrônicos. Finalmente, as duas últimas faixas da pirâmide são preenchidas com produtos ou serviços que atendam à necessidade de cuidar-se e de demonstrar sua posição superior.

O aumento da descartabilidade, já tratado no segundo capítulo, está diretamente relacionado com o aumento da integração comercial e o crescimento do comércio internacional, comentado por Castells (1999), ao explicar:

> A integração comercial e o crescimento do comércio internacional têm usufruído dos conhecimentos dos processos econômicos para escala global que requerem transformações sociais, culturais e institucionais básicas. Assim, há agropecuária informacional, indústria informacional e atividades de serviços informacionais, que produzem e distribuem com base em informações e em conhecimentos incorporados no processo de trabalho pelo poder cada vez maior das tecnologias da informação, mas a mudança não está relacionada com as atividades em que a humanidade está envolvida, e sim na sua capacidade tecnológica de utilizar, como força produtiva direta, aquilo que caracteriza nossa espécie como uma singularidade biológica: nossa capacidade superior de processar símbolos.

ORIENTAÇÕES ADMINISTRATIVAS

Na tentativa de expandir os negócios, cada empresa desenvolverá sua estratégia para ganhar novos mercados com base nas premissas e crenças de seus administradores. Considerando que é possível encontrar empresas de sucesso em cada um dos modelos, pode-se concluir que não há um modelo ideal, mas o mais adequado para sua empresa.

Orientação Etnocêntrica

Esse tipo de empresa não adapta seus produtos ao mercado global porque acredita que, como seu país é superior, seus produtos e práticas bem-sucedidos também o serão em qualquer outro lugar do mundo.

Orientação Policêntrica

É o oposto de etnocentrismo. A empresa com orientação policêntrica dá total autonomia para os administradores de cada país onde está operando, considerando que cada um tem características próprias e necessita de práticas adaptadas a ele.

Orientação Regiocêntrica

Nesse tipo de orientação a empresa desenvolve estratégias unificadas para uma região específica, considerando que as semelhanças existentes serão capazes de justificar o consumo do mesmo produto.

Orientação geocêntrica

Empresas com essa orientação se esforçam para desenvolver estratégias integradas para o mercado mundial, porém visando atender às necessidades e desejos locais. Pode-se dizer que esta orientação está alinhada com o entendimento do Kotler e Armstrong (2007) sobre as ações necessárias para o sucesso de uma empresa global: "pensar globalmente e agir localmente".

A orientação administrativa é uma escolha estratégica que deve estar alinhada com a filosofia da empresa para que apresente bons frutos. Mas, embora a atividade exportadora seja impulsionada por diversas políticas de abertura de mercado, as forças restritivas agem criando barreiras.

PANORAMA ATUAL E TENDÊNCIAS DO MARKETING

Felizmente, a integração global tem sido apoiada por diversos fatores (tratados no capítulo "Sistemática de Comércio Exterior"), mas algumas forças restritivas ainda dificultam o sucesso dos negócios globais.

Keegan (2006) aponta a miopia administrativa como uma dessas forças, representando a empresa que não percebe que o mercado está mudando, que o consumidor terá novos hábitos e vai deixar de comprar seu produto, que está se tornando obsoleto. Ou, ainda, aquela empresa que não percebe que seu concorrente pode ser uma empresa de outro segmento. Por exemplo, empresas míopes não são capazes de perceber que os consumidores não deixaram de viajar em seus ônibus por conta de outra companhia de transporte rodoviário com tarifas mais baixas; eles deixaram de viajar de ônibus porque o transporte aéreo ficou mais acessível.

Embora muitas barreiras tarifárias já tenham sido removidas graças aos esforços da OMC, da ONU, de blocos econômicos e organismos internacionais empenhados na integração global, os controles e barreiras nacionais também são vistos como forças restritivas que criam monopólios para controlar o acesso a determinados mercados.

Como fator positivo, os últimos anos têm registrado a disseminação do uso da internet como instrumento de estudo, pesquisa, relacionamento, comércio, além de ter passado a ser uma ferramenta importante da Comunicação Integrada de Marketing (CIM), dando origem ao chamado Marketing Digital, conforme afirma Ogden (2004). A internet também auxilia a comunicação entre o governo e a população, permitindo a elaboração das Declarações de Imposto de Renda, por exemplo. Entretenimento, pagamento de contas bancárias e a busca por novas oportunidades de empregos também podem ser realizados com facilidade, além do ensino a distância, que tem possibilitado novas oportunidades para moradores de cidades distantes de grandes centros ou a realização de cursos em universidades de outros países. Finalmente, temos as lojas virtuais, que possuem sites cada vez mais sofisticados, no que se refere à segurança do usuário, e mais fáceis de usar.

Todo o conjunto de forças que apareceram na última década exige novas práticas de marketing e de negócios. Hoje, as empresas têm novas capacidades que podem transformar a maneira como sempre fizeram marketing e devem refletir profundamente sobre como operar e competir em um novo ambiente de marketing. Todas essas facilidades podem ser aplicadas ao mercado externo, com as devidas adaptações e os devidos cuidados legais que cada país exige.

QUESTÕES PARA DEBATER

1. Qual é a diferença entre o modelo de trabalho proposto pelos norte-americanos e pelos japoneses no que se refere à pesquisa para a criação de um produto?

2. Com suas palavras, defina marketing verde e cite duas empresas que estão utilizando essa ferramenta no Brasil.

3. Discuta com seus colegas a fim de encontrarem um exemplo para cada tipo de orientação: etnocêntrica, policêntrica, regiocêntrica e geocêntrica.

4. Na tentativa de analisar as cinco forças competitivas definidas por Porter no que se refere à área de comércio internacional, analise o grau de competitividade sofrido por tradings, comissárias de despachos e agentes de cargas. Qual deles deve ser mais afetado pela concorrência?

5. Desenvolva o processo de adoção para a compra de um apartamento, detalhando como seria seu comportamento em cada etapa.

Capítulo 7
Mercados e Sistemas Cambiais

OPERAÇÕES DE COMÉRCIO INTERNACIONAL E OPERAÇÕES DE CÂMBIO

Qual é a diferença entre uma operação de comércio exterior e uma operação de câmbio? E qual é a relação entre elas?

Estas perguntas, aparentemente simples, muitas vezes podem gerar dúvidas entre os profissionais de negócios internacionais, principalmente para aqueles que não têm uma visão geral das várias etapas que envolvem uma negociação internacional. Pode-se considerar que a diferença entre uma operação de comércio internacional e uma operação de câmbio é que:

- As operações de comércio internacional são aquelas que envolvem as exportações e importações de bens e serviços de um país, enquanto as operações de câmbio envolvem as compras, vendas ou trocas de valores ou papéis que representam moedas de outros países. As operações de câmbio são baseadas no movimento de moedas estrangeiras e capitais, seja ele decorrente de operações comerciais ou não.

A relação entre uma operação de comércio internacional e uma operação de câmbio é que:

- Todas as operações de comércio internacional com cobertura cambial geram uma operação de câmbio.

Exemplo: importação de rosas de madeira dos Estados Unidos, no valor de US$ 1,00 a unidade, para pagamento em até 60 dias da data do embarque. Neste caso, houve um contrato de compra e venda de mercadoria, que prevê um pagamento em moeda estrangeira pelo comprador ao seu fornecedor.

- Todas as operações de comércio internacional sem cobertura cambial podem ou não gerar uma operação de câmbio.

  Exemplo 1: envio de amostras de tecidos para testes no exterior ou para demonstração em feiras e exposições no exterior. Essas exportações não geraram uma operação cambial, pois em nenhuma dessas situações houve a venda de um bem ou prestação de serviços no exterior.

  Exemplo 2: Recebimento de uma máquina de forrar botões que foi enviada ao fabricante no exterior para conserto. Foi necessário fazer a troca de uma das peças. O fabricante cobrou pela peça trocada, mas não pela mão de obra empregada na troca. Neste caso, como o fabricante cobrou pela peça trocada, haverá uma operação cambial única e exclusivamente para o pagamento dela.

- Nem todas as operações de câmbio são geradas das operações de comércio internacional, ou seja, nem todas as operações de câmbio são decorrentes das operações referentes às exportações e importações. Isto quer dizer que há operações cambiais decorrentes de negócios que não envolvem o comércio de bens e serviços com outros países.

Assim, as operações de câmbio podem ser classificadas como sendo de **natureza comercial** – referentes às exportações e importações de bens e serviços – ou de **natureza financeira** – todas as outras operações que não envolvem as exportações e importações de bens e serviços.

MERCADOS DE CÂMBIO

As operações de câmbio, sejam elas de natureza comercial ou de natureza financeira, ocorrem de acordo com os critérios adotados para compra e venda de moeda estrangeira pelos países onde essas operações estão sendo efetuadas.

A escolha dos critérios para a compra e venda de moedas estrangeiras adotados pelos países estão de acordo com suas políticas internas e externas. As diversas formas de atuar neste segmento classificam-se como "tipos de mercados de câmbio".

Conceitua-se "mercado de câmbio" como sendo o local onde as operações de câmbio são realizadas pelos agentes autorizados pelos governos locais a comprar, vender ou trocar moedas estrangeiras.

Os tipos de mercados de câmbio encontrados na maioria dos países são o "livre", o "controlado" e o "monopolizado".

Mercado de Câmbio Livre

É o mercado em que a compra, venda e troca de moedas estrangeiras são feitas livremente entre as partes. Não significa que os países que adotam esse tipo de mercado não tenham controle ou conhecimento das operações que ocorrem no mercado, mas que não há uma rigidez em relação a, por exemplo, fornecer informações sobre quem são aqueles que estão fazendo as operações de câmbio e quais são as origens e destinos dos valores ali negociados.

Alguns países que adotam esse tipo de mercado são chamados de **paraísos fiscais**, pois, além de permitirem a livre negociação de moedas estrangeiras em seus mercados, aplicam alíquotas reduzidas ou até nulas de impostos sobre os rendimentos de não residentes ou equiparados a residentes, mantêm sigilo bancário e facilidades para a constituição, instalação e manutenção de instituições em seus territórios.

Segundo Pinto (2007), as características pelas quais se apresentam os paraísos fiscais são tão diversas que a Organização para a Cooperação e o Desenvolvimento Econômico (OCDE) apresentou um relatório, em 1998, adotando quatro fatores para defini-los:

1. Quando inexiste tributação ou há uma tributação insignificante sobre rendimentos;
2. Quando há falta efetiva de informações;
3. Quando há falta de transparência referente às disposições legais ou administrativas; ou
4. Quando as sociedades não são obrigadas a exercerem atividade econômica substancial.

No entanto, ultimamente a falta de transparência ou de informações já são fatores que definem um paraíso fiscal. Cada país tem uma lista própria de territórios e critérios para considerá-los paraísos fiscais.

No Brasil, a Instrução Normativa RFB n.º 1.037, de 4 de junho de 2010, que revogou a Instrução Normativa SRF n.º 188, de 6 de agosto de 2002, relaciona países ou dependências com tributação favorecida e regimes fiscais privilegiados, ou seja, relaciona os paraísos fiscais que receberão tratamentos específicos de acordo com critérios definidos pelas autoridades competentes.

As definições apresentadas na norma brasileira citada classificam os países em dois grupos:

- Países que não tributam a renda ou que a tributam à alíquota inferior a 20% – neste grupo são relacionados 58 países, entre eles Aruba, Bahrein, Chipre, Emirados Árabes Unidos, Mônaco, Panamá e Suíça.
- Países com regimes fiscais privilegiados – Luxemburgo, Uruguai, Dinamarca, Reino dos Países Baixos Países Baixos, Islândia, Hungria, Estados Unidos, Espanha e Malta.

As conveniências e os benefícios apresentados por esses mercados acabam atraindo e favorecendo interessados na obtenção de vantagens lícitas ou ilícitas que, dependendo de suas intenções, farão uma análise das ofertas de cada paraíso fiscal, uma vez que estes também podem oferecer serviços diferenciados.

As razões para a procura dos paraísos fiscais são inúmeras. Entre elas, pode-se citar o interesse em instalar unidades administrativas e operacionais, obter vantagens de ordem tributária, possibilidade de envio de capital e de lucros sem o devido recolhimento dos impostos incidentes em seus países de origem e, principalmente, o sigilo bancário.

Para Pinto (2007), os principais paraísos fiscais para pessoas jurídicas que pretendem instalar escritórios ou unidades operacionais são, entre outros, Bahrein, Chipre, Hong Kong, Libéria e Panamá, pois podem oferecer facilidades de transporte, menor custo de mão de obra, situação geográfica privilegiada, boa possibilidade de estocagem de produtos, sistema bancário desenvolvido, facilidades legais e jurídicas, acesso a determinadas matérias-primas, etc.

No caso das operações ilícitas, os paraísos fiscais contribuem para as movimentações financeiras relacionadas ao narcotráfico, tráfico de armas, lavagem de dinheiro e contrabando de mercadorias, por exemplo.

Mercado de Câmbio Controlado

É o mercado em que a compra, venda e troca de moedas estrangeiras são feitas entre as partes com base em normativos determinados pelas autoridades monetárias do país. Essas normas e regras podem ser alteradas a qualquer momento, de acordo com o andar da economia do país que as adota ou, ainda, de acordo com o sistema político do país.

Atualmente o mercado de câmbio no Brasil é considerado controlado, uma vez que o sistema cambial brasileiro tem normas e regras a serem cumpridas pelos agentes autorizados a comprar, vender ou trocar moeda estrangeira. As normas e regras para as operações de câmbio são ditadas pelo Banco Central do Brasil, por meio do Regulamento do Mercado de Câmbio e Capitais Internacionais (RMCCI). Este regulamento está em vigor desde março de 2005, quando substituiu a Consolidação das Normas Cambiais (CNC).

O RMCCI é composto por três partes:

- Mercado de Câmbio.
- Capitais Brasileiros no Exterior.
- Capitais Estrangeiros no País.

Cada parte é dividida em capítulos e seções que definem os critérios para a compra e venda de moeda estrangeira no território nacional em suas diversas formas e naturezas de pagamentos e recebimentos. Definem ainda os agentes autorizados pelo Banco Central que podem operar no mercado de câmbio. A seguir um exemplo de como são apresentadas as instruções no RMCCI.

REGULAMENTO DO MERCADO DE CÂMBIO E CAPITAIS INTERNACIONAIS

TÍTULO 1 – Mercado de Câmbio

CAPÍTULO 10 – Viagens Internacionais, Cartões de Uso Internacional e Transferências Postais

SEÇÃO 1 – Viagens Internacionais

1. Esta seção trata das compras e das vendas de moeda estrangeira, inclusive em espécie ou em cheques de viagens, destinadas a atender a gastos pessoais em viagens relacionadas a:
a) turismo, no país ou no exterior;
b) negócios, serviços ou treinamento;

c) missões oficiais de governo;

d) participação em competições esportivas, incluídos gastos com treinamento;

e) fins educacionais, científicos ou culturais.

Fonte: RMCCI/Banco Central do Brasil (jul/2013).

Como se trata de um segmento bastante dinâmico, há possibilidade de essas normas e regras serem alteradas a qualquer momento. Por este motivo, deve-se consultar sempre o regulamento atual, em vigor, disponível no site do Banco Central do Brasil.

Mercado de Câmbio Monopolizado

Considera-se mercado de câmbio monopolizado quando as operações de compra, de venda e de troca de moeda estrangeira estão sujeitas a restrições e normas impostas pelos governos, podendo até impedir o acesso de outros participantes. Os critérios adotados pelo detentor do monopólio das operações de câmbio são variados, dependendo da situação político-econômica dos países que os adotam.

Em geral, quando um país está passando por um período de escassez de divisas e precisa priorizar os pagamentos dos compromissos assumidos no exterior, ele adota a centralização da entrada e saída de divisas e, consequentemente, o controle do fluxo das moedas estrangeiras em seu mercado.

Mercado de Câmbio Paralelo

As operações de compra ou venda de moeda estrangeira e a entrada ou saída de moedas estrangeiras feitas fora das normas e regulamentos de um país são consideradas ilegais.

Mesmo estando sujeito a penalidades da lei, existe um mercado bastante intenso para essas operações denominado mercado de câmbio paralelo, mercado de câmbio negro ou, simplesmente, câmbio negro ou câmbio paralelo.

Mesmo em países onde há uma liberdade quase que total para a compra e venda de moedas estrangeiras, tal mercado existe para atender aqueles que buscam de certa maneira proteção diante da possibilidade de serem punidos por algum ato considerado ilegal ou mesmo para proteger seus

MERCADOS E SISTEMAS CAMBIAIS

patrimônios, acreditando que a moeda de seu país não lhes oferece segurança. Rudge (2003, p. 217) define mercado paralelo como sendo um:

> [...] segmento de mercado onde se realizam: operações financeiras executadas por agentes não pertencentes ao Sistema Financeiro Nacional; movimentações ilegais de fundos, realizadas por quem não quer, ou não pode utilizar-se do mercado financeiro e a compra e venda de moeda estrangeira fora dos mercados organizados.

As razões da existência de um mercado paralelo de câmbio são inúmeras e a cada dia surge um novo motivo para que pessoas físicas e jurídicas busquem essa opção, mesmo sabendo dos riscos que correm. A instabilidade política e econômica de um país, a existência de encargos diversos e limitações no mercado de câmbio legal, o pagamento de propinas e subornos e a remessa clandestina de lucros são algumas das razões para a utilização deste mercado.

As operações de câmbio feitas no mercado paralelo são consideradas crimes de lavagem de dinheiro e inafiançáveis. Segundo a Lei n.º 9.613, de 3 de março de 1998, alterada pela Lei n.º 10.701, de 9 de julho de 2003, considerese crime de lavagem de dinheiro:

> [...] aquele em que se oculta ou dissimula a natureza, origem, localização, disposição, movimentação ou propriedade de bens, direitos e valores provenientes, direta ou indiretamente, dos crimes antecedentes de:
>
> - tráfico ilícito de substâncias entorpecentes ou drogas afins;
>
> - terrorismo e seu financiamento;
>
> - contrabando ou tráfico de armas, munições ou material destinado à sua produção;
>
> - extorsão mediante sequestro;
>
> - contra a Administração Pública, inclusive a exigência, para si ou para outrem, direta ou indiretamente, de qualquer vantagem, como condição ou preço para a prática ou omissão de atos administrativos;
>
> - contra o sistema financeiro nacional;
>
> - praticado por organização criminosa.

MOEDAS E REGIMES DE TAXAS CAMBIAIS
Moedas Conversíveis e Inconversíveis

Um dos fatores determinantes de uma operação de câmbio é a moeda que está sendo negociada. Se buscarmos informações sobre as moedas existentes, chegaremos a uma quantidade muito próxima à quantidade de países no mundo. Mas será que quando estamos negociando com o mercado externo podemos aceitar qualquer moeda estrangeira para pagar ou receber por nossas negociações? Qual moeda você aceitaria como pagamento de uma exportação?

Muito provavelmente, para responder à primeira pergunta, alguns minutos de reflexão seriam necessários; no entanto, para responder à segunda pergunta, muitos responderiam rapidamente "dólar". Correto? Mas daí vem uma terceira pergunta: Qual dólar?

Ao verificarmos a lista de moedas estrangeiras, vamos encontrar diversos países que atualmente adotam ou já adotaram o termo "dólar" para designar sua moeda. Entre eles temos:

- dólar da Austrália
- dólar do Canadá
- dólar de Cingapura
- dólar dos Estados Unidos
- dólar da Nova Zelândia

Não é só o termo "dólar" que é usado para denominar a moeda de vários países. Os termos "peso" e "libra" também aparecem como nome das moedas de diversos países: peso da Argentina, peso do Uruguai, peso do Chile, peso do México, e libra do Reino Unido, libra do Líbano e libra da Síria.

Por este motivo é necessário que, ao negociar a compra ou venda de mercadorias e serviços no mercado externo, a referência da moeda nos contratos e documentos que compõem a negociação esteja definida de forma bem clara, para que não gere dúvidas quanto à moeda que se está negociando. Ou seja: quando nos referimos ao dólar, devemos deixar bem claro se é o dólar dos Estados Unidos ou o dólar do Canadá.

Outro ponto importante que se deve observar durante uma negociação internacional é em relação à facilidade de conversão das moedas estrangeiras em moeda nacional e vice-versa nos mercados nacionais. Ou seja, deve-se verificar se a moeda que está sendo negociada é facilmente aceita nos países dos negociadores.

Toda moeda pode ser considerada **conversível**, mas depende do mercado em que está sendo negociada. Uma moeda pode ser amplamente aceita em determinado mercado, sendo considerada conversível neste mercado, mas pode não ser aceita em outro mercado, sendo considerada **inconversível**.

Pode-se dizer que o grau de conversibilidade de uma moeda depende de quanto ela é aceita em determinado mercado e de sua liquidez.

Certamente há moedas que são aceitas em maior número de mercados que outras, tornando-as internacionalmente aceitas – é o caso do dólar dos Estados Unidos. Essas moedas são consideradas "moedas fortes", independentemente do valor da taxa de conversão que está sendo utilizado para se fazer as conversões, ou seja, o valor dessa moeda pode estar relativamente baixo em relação à moeda local, mas mesmo assim é aceita nos negócios fechados.

Formas de Entrega das Moedas Estrangeiras

Há diversas formas para se entregar uma moeda estrangeira nas negociações internacionais: em espécie, cheques de viagem, ordens de pagamento, crédito e débitos em contas correntes, cheques sacados no exterior, etc.

É normal que os pagamentos e recebimentos dos valores em moeda estrangeira sejam feitos eletronicamente, mas devem-se observar as normas e regras vigentes nos países onde essas operações estão sendo feitas. Quando a entrega da moeda estrangeira é feita em espécie ou cheques de viagem diz-se que é uma operação de câmbio do tipo manual, comumente chamado de **câmbio manual**. Quando a entrega da moeda é feita de outra forma, como por teletransmissão, diz-se que é uma operação do tipo sacado, comumente chamado de **câmbio sacado**.

Regimes de Taxas Cambiais

Regime Cambial é o "modelo" de taxa de câmbio que um país adota, de acordo com a política econômica que, por sua vez, é formada por diversas outras políticas internas, tais como a política monetária, a política de comércio exterior e a política cambial.

Antes de apresentarmos os tipos de regime de taxas cambiais, é preciso definir o que é taxa cambial ou taxa de câmbio.

A taxa cambial é a medida de conversão de uma moeda em relação à outra, ou seja, é o preço da moeda estrangeira em relação à moeda nacional. A determinação de uma taxa de câmbio pode ocorrer de duas maneiras:

1. pela decisão das autoridades econômicas de um país, com a fixação periódica dessas taxas; ou
2. pelo mercado onde ela está sendo negociada, variando conforme o aumento ou diminuição da oferta e procura por divisas estrangeiras.

Considera-se que houve uma **desvalorização** da moeda nacional quando se registra um aumento na taxa de câmbio de uma moeda estrangeira negociada no mercado. Por exemplo, o Banco Central do Brasil divulgou que as cotações de Fechamento Ptax (programa de taxas) do dólar dos Estados Unidos foram as seguintes:

Dia/Mês/Ano	Compra	Venda
14/06/2013	2,1361	2,1367
17/06/2013	2,1532	2,1538
18/06/2013	2,1700	2,1706
19/06/2013	2,1738	2,1744

Fonte: Banco Central do Brasil (2013).

No dia 14 de junho de 2013, a taxa média para compra de US$ 1,00 foi R$ 2,1361 e para venda foi R$ 2,1367.

No dia 17 de junho de 2013, a taxa média para comprar a mesma quantidade de dólar foi R$ 2,1532 e para vender, R$ 2,1538.

Portanto, a moeda nacional sofreu desvalorização em relação à moeda estrangeira entre os dias 14 e 17 de junho de 2013. Quando uma moeda estrangeira se valoriza em relação à moeda nacional, os exportadores são beneficiados, pois suas mercadorias ou serviços exportados ficam mais baratos no mercado externo e, com preços menores, há um aumento da procura pelos produtos e serviços.

Tal benefício não ocorre com as importações, pois com os preços dos produtos e serviços mais altos, a tendência é que as importações diminuam ou, ainda, quando as empresas dependem de matérias-primas importadas para manterem sua produção, há um aumento do custo para a produção que certamente será repassado no preço final da mercadoria, elevando, desta maneira, o índice de preços ao consumidor, ou seja, gerando inflação.

As pessoas físicas e empresas com dívidas em moeda estrangeira, com a alta da taxa desta moeda, também serão diretamente afetadas pela desvalorização da moeda nacional, uma vez que precisarão desembolsar mais moeda nacional para pagar seus compromissos.

Considera-se que houve uma **valorização** da moeda nacional quando ocorre uma diminuição na taxa de câmbio de uma moeda estrangeira em relação à moeda nacional, ou seja, necessita-se de menos reais para adquirir um dólar dos Estados Unidos.

Nesse caso, ocorreu o contrário do que foi comentado quando há uma desvalorização da moeda nacional, ou seja, com a valorização da moeda em relação a uma moeda estrangeira, os beneficiados serão os importadores porque desembolsarão menos moeda nacional para pagar suas compras no exterior, propiciando um aumento de produtos e serviços importados, devido ao custo menor. Isso também ocorrerá com as pessoas físicas e empresas que têm dívidas em moeda estrangeira. Há basicamente três tipos de regimes cambiais adotados por um país: de câmbio fixo, de bandas cambiais e de câmbio flutuante.

Regime de câmbio fixo: quando a autoridade monetária do país fixa/determina antecipadamente a taxa de câmbio com a qual o mercado vai operar. Uma vez definidas as taxas para a compra e venda de moeda estrangeira, os agentes autorizados a operar em câmbio devem acatar o que foi determinado. Para as empresas e pessoas físicas que necessitam comprar ou vender moeda estrangeira, por qualquer motivo, não há como buscar uma cotação melhor para suas operações de câmbio nos bancos, pois todos oferecerão a mesma taxa. Devem ser observadas as tarifas bancárias oferecidas pelas instituições, uma vez que cada uma delas tem a liberdade de estipular um valor para cada serviço prestado a seus clientes.

Este tipo de regime de taxas de câmbio geralmente é adotado por países que precisam controlar um processo inflacionário, ou quando têm uma dívida externa bastante significativa, pois, com a fixação da taxa de câmbio, não ocorre uma instabilidade cambial, permitindo um maior controle do fluxo de capitais no país.

Um ponto negativo para tal tipo de regime cambial é a possibilidade de geração de ações especulativas quando as taxas de câmbio das moedas estrangeiras fixadas pelas autoridades monetárias não forem adequadas.

Regimes de bandas cambiais: quando a autoridade monetária do país determina periodicamente as taxas para compra e venda de moeda estrangeira, mas estabelece um limite fixo mínimo e máximo, permitindo que os agentes autorizados a operar em câmbio negociem livremente dentro deste limite. A variação dos limites vai depender do interesse e da necessidade do país conforme a política econômica adotada pelos governantes, podendo ter um limite maior ou menor entre o piso e o teto. As alterações desses limites podem ocorrer quantas vezes forem necessárias, até diariamente. Quando isso ocorre denomina-se que o regime cambial adotado é o de minibandas cambiais.

Um país pode optar pelo regime de banda cambial assimétrica, ou seja, definir somente o limite máximo da taxa de câmbio e deixar sem definição o limite inferior, ficando atento para que o limite mínimo não caia a níveis muito baixos, pois, se isto ocorrer, certamente haverá uma interferência para que tais níveis voltem a ser aceitáveis.

As razões e riscos desse regime de taxa cambial são os mesmos do regime de câmbio fixo.

Regime de câmbio flutuante: quando a taxa de câmbio é determinada livremente pelo mercado, por meio da oferta e da demanda da moeda estrangeira. As oscilações das taxas para comprar e vender as moedas estão diretamente relacionadas aos acontecimentos nos mercados internos, às tensões internacionais e à situação econômica e política dos países. Como nesse tipo de regime cambial, teoricamente, não há intervenção da autoridade monetária, também é denominado por "câmbio livre".

No entanto, sabe-se que todo país que o adota, havendo necessidade, as autoridades monetárias fazem intervenções aumentando ou diminuindo a quantidade de moeda estrangeira disponíveis na economia, na tentativa, nem sempre bem-sucedida, de manter as taxas dentro de um nível aceitável. Nesses casos, diz-se que a flutuação é suja, ou *dirty floating*. A vantagem desse regime cambial é a não interferência da autoridade monetária do país, deixando que o mercado determine o preço da moeda estrangeira, que seria automaticamente equilibrada. Por sua vez, as taxas de câmbio tornam-se voláteis, imprevisíveis e sujeitas a especulações.

MERCADOS E SISTEMAS CAMBIAIS

Somente as economias estáveis podem permitir que as cotações das moedas estrangeiras sejam feitas de maneira livre. Um país politicamente instável, que apresente déficit comercial e público e com variações na política de juros, por exemplo, poderia levar à oscilação demasiada da taxa de câmbio, impactando no controle da inflação e nos planejamentos empresariais e pessoais.

MODALIDADES DE PAGAMENTO

As empresas, quando estão negociando uma venda ou compra no mercado internacional, definem com seus clientes ou fornecedores vários pontos em relação às mercadorias ou serviços a serem prestados, transportes, prazos para pagamento, prazos para embarque ou entrega do serviço contratado, *Incoterms®*, etc. Destacamos um dos pontos em que a negociação entre comprador e vendedor deve ser avaliada com muito cuidado: as modalidades de pagamentos ou modalidades de transação.

A modalidade de pagamento é o meio pelo qual o importador fará o pagamento ao fornecedor. Não se pode confundir o meio pelo qual o pagamento será feito com a forma da entrega da moeda estrangeira quando se faz o pagamento.

Como já exposto, a forma da entrega da moeda estrangeira pode ser em espécie, cheque, ordem de pagamento etc. Ao escolher o meio de pagamento, a forma da entrega da moeda também poderá ser escolhida.

Essas escolhas estão diretamente relacionadas ao grau de confiança que o fornecedor tem em seu cliente e vice-versa. Uma negociação internacional de compra e venda de mercadorias ou serviços pode utilizar uma ou mais modalidades de pagamento, ou seja, parte do pagamento será feita por um meio de pagamento e a outra parte por outro meio de pagamento.

As modalidades de pagamento geralmente utilizadas pelos exportadores e importadores são:

- Pagamento antecipado;
- Remessa direta de documentos ou remessa sem saque;
- Cobrança documentária;
- Carta de crédito;
- Vale postal eletrônico internacional;
- Cartão de crédito internacional.

A seguir serão apresentadas as características de cada uma delas, lembrando que, dependendo do mercado onde se está fazendo a negociação, as autoridades locais podem impedir a utilização de um ou outro meio de pagamento, o que significa que mesmo que as autoridades governamentais do exportador não imponham restrições quanto à escolha da modalidade de pagamento para suas vendas para o exterior, o governo local do país do importador poderá não aceitá-la. Nesse caso, o vendedor e o comprador deverão estar muito bem informados quanto às normas e legislações locais.

Pagamento Antecipado

Quando este meio de pagamento é negociado entre o comprador e vendedor da mercadoria ou serviço significa que a confiança que o importador tem em seu fornecedor é muito grande, pode-se dizer extrema, pois significa que o importador, antes de ocorrer o embarque da mercadoria ou a entrega do serviço contratado, faz o pagamento. Somente após constatar o recebimento do valor da venda, o exportador deverá providenciar o embarque da mercadoria ou a entrega do serviço contratado.

O importador poderá pagar em espécie, enviar uma ordem de pagamento, dar um cheque ao exportador. No caso do pagamento em espécie, o exportador tem de atentar para a autenticidade das cédulas que está recebendo, pois, devido à possibilidade de falsificações de moedas, principalmente as mais negociadas internacionalmente, o risco a que está sujeito é grande. Quando o pagamento é feito por cheque, o risco também é grande, o que significa que, antes de o exportador embarcar a mercadoria ou o serviço, deve verificar se há saldo na conta corrente do emissor do cheque e se a assinatura é realmente do correntista.

Os documentos referentes ao embarque da mercadoria – fatura comercial, conhecimento de embarque, *packing list*, certificado de origem etc. –, que possibilitarão ao importador desembaraçar a sua carga, devem ser entregues pelo exportador ao seu cliente, conforme acordado entre eles. Poderá ser feita a entrega pessoalmente, por *Courrier*/Via Postal ou até mesmo junto com a carga.

Outro ponto importante a se observar é que se a moeda entregue ao exportador for estrangeira, antes do embarque da mercadoria ou entrega do serviço a ser prestado deverá ser feita a contratação de câmbio, ou seja, a conversão da moeda estrangeira em moeda nacional para se considerar o pagamento antecipado. Pode ocorrer de o exportador receber uma

MERCADOS E SISTEMAS CAMBIAIS

ordem de pagamento em moeda estrangeira e, como não necessita fazer a conversão em moeda nacional naquele momento por diversas razões, entende que o pagamento já foi feito e embarca a mercadoria ou entrega o serviço, e somente depois disso faz a contratação de câmbio. Neste caso, descaracteriza-se o "pagamento antecipado", passando a ser outra modalidade de pagamento que veremos em seguida.

A Figura 7.1 mostra o fluxo das ações quando a modalidade de pagamento negociada for pagamento antecipado.

FIGURA 7.1 – Fluxograma

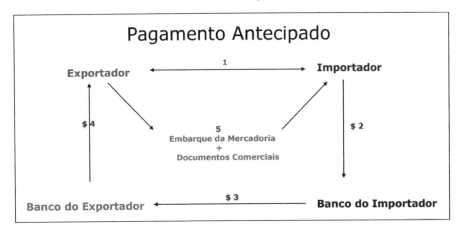

1. Exportador e importador negociam que a modalidade de pagamento será Pagamento Antecipado.
2. Importador providencia junto a um banco o pagamento de sua importação, de acordo com as normas vigentes em seu país.
3. Este banco, conforme instruções recebidas do importador, envia o pagamento a favor do exportador para um banco, normalmente designado pelo exportador.
4. O banco que recebeu o valor enviado pelo importador providencia o pagamento ao exportador, de acordo com as normas vigentes em seu país.
5. O exportador, após o recebimento do valor de sua venda, providencia o embarque da carga e envia os documentos comerciais originais diretamente para o importador, para que ele possa desembaraçar a mercadoria.

Remessa Direta de Documentos ou Remessa Sem Saque

Se no pagamento antecipado a confiança do importador em seu fornecedor é grande, na modalidade de pagamento "remessa direta de documentos", também chamada de "remessa sem saque", quem tem de confiar no parceiro é o exportador, pois, ao contrário do pagamento antecipado, este embarca a mercadoria ou entrega o serviço contratado, envia os documentos comerciais a seu cliente, para que ele proceda ao desembaraço da carga, e fica aguardando o pagamento.

Nesse caso, como forma de diminuir o risco de não recebimento do valor referente à venda, o exportador poderá enviar a seu cliente no exterior um saque/*draft*, documento financeiro que representa a dívida, para que o importador reconheça que deve aquele valor, dando o aceite no saque, devolvendo-o ao exportador. Ao receber este saque aceito pelo importador, o exportador providenciará o embarque da mercadoria ou a prestação do serviço e aguardará o pagamento. Caso o importador não cumpra com seu compromisso dentro do prazo pactuado, o exportador poderá entregar o saque aceito para um banco em seu país, para que este efetue os procedimentos de cobrança da dívida não paga pelo importador, constituindo, assim, outro meio de pagamento.

A Figura 7.2 a seguir mostra o fluxo das ações quando a modalidade de pagamento negociada for remessa direta de documentos.

FIGURA 7.2 – Fluxograma

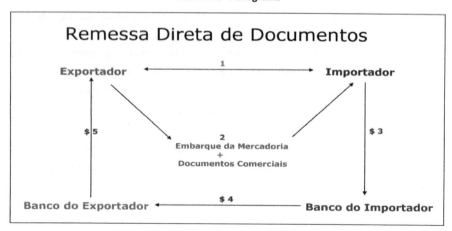

MERCADOS E SISTEMAS CAMBIAIS

1. Exportador e importador negociam que a modalidade de pagamento será Remessa Direta de Documentos.
2. Exportador providencia o embarque da mercadoria e envia diretamente ao importador os documentos originais referentes ao embarque que possibilitará ao importador desembaraçar a carga.
3. Importador recebe os documentos, desembaraça a carga e providencia, junto a um banco, o pagamento de sua importação a favor do exportador, de acordo com as normas vigentes em seu país.
4. Este banco, conforme instruções recebidas do importador, envia o pagamento a favor do exportador para um banco normalmente designado pelo exportador.
5. O banco que recebeu o valor enviado pelo importador providencia o pagamento ao exportador, de acordo com as normas vigentes em seu país.

Cobrança Documentária

Se nas duas modalidades anteriores o risco pelo não recebimento da mercadoria ou do serviço contratado é do importador, pois este paga antecipadamente e o risco pelo não recebimento do valor referente à operação é do exportador, quando ele envia ou presta o serviço antes do pagamento pelo importador, na "cobrança documentária", esses riscos podem diminuir, uma vez que os bancos envolvidos no processo devem observar as normas para cobrança internacional regulamentadas pelas Regras Uniformes para Cobrança, emitidas pela Câmara de Comércio Internacional, cuja última revisão é a Publicação 522/95, em vigor desde 1 de janeiro de 1996.

Embora a adoção das regras internacionais para os procedimentos de cobrança seja facultativa, as cobranças documentárias são regidas por essas regras, a não ser que o exportador declare expressamente que elas não devem ser observadas, assumindo, assim, todos os riscos comerciais e financeiros, uma vez que os bancos, nesta modalidade de pagamento, atuam como intermediadores e não garantem o recebimento dos valores dos importadores.

A publicação da *Uniform Rules for Collection* (URC – Regras Uniformes para Cobrança) 522/95 da Câmara de Comércio Internacional apresenta a definição para cobrança internacional, quem são as partes intervenientes e os procedimentos de cobranças internacionais, como:

Artigo 2 – Definição de Cobrança

a) "Cobrança" significa o manuseio, pelos bancos, de documentos segundo o definido no item (b) do Artigo 2, em conformidade com instruções recebidas, a fim de:

    i. Obter pagamento e/ou aceite, ou ii. Entregar documentos contra pagamento e/ou contra aceite, ou iii. Entregar documentos sob outros termos e condições.

b) "Documentos" significam documentos financeiros e/ou documentos comerciais.

    i. "Documentos financeiros" significam letras de câmbio, notas promissórias, cheques ou outros instrumentos semelhantes utilizados para obter pagamento de dinheiro;

    ii. "Documentos comerciais" significam faturas, documentos de transporte, títulos de propriedade ou outros documentos semelhantes ou quaisquer outros documentos, de qualquer natureza, que não sejam documentos financeiros.

As partes intervenientes em uma cobrança internacional são:

a) Cedente: é o exportador que confia a um banco a cobrança de valores referentes às vendas que fez no mercado externo, dando ao banco instruções para a cobrança.

b) Sacado: é o importador que receberá os documentos comerciais para desembaraço da mercadoria, de acordo com as instruções de cobrança apresentadas pelo banco cobrador.

c) Banco remetente: banco escolhido pelo exportador que executará todos os procedimentos da cobrança internacional a ele confiada, observando as regras internacionais e as instruções do cedente;

d) Banco cobrador: qualquer banco envolvido no processo de cobrança que não o banco remetente;

e) Banco apresentador: banco que apresentará a cobrança ao importador/sacado, conforme as instruções recebidas do banco remetente. De acordo com as regras da Câmara de Comércio Internacional, se a cobrança for à vista, os documentos comerciais somente deverão ser entregues ao importador após o pagamento do valor devido. Se a cobrança for a prazo, os documentos comerciais somente deverão ser entregues ao importador mediante o aceite no saque/letra de câmbio.

Em relação ao aceite no saque, o artigo 22 da URC 522/95 diz o seguinte:

[...] o banco apresentador será responsável por assegurar-se de que a forma do aceite de uma letra de câmbio aparente estar completa e correta, porém, não será responsável pela autenticidade de qualquer assinatura ou pelos poderes de qualquer signatário para firmar o aceite.

As cobranças internacionais são classificadas em:

Cobrança limpa: quando o banco remetente envia para o exterior somente o documento financeiro ao banco apresentador. Os documentos comerciais originais são enviados diretamente pelo exportador a seu cliente no exterior.

Cobrança documentária: quando o banco remetente envia para o banco apresentador os documentos comerciais originais acompanhados ou não de documento financeiro.

As figuras 7.3 e 7.4 mostram o fluxo das ações quando a modalidade de pagamento negociada for cobrança documentária.

FIGURA 7.3 – Fluxograma

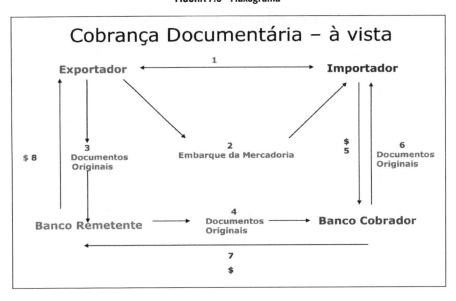

1. Exportador e importador negociam que a modalidade de pagamento será Cobrança à Vista.
2. Exportador providencia o embarque da carga.
3. Exportador entrega os documentos comerciais originais a um banco com instruções para que seja feita a cobrança no exterior.
4. O banco que recebeu os documentos do exportador, denominado banco remetente, enviará os documentos a um banco, normalmente designado pelo importador, denominado banco cobrador, para que este providencie a cobrança do valor devido, conforme instruções recebidas do exportador.
5. O importador providencia o pagamento junto ao banco cobrador, de acordo com as normas vigentes em seu país.
6. O banco cobrador entregará os documentos comerciais originais ao importador para que seja feito o desembaraço da mercadoria.
7. O banco cobrador envia o valor recebido do importador ao banco remetente, a favor do exportador.
8. O banco remetente providencia o pagamento ao exportador, de acordo com as normas vigentes em seu país.

FIGURA 7.4 – Fluxograma

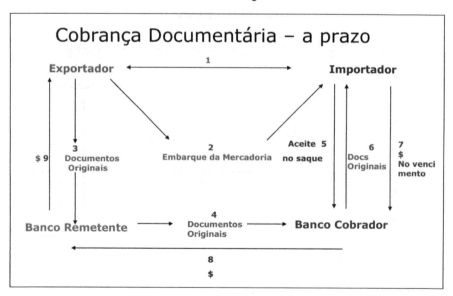

1. Exportador e importador negociam que a modalidade de pagamento será Cobrança a Prazo.
2. Exportador providencia o embarque da carga.
3. Exportador entrega os documentos comerciais originais a um banco com instruções para que seja feita a cobrança no exterior.
4. O banco que recebeu os documentos do exportador, denominado Banco Remetente, enviará os documentos a um banco, normalmente designado pelo importador, denominado banco cobrador, para que este providencie a cobrança do valor devido, conforme instruções recebidas do exportador.
5. O importador se compromete a pagar sua dívida no prazo pactuado, dando o aceite no saque.
6. O banco cobrador ficará com o saque aceito pelo importador e entregará a ele os documentos comerciais originais para que seja feito o desembaraço da mercadoria.
7. No vencimento do saque, o importador providencia o pagamento da dívida junto ao banco cobrador, de acordo com as normas vigentes em seu país.
8. O banco cobrador envia o valor recebido do importador ao banco remetente a favor do exportador.
9. O banco remetente providencia o pagamento ao exportador, de acordo com as normas vigentes em seu país.

Carta de Crédito

Considerando as modalidades de pagamentos aqui apresentadas, a carta de crédito é a que oferece menor risco às partes envolvidas. Também conhecida como "crédito documentário", este documento pode ser definido como "uma ordem de pagamento condicionada" ou simplesmente uma "garantia internacional de pagamento". As cartas de crédito são regulamentadas pelas regras da UCP 600/2007, da Câmara de Comércio Internacional, em vigor desde 1º de julho de 2007.

A emissão de uma carta de crédito ocorre a partir do momento em que o importador/tomador procura um banco em seu país e apresenta uma proposta de abertura da carta de crédito de importação/*import credit*. Nessa proposta são informados ao banco todos os dados da importação, como o favorecido da carta de crédito, dados sobre a mercadoria, prazos de pagamento e embarque, meio de transporte, *Incoterms*® etc.

Ao receber a proposta, o banco analisa todos os dados apresentados pelo proponente e também sua situação econômico-financeira, capacidade de pagamento, garantias oferecidas e outros dados que determinam o risco da operação. Uma vez aprovada a proposta e mediante o pagamento de tarifas ao banco, emite-se a carta de crédito de importação e passa a ser chamado de banco emissor.

O banco emissor, ao emitir este instrumento de crédito, se responsabiliza pelo pagamento do valor da importação, desde que o exportador/beneficiário cumpra rigorosamente com todas as exigências estipuladas na carta de crédito.

O banco emissor encaminha a carta de crédito para um banco no país do exportador, que, após verificar a autenticidade do documento, a entrega para ele, mediante a cobrança de uma tarifa. Por este ato é chamado de banco avisador.

Em alguns casos, o banco emissor poderá encaminhar para o exportador, por meio do banco avisador também, um documento com os principais dados que constarão da carta de crédito, para que ele os analise e verifique se estão de acordo com o que foi negociado com seu cliente. Esse documento é chamado de pré-aviso e fará parte integrante da carta de crédito.

A carta de crédito emitida pelo banco a pedido do importador é denominada *Import Credit* (IC)/Crédito de Importação. Ao ser entregue ao exportador passará a ser chamada de *Letter of Credit* (LC)/Carta de Crédito de Exportação.

O exportador, ao recebê-la, deverá conferir os dados para verificar se todas as exigências, condições e termos estão de acordo com o que foi negociado com o cliente, pois é sabido que se ele deixar de cumprir uma dessas exigências, não há mais a garantia de pagamento pelo banco emissor.

Cada exigência solicitada e que for apresentada pelo exportador em desacordo com o que determina a carta de crédito é considerada discrepância e somente o importador poderá aceitá-la ou rejeitá-la. Até um erro ortográfico pode ser considerado uma discrepância ou, em outros casos, por exemplo, quando o exportador não cumpre o prazo máximo para o embarque da mercadoria, não apresenta o número de originais e cópias dos documentos conforme o solicitado ou a descrição da mercadoria na fatura comercial está em desacordo com a descrição do crédito.

É muito comum que na própria carta de crédito já esteja estipulada uma quantia a ser deduzida do valor da negociação por discrepância apresentada, ou ocorrer ainda, de o importador, para aceitar a discrepância, negociar um desconto do valor a ser pago.

Para evitar esse tipo de situação, ao identificar alguma exigência que não poderá ser cumprida, o exportador deverá solicitar uma emenda da carta de crédito a fim de alterar, suprimir, acrescentar algum item que não está de acordo com o que foi previamente negociado ou que, por outro motivo, o impeça de cumprir as exigências solicitadas.

A emenda é entregue ao exportador da mesma forma que foi entregue a carta de crédito e passará a fazer parte do documento. Uma carta de crédito pode ter tantas emendas quanto forem necessárias, desde que as partes estejam de acordo. É sempre bom lembrar que tudo tem um custo. Para cada emenda emitida, o importador pagará uma tarifa ao banco emissor e para cada emenda entregue o banco avisador, cobrará uma tarifa do exportador.

Confirmação da carta de crédito

O exportador poderá solicitar que um banco, geralmente fora do país do importador, confirme a carta de crédito, como um meio de proteção ao crédito devido pelo importador. O banco confirmador é o avalista do banco emissor, pois, ao confirmar a carta de crédito, assume com o beneficiário/exportador o compromisso pelo pagamento do valor devido pelo banco emissor, no caso em que ocorra algo que impeça o banco emissor de honrar com sua obrigação, seja algum impedimento por conta do risco de seu país ou por conta do risco do próprio banco que emitiu a carta de crédito. Por conta da confirmação, o banco confirmador cobra tarifas e comissões que variam de acordo com os riscos estimados.

Utilização da carta de crédito

Observando e cumprindo com todas as exigências determinadas na carta de crédito, os documentos comerciais e financeiros que representam a exportação estando em ordem, ou seja, sem discrepâncias, o crédito poderá ser utilizado em bancos que, autorizados pelo banco emissor, poderão pagar, aceitar ou negociar os documentos exigidos na carta de crédito apresentados pelo exportador. Este banco é chamado de banco negociador.

O banco negociador deverá fazer uma análise dos documentos apresentados, comparando-os entre si, em relação ao documento que autoriza o embarque da mercadoria – no Brasil, os registros de exportação do Siscomex – e em relação à carta de crédito.

A análise dos documentos feita pelos bancos deverá ser orientada pelas práticas bancárias internacionais. Para isto, a Câmara de Comércio Internacional publicou um documento que normatiza e orienta os bancos de forma a uniformizar os critérios de análises dos documentos, a fim de evitar conflitos entre as partes. Este documento é o *International Standart Practice for the Examination of Documents under Documentary Credit* (ISBP – Prática Bancária Internacional Padrão para Exame de Documentos sob Créditos Documentários).

O ISBP não substitui a Publicação nº 600/2007 da Câmara de Comércio Internacional e deve ser utilizado como um documento esclarecedor e explicativo para a análise dos documentos exigidos em uma carta de crédito, portanto, essas duas publicações da CCI deverão ser utilizadas juntas pelos analistas do banco negociador.

Após análise dos documentos e, estando em conformidade com o crédito e as normas internacionais, o banco negociador os encaminhará ao banco emissor e poderá solicitar a liberação do valor nos prazos tratados e de acordo com as instruções de reembolso estipuladas na carta de crédito.

O banco emissor poderá solicitar a outro banco que faça o pagamento/crédito ao banco negociador. Nesses casos, o banco autorizado a pagar/creditar o valor devido ao banco negociador é chamado de **banco reembolsador**, e deverá constar na carta de crédito que o reembolso está sujeito às regras da Câmara de Comércio Internacional que tratam dos reembolsos banco a banco em vigor na data da emissão do crédito, ou o banco emissor deverá fornecer uma autorização de reembolso ao banco reembolsador em conformidade com a disponibilidade da carta de crédito.

Em geral, isso ocorre quando o banco emissor não dispõe do valor a ser pago na moeda da operação, mas mantêm uma conta corrente nessa moeda em outro banco. Por exemplo, os bancos brasileiros mantêm suas contas em euros nos bancos europeus; em libras esterlinas, nos bancos ingleses; em ienes, nos bancos japoneses e, quando necessita fazer algum pagamento, autorizam os bancos em que mantêm conta nessas moedas que façam o crédito ou pagamento aos bancos negociadores.

A Figura 7.5 mostra o fluxo das ações quando a modalidade de pagamento negociada é carta de crédito.

FIGURA 7.5 – Fluxograma

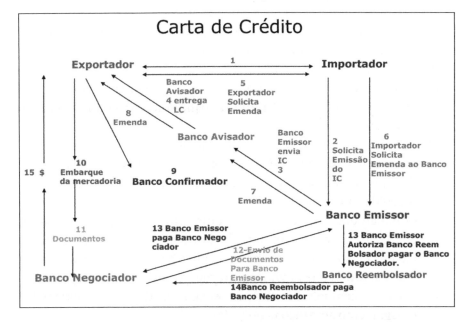

1. Exportador e importador negociam que a modalidade de pagamento será Carta de Crédito.
2. Importador apresenta proposta de emissão do IC – *Import Credit* a um banco.
3. O banco faz a análise da proposta apresentada pelo importador e, uma vez aprovada, emite a carta de crédito de importação, mediante garantias apresentadas pelo importador e a encaminha a um banco, normalmente definido pelo exportador, que deverá entregá-la ao beneficiário, que é o exportador.
4. O banco que a recebeu, denominado banco avisador, entrega a Carta de Crédito ao exportador.
5. De posse da LC – *Letter of Credit*, o exportador confere se as exigências, condições e termos do documento estão de acordo com o que foi negociado com o importador. Caso algum item esteja em desacordo com o que foi negociado, o exportador solicita ao importador que emita uma emenda à Carta de Crédito, corrigindo o dado apontado.

6. O importador solicita ao banco emissor da Carta de Crédito que emita uma emenda alterando o dado apontado pelo exportador.
7. O banco emissor emite a emenda solicitada e a encaminha ao banco avisador para que seja entregue ao exportador.
8. O banco avisador entrega a emenda ao exportador.
9. Se autorizado e se for do interesse do exportador, ele poderá solicitar a um banco que confirme a Carta de Crédito.
10. Exportador embarca a mercadoria.
11. Exportador entrega os documentos comerciais referentes ao embarque e a Carta de Crédito ao banco que é denominado banco negociador.
12. O banco negociador analisa os documentos apresentados pelo exportador com base nas condições e exigências estipuladas na Carta de Crédito, os encaminha ao banco emissor, conforme as orientações recebidas no próprio crédito.
13. O banco emissor recebe os documentos do banco negociador, analisa-os e, se estiverem em boa ordem, libera o pagamento ao banco negociador ou solicita a um outro banco, denominado banco reembolsador, que providencie o pagamento ao banco negociador.
14. O banco reembolsador cumpre a solicitação do banco emissor e faz o pagamento ao banco negociador.
15. Uma vez recebido o valor da Carta de Crédito negociada, o banco negociador providencia o pagamento ao exportador, de acordo com as normas cambiais vigentes em seu país.

Cartas de crédito com características especiais
Stand-by Letter of Credit
As legislações de alguns países não permitem que as instituições financeiras emitam garantias para as empresas, como a que descrevemos. Neste caso, se algum banco quiser garantir obrigações de empresas sediadas em países onde a emissão de garantias é proibida, as operações financeiras ou comerciais poderão ser protegidas pela emissão de uma *stand-by letter of credit* a favor do credor. Uma vez emitido este documento e no caso de a empresa devedora não honrar com seus compromissos, o credor poderá sacar uma letra de câmbio contra o emissor da *stand-by letter of credit*, que pagará a ele o valor devido.

MERCADOS E SISTEMAS CAMBIAIS

Carta de Crédito Rotativa

Este tipo de carta de crédito é utilizado quando o exportador tem vendas programadas para um importador por um longo período e, em vez de emitir uma carta de crédito por embarque, por exemplo, emite-se uma única carta de crédito, cujos valores e quantidades de mercadorias são renovados a cada período determinado. As renovações podem ocorrer das seguintes maneiras:

Cumulativas: caso o exportador não tenha embarcado toda a quantidade de mercadoria durante o período mencionado na carta de crédito, o saldo não utilizado poderá ser somado ao valor e quantidade do próximo período.

Não cumulativa: neste caso os saldos dos valores e quantidades não poderão ser utilizados no próximo período.

Com restabelecimento automático: significa que o valor pago será renovado automaticamente para o próximo período até que completem o valor total da carta de crédito.

Sem restabelecimento automático: significa que somente com autorização do importador, por meio de uma emenda à carta de crédito, o valor pago poderá ser utilizado pelo exportador no período seguinte.

Carta de Crédito *Back-to-Back*

Uma operação comercial com esta denominação está mais relacionada a um tipo específico de negociação que é amparada por duas cartas de crédito: uma local e outra internacional. Por exemplo, um exportador que necessita levantar recursos para adquirir insumos para produzir um bem que será exportado contata um banco para que este lhe forneça uma carta de crédito local, cujo beneficiário é o fornecedor dos insumos. Como garantia ao banco que emitirá a carta de crédito local, o exportador lhe oferece a carta de crédito emitida por seu cliente/importador no exterior.

Cláusulas Especiais

Green Ink Clause é uma cláusula que obriga o exportador a entregar a carga a ser embarcada nas dependências/armazéns da empresa que fará o transporte internacional. Uma vez entregue a carga ao transportador, cessam todas as responsabilidades da empresa exportadora sobre a carga. O documento emitido que comprova a entrega da carga não é o conhecimento de embarque e sim o *Forwarder Certificate Received* (FCR). A diferença que há entre estes dois documentos é que o conhecimento de embarque, não importa de qual modal, atesta que a mercadoria foi embarcada, uma vez que a expressão "recebido a bordo" obrigatoriamente deve constar neste documento, enquanto o FCR somente atesta que a mercadoria foi entregue à empresa transportadora, mas não que ela foi embarcada.

Red Clause é uma cláusula que permite que o exportador antecipe parte ou o valor total da carta de crédito, antes do embarque da mercadoria, contra a entrega de um recibo e envio posterior dos documentos que comprovam o embarque da mercadoria. Geralmente, esta antecipação de recursos por conta de um embarque futuro é destinada à produção da mercadoria e demonstra que o importador tem muita confiança em seu fornecedor.

Operação *Back-to-Back*

Uma operação *back-to-back* não deve ser confundida com as operações comerciais amparadas/negociadas com uma Carta de Crédito *Back-to-Back*.

Quando se processa uma operação desse tipo está se referindo a uma operação comercial em que a mercadoria negociada não é entregue no país de quem a está comprando, embora todos os trâmites de importação e exportação sejam feitos de acordo com as normas locais dos países envolvidos. Como exemplo, uma empresa no Brasil importa um bem de uma empresa em Angola e, ao mesmo tempo, este mesmo bem é exportado para uma empresa em Portugal. De acordo com a negociação, este bem deverá ser entregue diretamente em Portugal, sem transitar pela alfândega brasileira, mas todos os procedimentos de importação e de exportação, inclusive os pagamentos e recebimentos em moeda estrangeira, deverão ser feitos pela empresa brasileira, conforme as normas vigentes no país.

eUCP

A Publicação nº 600/2007 da Câmara de Comércio Internacional também apresenta artigos que regulamentam a negociação bancária de documentos amparados em carta de crédito por meio eletrônico. Esses artigos apresentam normas específicas e destacam quais os cuidados que as partes devem ter quando optam negociar por este meio, como:

- As definições para termos específicos como o local da apresentação (dos documentos) que, neste caso, é o endereço eletrônico.

- Sobre a entrega dos documentos: a eUCP considera que os documentos poderão ser entregues somente por meio eletrônico ou parte por este meio e parte em papel, destacando ainda os procedimentos e os prazos que os bancos têm para informar aos exportadores sobre a recusa dos documentos.
- Sobre a quantidade de vias originais e cópias dos documentos: a eUCP considera que mesmo que a carta de crédito solicite uma ou mais vias originais dos documentos, será considerada cumprida esta exigência com a apresentação de um único documento eletrônico.
- Sobre a data de embarque: a norma apresentada pela eUCP determina que, se o conhecimento de embarque eletrônico não indicar a data de embarque ou do despacho da mercadoria, será considerada como data de embarque a data da emissão do conhecimento de embarque eletrônico. Nos casos em que este documento indique uma data de embarque, esta será a data considerada nas negociações bancárias.
- Sobre a possibilidade dos documentos eletrônicos serem danificados por vírus ou qualquer outro motivo cuja transmissão tenha sido prejudicada: neste caso, os bancos solicitarão que os documentos sejam reenviados, dentro de um prazo estipulado nas normas.
- Sobre a responsabilidade dos bancos quanto à identificação dos remetentes: o último artigo isenta os bancos de qualquer responsabilidade pela identificação dos remetentes dos documentos eletrônicos, como também não são responsáveis pela autenticidade dos documentos em papel apresentados pelos exportadores.

Não é difícil entender que o envio por meio eletrônico dos documentos referentes às negociações comerciais internacionais, devido à comodidade, agilidade e outros benefícios, será utilizado intensamente não só nas operações amparadas com "carta de crédito", mas também em outras modalidades de pagamentos, e isto não está muito distante de ocorrer, pois a maioria dos bancos já oferece essa possibilidade para diversas finalidades a seus clientes.

Vale Postal Eletrônico Internacional

Neste meio de pagamento, a empresa de postagem se responsabiliza a enviar ou receber valores em moedas estrangeiras referentes às operações de exportação e importação, ficando a seu cargo a contratação de câmbio e os débitos ou créditos em moeda nacional na conta de seus clientes, conforme o caso.

No Brasil, somente a Empresa Brasileira de Correios e Telégrafos (ECT) está autorizada a praticar esta modalidade, observando os limites impostos pelas normas brasileiras e também pelas normas e acordos bilaterais firmados entre o país e os países de destinos e origem dos valores em moeda estrangeira.

Cartão de Crédito Internacional

Esta modalidade de pagamento poderá ser livremente aceita tanto para recebimentos decorrentes de exportações, de qualquer valor, como também para pagamento de importações, de qualquer valor.

Como ocorre na modalidade "vale postal internacional" ou "reembolso postal internacional", o exportador ou importador não realiza as contratações de câmbio, uma vez que ficará ao cargo da administradora do cartão de crédito.

Um ponto que deverá ser observado, principalmente para as empresas exportadoras, é quanto à taxa de administração cobrada pela administradora do cartão de crédito internacional. Dependendo do percentual cobrado, fica muito mais interessante utilizar outras modalidades de pagamento, mesmo que a contratação de câmbio fique por conta da empresa exportadora e esta tenha que pagar tarifas para o banco onde a operação cambial está sendo feita. Isto significa que se deve consultar sempre quais são as tarifas que devem ser pagas para cada modalidade e escolher aquela que melhor atende a empresa exportadora.

ADIANTAMENTOS E FINANCIAMENTOS PARA OS EXPORTADORES E IMPORTADORES

Adiantamento sobre Contrato de Câmbio (ACC) e Adiantamento sobre Cambiais Entregues (ACE)

Um dos benefícios oferecidos às empresas exportadoras de bens e serviços ou produtores rurais com negócios no exterior é a possibilidade de antecipar/adiantar o recebimento do valor total ou parcial de uma venda feita no mercado externo. Esses adiantamentos são concedidos pelos bancos autorizados a operar em câmbio, mediante a apresentação pelo exportador de uma proposta de concessão de crédito à exportação, de acordo com as normas vigentes no país. Os adiantamentos contribuem para que os exportadores obtenham capital de giro ou recursos para a produção e/ou a comercialização de seus produtos ou serviços.

Como se trata de concessão de crédito, o banco, ao receber a proposta do exportador, fará uma análise dos dados da exportação e da empresa proponente, avaliando os riscos comerciais, de mercado, políticos, de crédito, financeiros, entre outros, e, uma vez aprovado o crédito, definirá os limites em valor dos adiantamentos a serem concedidos, as restrições quanto às modalidades de pagamento e as garantias oferecidas pela empresa.

Uma das vantagens que a empresa exportadora tem ao conseguir um adiantamento é o custo financeiro desta operação, pois os recursos destinados a esse tipo de crédito são captados pelo banco no mercado externo com taxa de deságio/juros baseada na *London Interbanking Offered Rate* (LIBOR – taxa de juros oferecida pelos bancos no mercado londrino) que, somada ao *spread* do banco e à variação cambial, continua sendo mais baixa que as taxas oferecidas para outros créditos disponíveis no mercado.

Há dois tipos de adiantamentos: Adiantamento sobre Contrato de Câmbio (ACC) e Adiantamento sobre Cambiais Entregues (ACE).

O ACC é um adiantamento concedido em moeda nacional na fase pré-embarque da mercadoria. O exportador, ao fazer esse adiantamento por meio de um contrato de câmbio, promete entregar ao banco, dentro de um prazo determinado, os documentos que comprovam a exportação para que este proceda aos exames e encaminhamento dos documentos ao importador, de acordo com a modalidade de pagamento e com as normas vigentes para esse tipo de operação. Considera-se um ACC liquidado quando o exportador entrega os documentos que comprovam o embarque ao banco.

Dentro desta linha, há o **ACC-Indireto**, que é concedido para fornecedores de matérias-primas, para fabricantes de produtos intermediários ou materiais para embalagem, ou seja, aquilo que é considerado insumo a ser utilizado na fabricação de mercadorias que serão exportadas. Neste caso, só terão direito a este adiantamento as empresas fornecedoras de produtos para a empresa que fará a exportação final. Pode-se encontrar também a denominação **ACC-Insumos** para este tipo de crédito.

A diferença entre o ACC e o ACE é que no ACE o adiantamento é concedido na fase pós-embarque da mercadoria. As condições para a aprovação da proposta de um ACE são as mesmas para a concessão de um ACC.

O risco da operação na fase pós-embarque é menor se comparado quando se concede um adiantamento na fase pré-embarque, pois, uma vez embarcada a mercadoria, há documentos comerciais em nome de um importador que tem obrigações com o exportador, o que não ocorre quando o adiantamento é concedido na fase pré-embarque, pois, como foi visto, é um adiantamento por conta de uma exportação futura.

Em razão do risco da operação ser menor, é possível negociar no banco que concede o crédito uma taxa de deságio menor do que a cobrada quando se concede um ACC. É importante que o exportador faça uma avaliação do risco da operação e negocie com seu banco uma taxa de deságio justa. Muitas vezes, por falta de conhecimento, não há negociação entre as partes e o banco considera a mesma taxa de deságio para as duas fases do adiantamento.

Um exportador pode propor somente o ACE, ou seja, a partir do embarque da mercadoria e com os documentos comerciais e financeiros prontos, poderá procurar um banco e solicitar o adiantamento pós--embarque.

A liquidação do ACE ocorre quando o importador faz o pagamento de suas obrigações, conforme a modalidade negociada.

Quando se concede o ACC, mesmo que o prazo para pagamento da operação seja à vista e os documentos referentes à exportação sejam entregues ao banco, contabilmente esse adiantamento passa a ser um ACE até que se faça a confirmação do pagamento pelo importador. A partir desse momento, liquida-se o ACE e o banco faz a cobrança dos deságios/juros, considerando o número de dias desde a concessão do ACC até o efetivo pagamento da dívida.

ACC/ACE Rural – esta denominação é utilizada quando as exportações são feitas por produtores agropecuários e seus derivados.

Financiamentos para as Exportações e Importações

Os financiamentos para as operações de exportação e importação geralmente são utilizados para as operações de pagamento de longo prazo. Mas, dependendo do agente financiador e do enquadramento da operação, podem-se encontrar financiamentos para operações com prazos de até 180 dias ou de até 12 anos para pagamento.

No Brasil, o Banco Nacional de Desenvolvimento Econômico e Social (BNDES) repassa recursos para que agentes financeiros – bancos comerciais e múltiplos – possam financiar exportações e comercialização de bens e serviços que apresentem no mínimo 60% de índice de nacionalização e para importações de bens.

O BNDES disponibiliza também linhas de financiamento para a inserção internacional de empresas brasileiras para a formação de capital de giro, para a construção ou ampliação de unidades instaladas no exterior, participação acionária, aquisição de bens de capital previstos nos investimentos no exterior, entre outras.

A maioria dos bancos comerciais também oferece linhas de financiamentos às exportações e importações com recursos de seu orçamento ou com recursos captados nos mercados interno e externo. Quando bancos comerciais brasileiros captam recursos no mercado externo, as taxas de juro repassadas para os financiamentos às empresas exportadoras ou importadoras tendem a ser menores que as praticadas no mercado interno, uma vez que para a captação no exterior a taxa de juro é baseada na Libor, que é muito mais baixa que a taxa básica de juros brasileira, considerada uma das mais altas do mundo.

Os bancos ainda atuam como repassadores de linhas de crédito disponibilizadas por bancos estrangeiros ou órgãos governamentais para financiar importações de bens produzidos em seus países com garantias ou seguros de crédito, que buscam incentivar as suas exportações.

Destacam-se entre os órgãos governamentais e seguradoras de créditos a Cesce, da Espanha; Coface, da França; Cosec, de Portugal; ECGD, do Reino Unido; Eximbank, dos Estados Unidos, da Coreia do Sul e da Índia; Hermes, da Alemanha; e Sace, da Itália.

Forfait ou *Forfaiting*

Este tipo de financiamento se assemelha a um desconto de duplicatas e atende geralmente as empresas exportadoras que têm direitos de saques, letras de câmbio, contratos ou títulos em moeda estrangeira sacados contra terceiros, com prazo para recebimento futuro, em decorrência de seus negócios no mercado externo.

As empresas antecipam o recebimento dos valores, transferindo os seus direitos sobre os documentos apresentados, por meio de endossos, a um banco comercial ou múltiplo, mediante pagamento de uma taxa de desconto. Importante destacar que essa operação é sem direito de regresso contra o exportador, ou seja, caso o importador ou o tomador do título não honre com suas obrigações, o exportador não será responsável pelo pagamento ao banco que lhe concedeu o "desconto".

Leasing Internacional

Uma operação de *leasing*, também conhecida como arrendamento mercantil, é uma opção que as empresas têm para adquirir no mercado externo determinado bem novo ou usado. Uma operação de *leasing* internacional envolve:

Arrendadora: é a instituição financeira que aplicará seus recursos para a aquisição do bem escolhido pelo arrendatário e que será o objeto do arrendamento.

Arrendatário: é a empresa que, de acordo com sua necessidade, escolherá o bem que será adquirido e pago pela arrendadora. Com base na formalização do contrato de *leasing,* passa a usar o bem, mediante o pagamento do aluguel, denominado "contraprestações", até o final do período contratado.

Fornecedor: empresa fabricante do bem adquirido pela arrendadora.

Há três tipos de *leasing* internacional: *leasing* operacional, *lease back* e *leasing* financeiro.

***Leasing* Operacional**: neste tipo de operação está prevista a devolução do bem ao término do prazo contratado pelo arrendatário.

Lease back: neste tipo de operação, uma empresa vende um bem para uma empresa/instituição financeira, que o aluga para o próprio vendedor, passando este a ser o arrendatário. Ao final do período contratado, o arrendatário pode readquirir o bem que foi vendido anteriormente por um valor predeterminado ou pelo valor de mercado.

***Leasing* Financeiro**: neste tipo de operação está prevista a aquisição do bem pelo arrendatário ao término do prazo contratado. A fim de garantir a aquisição definitiva do bem, é fixado o Valor Residual Garantindo (VRG), que é um percentual do valor do bem que deverá ser pago pelo arrendatário.

Todos os tipos são utilizados pelas empresas, mas o ***leasing* financeiro** é o mais usado, pois tem a opção de compra do bem ao final do contrato. Este tipo de *leasing* pode ser vantajoso ao arrendatário, uma vez que:

a) O arrendatário pode ter acesso a um bem sem ter que dispor de capital de giro para pagá-lo à vista ou buscar um financiamento com taxa de juros geralmente maior do que as taxas cobradas pelas empresas de *leasing*.

b) O VRG pode ser pago no início do contrato, no final ou acrescido nas contraprestações pagas.

c) As parcelas pagas pelo aluguel/contraprestações, o VRG e demais obrigações previstas no contrato serão consideradas para a amortização o principal mais os encargos.

d) No Brasil, as parcelas das contraprestações são dedutíveis do Imposto de Renda.

No entanto, deve-se também avaliar os riscos que essas operações apresentam ao arrendatário, entre elas:

a) No Brasil, a origem dos recursos do *leasing internacional* é o mercado externo e o valor das parcelas das contraprestações é calculado em moeda estrangeira, devendo ser convertida em moeda nacional no dia do pagamento, portanto, está sujeito às variações cambiais.

b) A empresa interessada em adquirir um bem utilizando esse tipo de operação poderá ter dificuldades para aprovar sua proposta na instituição financeira, uma vez que a liberação desse tipo de operação está sujeita à aprovação de crédito.

c) No caso de uma operação de **leasing operacional**, o arrendador poderá negar a renovação do contrato em um momento em que o arrendatário não puder dispor do bem.

d) No caso de arrendamento de bens usados, no Brasil deverão ser observadas as normas para aquisição desse tipo de bem com **leasing financeiro**. As normas brasileiras só permitem a aquisição de máquinas, equipamentos, aparelhos, instrumentos, ferramentas, moldes, entre outros bens estrangeiros usados, quando estes não são produzidos no país ou não podem ser substituídos por outros produzidos no país e mediante a apresentação de laudo técnico de vistoria.

SEGURO DE CRÉDITO À EXPORTAÇÃO

O Seguro de Crédito à Exportação garante ao exportador de bens e serviços a indenização por perdas a que venha sofrer em decorrência do não recebimento do valor referente às suas vendas ou prestações de serviços no mercado externo. Basicamente, os riscos cobertos por este seguro são:

- comercial, nos casos em que o importador não honre seu compromisso financeiro com seu fornecedor;
- político, nos casos de perdas decorrentes das guerras, revoluções, da não transferência de divisas ou liberação de pagamentos pelo país do importador, entre outros;
- extraordinários, nos casos de maremotos, terremotos, furações e outros acontecimentos similares.

No Brasil, a regulamentação do seguro de crédito à exportação está na Lei n.º 6.704/1979, seguida de várias alterações por meio de decretos, portarias e atos regulatórios. Mesmo existindo legislação que prevê o seguro de crédito à exportação, somente com o Decreto n.º 2369/1997 é que se constituiu a Seguradora Brasileira de Crédito à Exportação S.A. (SBCE), que inicialmente tinha como sócios a Unibanco Seguros, a Sul América, a Minas-Brasil Seguros, a Bradesco Seguros, o Banco do Brasil, e a *Compagnie Française d'Assurance Pour Le Commerce Extérieur* (Coface). Em 2001, o BNDES adquiriu 12,08% do capital acionário da SBCE. Atualmente, a SBCE tem como acionistas a Coface, o Banco do Brasil e o BNDES.

Não só os exportadores de bens e serviços estão autorizados a contratar seguros de crédito à exportação, a legislação brasileira também permite que instituições financeiras, agências de créditos à exportação também façam esse tipo de seguro, desde que tenham financiado, refinanciado ou garantido de alguma forma exportações brasileiras de bens e serviços.

Desde 2006, pela Lei n.º 11.281, a União pode conceder garantia para a cobertura dos riscos comerciais, políticos e extraordinários dos seguros de crédito à exportação tendo como amparo o Fundo de Garantia à Exportação (FGE), criado exclusivamente para este fim.

Atualmente, encontramos no mercado outras seguradoras que oferecem o seguro de crédito às exportações, além da SBCE, o que permite que os exportadores e agentes autorizados a contratar tais seguros possam escolher a melhor proposta que atenda as suas necessidades.

GARANTIAS INTERNACIONAIS

Nas negociações internacionais, muitas vezes é pedido ao exportador e ao importador que sejam apresentadas garantias de que haverá cumprimento das obrigações de uma das partes.

Para os fornecedores de bens ou serviços o risco é não receber os valores referentes as suas vendas; para o importador o risco é não receber a mercadoria ou serviço conforme acordado.

Já foi apresentada a possibilidade de os exportadores contratarem um seguro de crédito à exportação como forma de proteção de seus negócios, mas há operações em que ele não basta para diminuir os riscos de uma negociação. Para isto, outras formas de proteção são solicitadas ao exportador e importador que são fornecidas por instituições financeiras que garantem o cumprimento de uma obrigação. São elas:

Bid Bond – esta garantia é solicitada a uma empresa exportadora de bens ou serviços que deseja participar de uma licitação/concorrência pública no exterior.

A instituição financeira que fornece o *bid bond* garante que a empresa exportadora tem condições de participar da concorrência e que, caso sua proposta seja aceita, não haverá recusa em assinar o contrato com a empresa importadora. A partir do momento em que se fornece esse tipo de garantia, a instituição financeira passa a ser corresponsável por sua liquidação.

Caso a empresa que participou da concorrência venha a ganhar e recuse dar prosseguimento ao processo, a instituição financeira que forneceu a garantia deve pagar o valor especificado no *bid bond* – podendo ser entre 5% a 10% do valor do contrato de fornecimento do bem ou serviço – aos organizadores da concorrência pelo tempo e trabalho que tiveram para analisar a proposta. Sabendo desse risco, certamente a instituição financeira também se protegerá, fazendo uma análise detalhada da proposta de emissão da garantia e solicitando garantias da empresa concorrente de que não vai haver desistência do negócio, caso a proposta de exportação seja aceita.

O prazo de validade da *bid bond* é o prazo de vigência da concorrência/ licitação.

Performance Bond – esta garantia é solicitada pelo importador à empresa exportadora de bens ou serviços, após esta ganhar a concorrência pública, para garantir que a empresa escolhida tem condições de fornecer o produto objeto da concorrência ou de executar o serviço a ser contratado.

Como na *bid bond*, a instituição financeira que emitir a *performance bond* passa a ser corresponsável pelo desempenho do exportador, ou seja, caso o fornecedor do bem ou prestador do serviço desista da execução do projeto ou do fornecimento do bem ou, ainda, ofereça-os de forma insatisfatória, o emissor da garantia deverá fazer o pagamento do valor previamente estipulado, ressarcindo o importador pelas perdas pelo não cumprimento dos termos acordados nos contratos de fornecimento.

A *performance bond* pode também ser solicitada ao exportador mesmo em casos em que não haja concorrência pública, geralmente quando os prazos para execução de um projeto ou a entrega de um bem tenham um prazo longo e exijam do exportador alocações consideráveis de recursos financeiros, materiais e humanos, como a construção de uma siderurgia ou o fornecimento de máquinas e equipamentos customizados para serem instalados em grandes obras.

O prazo de validade da *performance bond* é o mesmo prazo de entrega que consta no contrato de fornecimento do bem ou execução do serviço.

Refundment Bond – as garantias até aqui apresentadas são geralmente exigidas nos casos de fornecimento de bens e serviços de grande porte e valor, sendo que, muitas vezes, o exportador precisa que uma parte do valor do contrato de fornecimento ou de prestação de serviço seja antecipada para que ele possa dar início à fabricação do bem ou às obras. Neste caso, o importador, aceitando antecipar parte do valor contratado, poderá solicitar ao exportador que ele providencie uma garantia de que o valor a ser antecipado será realmente utilizado no processo contratado. Este tipo de garantia denomina-se *refundment bond*, *repayment guarantee* ou *advance payment guarantee*.

A instituição financeira que fornece o *refundment bond* se compromete com o importador a devolver todo o valor antecipado, caso o exportador desista do fornecimento ou execução da obra ou não cumpra com o que foi previamente acordado.

O prazo de validade da *refundment bond* é o mesmo prazo de entrega que consta no contrato de fornecimento do bem ou execução do serviço.

Aval e Fiança Internacionais – o aval e a fiança bancária são garantias emitidas por uma instituição financeira ou por uma terceira pessoa que asseguram o pagamento ao exportador de obrigações assumidas pelo importador.

Na concessão do aval, o avalista passa a ser codevedor, em obrigação solidária do compromisso assumido pelo importador, mediante a aposição de assinaturas em saques ou letras de câmbio que representam a dívida. O pagamento da obrigação poderá ser imputado diretamente ao avalista, sem que o avalizado seja acionado primeiro.

A fiança é um contrato acessório celebrado com o fim de garantir o cumprimento de obrigação do importador com seu fornecedor no exterior. Quem concede a fiança é o fiador, que se compromete a pagar a obrigação do afiançado, caso este não venha a cumpri-la. Geralmente, o fiador somente será executado quando todas as tentativas para recebimento do valor devido pelo importador não tiveram êxito, e se foi constatado que o afiançado não honrará seus compromissos.

As garantias prestadas no exterior estão amparadas pelas regras da Câmara de Comércio Internacional, cuja última revisão é a Publicação n.º 758/2010, em vigor desde 1º de julho de 2010.

BALANÇO DE PAGAMENTOS, RESERVAS INTERNACIONAIS E DÍVIDA EXTERNA

Balanço de Pagamentos

Entre muitas definições sobre Balanço de Pagamentos, podemos considerar de modo simplificado que ele é o resultado dos registros de todas as transações feitas, de qualquer natureza, por pessoas, empresas e governo, em determinado período, por um país com o mercado externo.

O FMI estabelece critérios para a elaboração dos balanços de pagamentos – Manual de Balanço de Pagamentos do Fundo Monetário Internacional (BPM) –, cuja metodologia é adotada pelos países, inclusive o Brasil, para registrar e divulgar os resultados de suas transações internacionais. Esses critérios também são considerados para apuração dos dados referentes às reservas internacionais e à dívida externa do país.

O Banco Central do Brasil, responsável pela elaboração do Balanço de Pagamento do país, divulga os resultados mensalmente, em milhões de dólares dos Estados Unidos.

O Balanço de Pagamentos é composto pelas contas:

- Transações Correntes – registra os resultados da Balança Comercial, Balança de Serviços e Rendas e Transferências Unilaterais;
- Conta de Capital e Financeira – registram as Transferências Unilaterais de Patrimônio, Cessão de Marcas e Patentes, Investimentos, Empréstimos e Financiamentos.

O Banco Central do Brasil afirma que as seguintes informações são divulgadas em cada uma das contas:

transações correntes: exportações, importações e saldo da balança comercial; receita, despesa e saldo de serviços e rendas; receita, despesa e saldo de serviços totais e os relacionados a transportes, viagens internacionais, seguros, financeiros, computação e informação, *royalties* e licenças, aluguel de equipamentos, governamentais e outros serviços; receita, despesa e saldo de rendas, incluindo salários e ordenados, renda de investimento direto (lucros e dividendos e juros de empréstimos intercompanhia), renda de investimento em carteira (lucros e dividendos e juros de títulos de dívida) e renda de outros investimentos (inclui juros de empréstimos, financiamentos, depósitos e outros ativos e passivos); saldo de transferências correntes; e saldo de transações unilaterais correntes;
conta de capital: saldo da conta capital (inclui as transferências de patrimônio e compra e venda de ativos não produzidos/não financeiros);
conta financeira: total da conta financeira;

a) receita, despesa e saldo de investimentos diretos; retorno, saída e saldo de investimentos diretos brasileiros no exterior (retorno, saída e saldo de participação no capital e amortização, desembolso e saldo de empréstimos intercompanhia); ingresso, saída e saldo de investimentos diretos estrangeiros no país; ingressos de investimentos diretos estrangeiros no país destinados à participação no capital na forma de moeda (autônomos e privatizações), conversões (autônomos e privatizações) e mercadorias; retornos de participação no capital; desembolso, amortização e saldo de empréstimos intercompanhia;

b) receita, despesa e saldo de investimentos brasileiros em carteira, receita, despesa e saldo de investimento brasileiros em ações – com destaque para o programa *Brazilian Depositary Receipts* (BDR) e receita, despesa e saldo de títulos de renda fixa (bônus, *notes, commercial papers*), com destaque para as aplicações em bônus relativos à formação de colaterais (plano Brady); receita, despesa e saldo de investimento estrangeiro em carteira

MERCADOS E SISTEMAS CAMBIAIS

negociados no país e negociados no exterior; receita, despesa e saldo de investimentos estrangeiros em ações; receita, despesa e saldo de investimentos estrangeiros em títulos de renda fixa (bônus, *notes* e *commercial paper*), com destaque para a troca de bônus; receita, despesa e saldo de investimentos estrangeiros em títulos de curto prazo;

c) total de operações com derivativos, ativos e passivos;

d) total de outros investimentos (inclui os créditos comerciais, empréstimos, moeda e depósitos, outros ativos e passivos e operações de regularização); total de outros investimentos brasileiros, classificados em: empréstimos – receita, despesa e saldo de empréstimos de longo prazo, saldo de empréstimos em curto prazo, moeda e depósitos separados por bancos e demais setores (destaque para a movimentação das garantias colaterais – plano Brady) e outros ativos, com receita, despesa e saldo de ativos de longo prazo e ativos de curto prazo pela movimentação líquida; total de outros investimentos estrangeiros, compreendendo desembolso, amortização e saldo de crédito comercial de longo prazo e o líquido de crédito comercial em curto prazo, desembolso, amortização e saldo de empréstimo de longo prazo da Autoridade Monetária – destaque para as operações de regularização (FMI e demais instituições) – desembolsos, amortizações e saldo dos empréstimos em longo prazo dos demais setores, discriminados pelos credores externos (organismos internacionais, agências governamentais, créditos de compradores e empréstimos diretos); moeda e depósitos pelas variações líquidas e os saldos de outros passivos de longo e curto prazos;

e) erros e omissões;

f) variação dos haveres da Autoridade Monetária.

Dependendo das entradas/créditos e saídas/débitos em cada uma dessas contas, elas poderão ter resultados superavitários ou deficitários – por exemplo, quando o resultado da Balança Comercial se apresenta superavitário, significa que as exportações do país, naquele período informado, foram maiores que as importações no mesmo período. Quando o contrário ocorre, ou seja, quando as importações superam as exportações em determinado período, diz-se que a Balança Comercial apresenta-se deficitária. O comportamento de cada uma dessas contas pode impactar no resultado do Balanço de Pagamentos obrigando o país a adotar medidas estratégicas para cobrir seus déficits ou fazer um bom uso de seu superávit.

Os resultados das contas dos Balanços de Pagamentos do Brasil dos anos 2010, 2011 e 2012, divulgados pelo Banco Central do Brasil foram:

NEGÓCIOS INTERNACIONAIS E SUAS APLICAÇÕES NO BRASIL

QUADRO 7.1 – Balanço de Pagamentos – Brasil

Discriminação	US$ milhões			Sistema Séries Temporais
	2010	2011	2012	Nome das séries
TRANSAÇÕES CORRENTES	-47.365	-52.473	-54.230	Transações correntes (saldo)
Balança comercial (FOB)	20.221	29.793	19.415	Balança comercial (saldo)
Exportação de bens	201.915	256.040	242.580	Exportação de bens (FOB)
Importação de bens	-181.694	-226.247	-223.164	Importação de bens (FOB)
Serviços e Rendas	-70.373	-85.251	-76.492	Serviços e rendas (líquido)
Serviços	-30.807	-37.932	-41.044	Serviços (líquido)
Receita	31.821	38.209	39.864	Serviços (receita)
Despesa	-62.628	-76.141	-80.908	Serviços (despesa)
Rendas	-39.567	-47.319	-35.448	Rendas – total (líquido)
Receita	7.353	10.753	10.888	Rendas – total (receita)
Despesa	-46.919	-58.072	-46.335	Rendas – total despesa)
Transferências unilaterais correntes	2.788	2.984	2.846	Transferências unilaterais correntes (líquido)
CONTA CAPITAL E FINANCEIRA	99.662	112.381	70.154	Conta capital e financeira (líquido)
Conta Capital	1.119	1.573	-1.877	Conta de capital (líquido)
Conta Financeira	98.543	110.808	72.030	Conta financeira (líquido)
Investimento Direto	36.919	67.689	68.093	Investimento direto total (líquido)
Investimento brasileiro direto	-11.519	1.029	2.821	Investimento brasileiro direto – IBD (líquido)
Participação no capital	-26.782	-19.533	-7.555	IBD – participação no capital (líquido)

Discriminação	US$ milhões			Sistema Séries Temporais
	2010	2011	2012	Nome das séries
Empréstimo intercompanhia	15.263	20.562	10.377	IBD – empréstimo intercompanhia (líquido)
Investimento estrangeiro direto	48.438	66.660	65.272	Investimento estrangeiro direto – IED (líquido)
Participação no capital	40.117	54.782	52.838	IED – participação no capital – inclui reinvestimento – total (líquido)
Empréstimo intercompanhia	8.321	11.878	12.434	IED – empréstimo intercompanhia – total (líquido)
Investimento em Carteira	63.011	35.311	8.770	Investimento em carteira – total (líquido)
Investimento brasileiro em carteira	-4.784	16.858	-7.764	Investimento brasileiro em carteira – IBC (líquido)
Ações de companhias estrangeiras	6.211	8.801	-2.275	IBC – ações de companhias estrangeiras – total (líquido)
Títulos de renda fixa LP e CP	-10.995	8.057	-5.489	IBC – títulos de renda fixa – LP e CP (líquido)
Investimento estrangeiro em carteira	67.795	18.453	16.534	Investimento estrangeiro em carteira – IEC (líquido)
Ações de companhias brasileiras	37.684	7.174	5.600	IEC – ações de companhias brasileiras – total (líquido)
Títulos de renda fixa LP e CP	30.111	11.278	10.934	IEC – renda fixa – total (líquido)
Derivativos (líquido)	-112	3	-125	Derivativos – total (líquido)
Ativos (líquido)	133	252	150	Derivativos – ativos (líquido)
Passivos (líquido)	-245	-249	35	Derivativos – passivos (líquido)
Outros Investimentos	-1.274	7.805	-5.018	Outros investimentos – total (líquido)
Outros investimentos brasileiros	-42.575	-39.005	-24.547	Outros investimentos brasileiros – OIB – total (líquido)
Outros investimentos estrangeiros (líquido)	41.301	46.810	19.529	Outros investimentos estrangeiros – OIE total (líquido)
ERROS E OMISSÕES	-3.197	-1.271	2.976	Erros e omissões
RESULTADO DO BALANÇO	49.101	58.637	18.900	Resultado do balanço

Fonte: Banco Central do Brasil (jun/2013).

Reservas Internacionais

As reservas internacionais, também chamadas de reservas cambiais ou reservas monetárias, são os ativos externos de um país que estão disponíveis para uso imediato das autoridades monetárias que, em geral, as utilizam para cobrir os déficits do balanço de pagamentos e para regular a estabilidade das taxas de câmbio.

Essas reservas são formadas pelas moedas conversíveis, ouro e Direito Especial de Saque (DES) no FMI. Importante destacar que o saldo das reservas internacionais de um país não inclui os passivos externos, ou seja, não é deduzido o total da dívida externa do país. O ideal para um país é que a soma de suas reservas internacionais sejam suficientes para que seus credores sejam pagos não só no mercado externo como no mercado interno. A seguir estão os valores referentes às reservas internacionais brasileiras em abril de 2013.

QUADRO 7.2 – Demonstrativo de Variação das Reservas Internacionais

	US$ milhões
Discriminação	abr/2013
I – Posição das reservas (final do mês anterior)	376.934
1. Intervenções do Banco Central	–
Pronto	–
Linhas com recompra	–
Empréstimos em moeda estrangeira	–
2. Operações externas (Banco Central e Tesouro)	1.974
Desembolsos	–
Bônus	–
BID/Bird	–
Amortizações	86
Bônus	86
BID/Bird	–
Juros	484
Bônus	157
BID/Bird	–
FMI	–
Remuneração das reservas	327
Demais	114

	US$ milhões
Discriminação	**abr/2013**
3. Liquidações do Tesouro Nacional (mercado)	–243
II – Total das operações (1+2+3)	1731
III – Posição das reservas – conceito caixa	378.665
IV – Saldo de linhas com recompra	–
V – Saldo de operações de empréstimo em moeda estrangeira	–
VI – Posição das reservas – conceito liquidez	378.665

Fonte: Banco Central do Brasil (jun/2013).

Em 19 de junho de 2013, o Banco Central do Brasil divulgou que as reservas internacionais brasileiras eram US$ 376.111 milhões.

Dívida Externa

A dívida externa de um país é representada pelo total das obrigações e compromissos que o governo e as empresas contraíram no mercado externo, em determinada data, considerando os valores desembolsados e ainda não quitados. O Banco Central do Brasil divulga a dívida externa brasileira considerando os dados dos compromissos assumidos pelos:

Governo Geral, Autoridade Monetária, Bancos, Empresas Não Financeiras e Outros Setores, além de Empréstimos Intercompanhia, além de apresentarem abertura por prazo de vencimento original (curto prazo e longo prazo) e por instrumento (crédito comercial, empréstimos, títulos de dívida, moeda e depósitos, e outros passivos).

Os empréstimos, financiamentos ou qualquer outro tipo de obrigação assumida por um governo ou por empresas no exterior, se utilizados coordenadamente com as políticas adequadas de desenvolvimento econômico e administrados de maneira rigorosa, podem obter resultados promissores para aqueles que os contraíram.

Mas o que a história conta é que a maioria dos países que precisaram buscar recursos no mercado externo, por algum motivo, nem sempre conseguiram associar suas dívidas externas com o desenvolvimento dos países. Com frequência os níveis das dívidas externas de diversos países cresceram de tal maneira, impossibilitando-os de quitá-las ou até mesmo de honrar os pagamentos de seus compromissos nos prazos negociados. Em uma situação como esta, a saída dos governantes foi adotar reformas na política econômica de seu país, por exemplo, dificultando o acesso aos financiamentos externos, cortando investimentos internos ou assumindo compromissos com organizações internacionais credoras que acabaram resultando negativamente no desenvolvimento do país.

O Brasil já passou por momentos delicados em relação à dívida externa, principalmente por conta de seu saldo de reservas internacionais não serem suficientes para honrá-la. O Banco Central do Brasil divulga periodicamente o saldo da dívida externa brasileira, sendo que em dezembro de 2012 os números eram os seguintes:

QUADRO 7.3 – Dívida Externa Brasileira – Bruta – dezembro/2012

Dívida Externa Bruta (inclui investimento direto: empréstimos intercompanhia)	
	Fim de período – US$ milhões
Discriminação	Dez/2012
I – Governo geral	63.231
Curto prazo	0
Títulos de dívida	–
Empréstimos	–
Crédito comercial	–
Outros passivos de dívida	0
Atrasados	–
Outros	0
Longo prazo	63.231
Títulos de dívida	37.696
Empréstimos	25.507
Crédito comercial	29
Outros passivos de dívida	414
II – Autoridade monetária	4.437
Curto prazo	–
Títulos de dívida	–
Empréstimos	–

MERCADOS E SISTEMAS CAMBIAIS

Dívida Externa Bruta (inclui investimento direto: empréstimos intercompanhia)	
	Fim de período – US$ milhões
Discriminação	Dez/2012
Moeda e depósitos	–
Outros passivos de dívida	–
Atrasados	–
Outros	–
Longo prazo	4.437
Títulos de dívida	–
Empréstimos	–
Moeda e depósitos	–
Outros passivos de dívida	4.437
III – Bancos	**139.735**
Curto prazo	32.431
Títulos de dívida	–
Empréstimos	31.596
Moeda e depósitos	835
Outros passivos de dívida	–
Atrasados	–
Outros	–
Longo prazo	107.304
Títulos de dívida	47.480
Empréstimos	59.825
Moeda e depósitos	–
Outros passivos de dívida	677
IV – Outros setores	**105.495**
Curto prazo	152
Títulos de dívida	–
Empréstimos	152
Moeda e depósitos	–
Crédito comercial	–
Outros passivos de dívida	–
Atrasados	–
Outros	–

NEGÓCIOS INTERNACIONAIS E SUAS APLICAÇÕES NO BRASIL

Dívida Externa Bruta (inclui investimento direto: empréstimos intercompanhia)	
	Fim de período – US$ milhões
Discriminação	Dez/2012
Longo prazo	105.343
Títulos de dívida	32.078
Empréstimos	71.429
Moeda e depósitos	–
Crédito comercial	1.836
Outros passivos de dívida	–
IV.1 – Empresas financeiras não bancárias	**827**
Curto prazo	–
Títulos de dívida	–
Empréstimos	–
Moeda e depósitos	–
Outros passivos de dívida	0
Atrasados	–
Outros	0
Longo prazo	827
Títulos de dívida	811
Empréstimos	16
Moeda e depósitos	–
Outros passivos de dívida	0
IV.2 – Empresas não financeiras	**102.238**
Curto prazo	151
Títulos de dívida	–
Empréstimos	151
Crédito comercial	–
Outros passivos de dívida	–
Atrasados	–
Outros	–
Longo prazo	102.087
Títulos de dívida	31.267
Empréstimos	269.028

MERCADOS E SISTEMAS CAMBIAIS

Dívida Externa Bruta (inclui investimento direto: empréstimos intercompanhia)	
	Fim de período – US$ milhões
Discriminação	Dez/2012
Crédito comercial	1.792
Outros passivos de dívida	–
IV.3 – Famílias e instituições sem fins lucrativos	2.429
Curto prazo	1
Títulos de dívida	–
Empréstimos	1
Crédito comercial	20
Outros passivos de dívida	20
Atrasados	–
Outros	20
Longo prazo	2.428
Títulos de dívida	–
Empréstimos	2.385
Crédito comercial	44
Outros passivos de dívida	–
V – Investimento direto: empréstimos intercompanhia	127.705
Atrasados	–
Outros	127.705
Dívida externa bruta (I + II + III + IV + V)	440.604

Fonte: Banco Central do Brasil (jun/ 2013).

QUESTÕES PARA DEBATER

1. Faça uma pesquisa sobre os tipos de regimes de taxas cambiais adotados pelo Brasil nos últimos 50 anos e discuta com seu grupo quais razões levaram o país a adotar esses regimes.

2. O que leva um país a monopolizar o mercado de câmbio?

3. Faça uma análise dos riscos comerciais e financeiros quando a modalidade negociada entre exportador e importador é "cobrança limpa" e "cobrança documentária".

4. Relacione as diferenças entre uma carta de crédito convencional e uma *stand-by letter of credit* e quais as vantagens que cada uma delas tem em relação à outra.

5. Pesquise na rede bancária as ofertas de linhas de crédito para a aquisição de um reator nuclear fabricado na Alemanha, analise-as e escolha a melhor opção de negócio.

Capítulo 8
Contratos Internacionais

CONCEITOS E DEFINIÇÕES

Um dos momentos mais importantes nas negociações internacionais é quando as partes finalmente formalizam o que foi acordado entre elas. A formalização de um negócio está sujeita a diversos fatores que deverão ser observados rigorosamente a fim de evitar conflitos.

Há uma variedade de combinações e considerações a serem feitas entre as partes e cada uma delas é formalizada de acordo com os objetivos e interesses dos contratantes. Já foram abordados neste livro os acordos comerciais e os tratados, mas podem-se ainda acrescentar as convenções, os convênios, os ajustes e os contratos internacionais. É importante destacar que não é tarefa fácil conceituar o termo "contrato", e mais complicado ainda é conceituar "contrato internacional".

Como ter uma única definição para "contrato" se, ao consultarmos os sistemas jurídicos e os códigos civis de alguns países, observa-se que cada um deles tem uma definição própria para esse termo e, em geral, a definição considera os princípios, costumes e valores de cada nação? Há ainda aqueles que não apresentam uma definição e sim as características inerentes a um contrato e as cláusulas que esse documento deve conter, considerando o tipo de negócio que está sendo feito.

Quanto aos "contratos internacionais", entre as definições encontradas na literatura sobre este tema, pode-se citar Murta (2005, p. 1) que, ao se referir ao termo "contrato", considera que "em sentido amplo, contrato é o acordo de vontades de duas ou mais partes, que visa constituir, modificar ou extinguir uma relação jurídica". Quando o autor se refere a um contrato de compra e venda internacional, ele considera que um contrato "assumirá caráter internacional quando esta relação jurídica ocorrer entre parceiros comerciais de diferentes nações".

Strenger, citado por Cárnio (2009, p. 7), considera que o "contrato internacional é consequência do intercâmbio entre Estados e pessoas, apresentando características diversificadoras de mecanismos conhecidos e usualmente utilizados pelos comerciantes circunscritos a um único território ou a mais de um".

Para Soares (2004, p. 123), "um contrato é internacional quando existe uma relação jurídica e econômica, envolvendo uma mercadoria ou um serviço, entre dois indivíduos vinculados a sistemas jurídicos diferentes e que sejam residentes ou sediados em países diferentes".

A maior dificuldade para se definir "contrato internacional" é que, devido à possibilidade de as partes pertencerem a países que possuem diferentes sistemas jurídicos, com princípios e conceitos próprios, um mesmo fato poderá ser tratado de diversas maneiras em cada um dos países, como em relação às práticas comerciais – o que é considerado leal para uns, para outros pode ser considerado desleal. Neste sentido, a União Europeia, por conta das diferentes leis sobre as práticas de comércio consideradas desleais dos países que a integram, criou um conjunto de normas para facilitar as vendas e a promoção de produtos entre os países-membros, como meio de proteção aos consumidores. Com base nessas normas, as práticas comerciais na Europa serão avaliadas com os mesmos critérios que definem os tipos de comportamentos que não serão permitidos – por exemplo, alegações falsas sobre um produto, uma omissão de informação ou informações ambíguas, entre outras.

Como não há uma instituição supranacional para legislar e normatizar as operações internacionais e, sabendo-se da possibilidade de geração de conflitos entre as partes negociantes, foram criadas diversas ferramentas que buscam harmonizar e definir critérios para auxiliar a minimizar as diferenças entre as nações no momento de suas negociações no mercado internacional.

Isto quer dizer que encontramos uma série de acordos, convenções, regras e critérios criados conjuntamente pelos governos, organismos internacionais e organizações não governamentais, que buscam facilitar o entendimento entre as partes no momento da formalização de seus negócios e também na solução de conflitos, se houver.

Este conjunto de regras e critérios que buscam disciplinar os negócios internacionais é chamado de "Lex Mercatória", e a necessidade de sua criação foi justamente a intensificação e diversificação das relações internacionais e a instituição de organismos internacionais e organizações não governamentais capazes de agregar e regulamentar atividades de acordo com os interesses de grupos específicos.

Algumas das regras amplamente utilizadas no comércio internacional são:

- Os *Internacional Commercial Terms (Incoterms®)*, criados em sua primeira versão em 1936 pela Câmara de Comércio Internacional, organização empresarial com sede em Paris, cuja versão atual é a Publicação n.º 715/2010, em vigor desde 1 de janeiro de 2011, que substituiu a Publicação n.º 560/2000.
- A UCP 600/2007 – Regras Uniformes para Crédito Documentário, em vigor desde 1 de julho de 2007.
- Os "Princípios Relativos aos Contratos Comerciais Internacionais", desenvolvidos pelo Instituto Internacional para a Unificação do Direito Privado – Unidroit. Conjunto de regras que buscam interpretar os princípios relativos aos contratos comerciais, com base em diversos sistemas jurídicos, que também auxiliam os profissionais que atuam no mercado internacional a elaborar seus contratos.
- A "Convenção de Viena sobre Venda de Bens Móveis", organizada pela Comissão das Nações Unidas para o Direito Comercial – Uncitral-ONU, criada em 1966. Considerada uma das principais tratativas para uniformizar as regras e os termos contratuais das compras e vendas internacionais de bem, incluindo o comércio eletrônico. Desde a conclusão dos trabalhos da convenção, em 1980, diversos países vêm adotando parcial ou totalmente os princípios que regem esse tipo de contrato internacional.

As formas para a formalização de um contrato internacional podem ser classificadas como "solenes" ou "informais". Sobre este ponto é interessante destacar que a escolha entre o formato solene ou informal está diretamente relacionada à cultura das partes contratantes. Keegan (2006) comenta sobre as "culturas de alto contexto" e as "culturas de baixo contexto". As diferenças entre essas culturas estão na forma em que cada uma delas trata as formalizações de seus negócios internacionais.

Nas culturas de alto contexto, as negociações demoram muito para serem concluídas, não há pressa porque acreditam que tudo acontece dentro do seu devido tempo, a confiança entre os interlocutores vai aumentando com a aproximação entre eles e o conhecimento mútuo, e a palavra das pessoas é considerada o seu compromisso.

Nas culturas de baixo contexto, as negociações são muito mais rápidas, os acordos entre as partes devem ser escritos, de preferência na presença de advogados, e praticamente não há aproximação entre as pessoas.

Com base nessas características a formalização de um negócio internacional considerada **solene** é aquela em que há registros por escrito do que foi acordado com grande possibilidade de estes documentos serem escriturados publicamente; já na **informal**, um simples acordo verbal já basta para que as partes considerem o negócio fechado e passem a cumprir os compromissos ajustados.

Quando a formalização de uma negociação segue o padrão solene, um contrato por escrito deve ser providenciado e, dependendo do tipo do negócio, há modelos predefinidos para eles, que contêm cláusulas contratuais definidas pelas instituições internacionais que estabelecem as obrigações, deveres e direitos dos contratantes. Esses contratos são chamados de **Contratos Tipo**.

Tanto nos contratos de caráter nacional como internacional, as partes podem incluir tantas cláusulas quanto forem necessárias a fim de atender aos interesses de cada uma. Normalmente esses contratos previnem quanto aos conflitos que porventura venham ocorrer entre as partes, com a inclusão de cláusulas como as seguintes:

Força maior – quando ocorre um fato imprevisível, inevitável e não relacionado à natureza do objeto contratual. Os fenômenos da natureza decorrentes das mudanças climáticas dos últimos tempos são um exemplo de **força maior** que não deve ser ignorado.

Hardship – neste caso são considerados os fatos que podem ocorrer também independentemente das partes contratantes, mas não estão relacionados ao *"Act of God"* – termo legal utilizado para eventos naturais que ocorrem fora do controle humano, como os terremotos, furações, tsunamis etc. – e sim em decorrência de ações de terceiros, por exemplo, uma medida adotada por um governo restritiva à importação ou exportação de determinado produto ou, ainda, medidas adotadas pelos governos que impeçam uma das partes de fazer seus pagamentos dentro dos prazos e condições previamente negociadas.

Solução de controvérsias – esta cláusula define qual será o meio para solucionar os conflitos que porventura possam vir a ocorrer durante o processo da operação internacional que está sendo contratada. Um dos meios para a solução desses conflitos se dá por meio judicial, em que o poder do Estado, representado por seus juízes, determinará qual das partes está com a razão e quais medidas deverão ser adotadas para sanar ou ressarcir a parte considerada prejudicada.

Quando se opta pelo meio judicial para a solução das controvérsias, deve-se observar qual sistema jurídico será considerado, uma vez que, dependendo dos países envolvidos, os sistemas jurídicos são diferentes. Basicamente há três sistemas de direito contemporâneos que amparam a celebração dos contratos internacionais, mas observa-se que ultimamente os países, embora tenham seus sistemas jurídicos legais, vêm utilizando conceitos de outros sistemas jurídicos que, combinados com o seu sistema, buscam a solução dos conflitos. São eles:

Sistema Romano-Germânico – caracteriza-se pelo estabelecimento de leis e normas que são divididas de acordo com o caráter da ação, ou seja, civil, comercial e penal. A maioria dos países europeus e suas antigas colônias foram influenciados por este sistema, que teve como base a legislação romana, e depois pelo Código Napoleônico, como Portugal e Brasil. Mas, observa-se que países da Ásia, como o Japão e Tailândia, utilizam esse tipo de sistema jurídico, assim como boa parte da África e da América Latina.

Sistema da *Common Law* – este sistema jurídico tem como fundamento o "direito comum", ou seja, tem como base os usos e costumes, a tradição e as decisões tomadas em casos anteriores, a jurisprudência. A Inglaterra,

Austrália, Índia e Paquistão são exemplos de países que adotam este sistema. Nos Estados Unidos, embora tenham como fundamento o *Common Law*, verifica-se que há um distanciamento do sistema jurídico inglês original, sendo que muitas de suas normas jamais foram consideradas naquele país. Embora cada Estado norte-americano tenha autonomia, ou seja, um sistema jurídico próprio, este deve ter como fundamento a Constituição Federal, considerada um dos pontos básicos do sistema jurídico dos Estados Unidos.

Sistema Legal Islâmico – caracteriza-se como uma mescla de legislação codificada e de princípios éticos da doutrina religiosa fundamentados no Corão, livro sagrado dos muçulmanos, na Sharia e da Sunna (*hadith*), que descrevem as ações e passagens da vida do profeta Maomé entre os anos 570 e 632. Pode-se classificar como um sistema filosófico-religioso, uma vez que não está vinculado ou se refere a um Estado, mas está ligado a uma sociedade teocrática, em que o Estado serve a uma religião.

Outro sistema jurídico semelhante ao islâmico é o sistema hindu, que não pode ser confundido com o sistema indiano que segue a *Common Law*, mas aquele adotado por países que têm o hinduísmo como religião, em sua maioria situada no Sudoeste da Ásia.

Além dos processos judiciais para buscar a solução de conflitos entre as partes contratantes, outros meios atualmente utilizados, na maioria das vezes para evitar o desgaste e custos que as ações judiciais estatais podem representar, são por mediação, conciliação e arbitragem, cujas características são as seguintes:

Mediação – ao optarem por este meio de solução de conflito, as partes contratantes buscam chegar a um acordo de modo amigável e contam com a ajuda de um mediador que, sem poder de decisão e assegurando sigilo absoluto sobre o que será tratado, incentiva e orienta as partes a decidirem por uma solução que satisfaça a todos os envolvidos.

Conciliação – a diferença básica entre contratar um mediador ou um conciliador é que este atua de modo a facilitar as discussões entre as partes, sugerindo/indicando caminhos para a solução do conflito. Neste caso, o conciliador precisa ter conhecimento sobre o que está sendo discutido, pois, ao sugerir o que se pode fazer nos casos apresentados, não deve somente se basear no "senso comum" e sim em normas, procedimentos e rotinas inerentes ao tipo de negócio fechado entre as partes e nas causas do conflito gerado.

Arbitragem – neste meio de solução de conflitos, as partes contratam árbitros ou fóruns de arbitragens disponíveis em organismos internacionais para que estes decidam, com base na *lex mercatória*, quem está com a razão. Os árbitros, tal como os juízes que têm o poder de decisão, são geralmente profissionais de mercado com experiência comprovada na área em que o conflito ocorreu. No Brasil, a arbitragem é regulamentada pela Lei n.º 9.307/1996.

Organismos Internacionais como a Câmara de Comércio Internacional (CCI) e a Organização Mundial do Comércio (OMC), por meio de seus fóruns de arbitragens, buscam a solução de conflitos nos negócios internacionais de seus membros.

A CCI oferece a seus membros diversos serviços para a solução de controvérsias:

Corte de arbitragem: instituição de arbitragem para a solução de controvérsias nas negociações internacionais.

ADR: baseado na boa vontade das partes e com a atuação de um mediador, busca uma solução amigável para o conflito.

Dispute Boards: são instituições constituídas para resolver conflitos ou desentendimentos que possam surgir durante a elaboração de um contrato.

Peritagem: indicação de um profissional qualificado para opinar sobre as diversas áreas dos negócios internacionais.

DOCDEX: *experts* indicados para resolver os conflitos relacionados às cartas de crédito, cobranças documentárias e garantias internacionais, com base nos regulamentos e normas da Câmara de Comércio Internacional.

A Organização Mundial do Comércio coloca à disposição de seus países-membros o Órgão de Solução de Controvérsias quando um país considera que os compromissos acordados no âmbito da OMC não estão sendo cumpridos por um ou mais países-membros, prejudicando-o de alguma forma. Há inúmeros casos relacionados de pedidos para a solução de controvérsias entre seus países-membros, entre eles:

- Adoção de medidas de salvaguardas sobre as importações de sacos de polipropileno e tecido tubular pela República Dominicana, tendo como países reclamantes El Salvador, Honduras, Guatemala e Costa Rica, em outubro de 2010.
- Adoção de medidas que afetam os serviços de pagamentos eletrônicos pela China, tendo como país reclamante os Estados Unidos da América, em setembro de 2010.
- Confisco de medicamentos genéricos em trânsito pela União Europeia e Países Baixos, tendo como reclamantes o Brasil e Índia, em maio de 2010.
- Medidas *antidumping* sobre determinado calçado procedente da China pela União Europeia, tendo como país reclamante a China, em fevereiro de 2010 e muitas outras.

Em julho de 2013, a OMC informava que o Brasil apresentava 26 casos como país reclamante, 14 casos como país demandado e 74 casos como terceiro país nos pedidos de solução de controvérsias.

TIPOS DE CONTRATOS UTILIZADOS NOS NEGÓCIOS INTERNACIONAIS
Contrato Internacional de Compra e Venda de Bens
Nas negociações internacionais de compra e venda de bens é bastante comum que os compradores e vendedores, após a negociação, formalizem a compra/venda após a emissão, por parte do vendedor, de uma fatura pró--forma, em que constam todos os dados referentes à mercadoria negociada. Esse documento é enviado ao comprador para que sejam verificados se todos os termos e condições estão de acordo com o que foi negociado. O comprador, aceitando o que consta na fatura pró-forma, confirma com o fornecedor o pedido feito e, então, se iniciam os processos para o cumprimento das obrigações de cada uma das partes.

Esta maneira de formalizar uma negociação, por meio de uma fatura pró-forma, é geralmente utilizada para as compras e vendas de bens tangíveis, com prazo para entrega imediata ou em um curto prazo. Para bens que necessitam de um prazo mais longo para ser produzido ou que

CONTRATOS INTERNACIONAIS

suas características sejam para atender especificamente à necessidade do comprador ou para qualquer outro motivo que requeira procedimentos especiais, é de máxima importância que não haja dúvidas quanto às obrigações e deveres de cada parte e que tudo seja formalizado de forma clara e objetiva, levando-se em consideração a legislação que dará amparo ao negócio.

Não existe um modelo específico para um contrato de compra e venda de bens. Os contratos devem conter as cláusulas de acordo com os interesses de cada uma das partes. Um contrato poderá conter tantas cláusulas quanto forem necessárias, obedecendo sempre o que foi negociado e as condições para a entrega da carga e o recebimento do valor acordado.

Em um contrato internacional de compra e venda de bem constam os seguintes itens/cláusulas:

a) Partes Contratantes: exportador/vendedor e importador/comprador.
b) Descrição do bem: classificação fiscal, quantidade, peso líquido e bruto, preço unitário e total, tipo de embalagem, modelos, referências, cores, medidas etc.
c) Condição de Venda: *Incoterms*® – especificando qual versão deverá ser considerada. Normalmente as partes elegem a última versão dos *Incoterms*® publicada pela Câmara de Comércio Internacional.
d) Modalidade de Pagamento: pagamento antecipado, remessa direta de documentos ou remessa sem saque, cobrança documentária, carta de crédito, cartão de crédito internacional ou vale postal internacional.
e) Bancos que participarão do processo para pagamento no país do exportador e no país do importador; moeda a ser utilizada na operação; prazos para pagamento etc.
f) Tipos de documentos, idioma e número de vias a serem apresentados pelo exportador ao importador para fins de desembaraço da carga no país de destino e para outros fins.
g) Prazo máximo para o embarque da carga.
h) Modal de transporte: aéreo, rodoviário, ferroviário, aquaviário, lacustre.
i) Pontos/locais de embarque e de desembarque, portos, aeroportos.
j) Se são permitidos embarques parciais da carga.
k) Se são permitidos transbordos da carga.

l) Os dados para a cobertura do seguro do transporte internacional, nos casos em que o exportador é o responsável pela contratação deste seguro, conforme os *Incoterms®* negociados.

m) Definição de quem pagará as despesas diversas nos países de origem e de destino.

n) Definição de multas nos casos de não cumprimento das obrigações pactuadas pelas partes ou pela desistência, rescisão do que foi acordado.

o) Os termos de garantia do bem a ser fornecido, como prazo, coberturas.

p) Data e prazo da validade do contrato.

q) Cláusulas que definem condições específicas para determinados tipos de bens, como os cuidados para transporte, manuseio, embalagens especiais, temperatura máxima, a fim de manter a qualidade e a aplicabilidade do bem, autorizações, registros ou documentos específicos exigidos nas negociações internacionais para determinados tipos de bens no país de origem e no país de destino.

r) Determinação do foro internacional ao qual o contrato ficará vinculado para a solução de conflitos que possam vir a ocorrer entre as partes.

s) Outras cláusulas.

t) Número de vias emitidas do contrato.

u) Local e data da formalização do contrato.

v) Assinaturas do comprador e vendedor.

w) Assinaturas das testemunhas.

Contrato Internacional de Prestação de Serviços

Nos casos em que a negociação internacional envolve a prestação de serviços, há a necessidade da elaboração de um contrato que especifique o serviço a ser prestado, e dificilmente haverá um modelo que possa ser utilizado de forma geral, pois não se trata de um bem tangível, que será transportado de um país para outro e que poderá ou não seguir a legislação do país exportador, no caso de controvérsias entre as partes.

Como a prestação de serviços se dará no país do importador, é preciso atentar para a legislação do país que contratou o serviço, pois geralmente o foro para a solução de controvérsias será o do país importador, a não ser, obviamente, que as partes decidam de outra forma.

Algumas diferenças entre um contrato internacional de compra e venda de bens e um contrato internacional de prestação de serviços podem ser

CONTRATOS INTERNACIONAIS

observadas, principalmente pelo motivo já mencionado, que é a intangibilidade do objeto negociado.

A prestação de serviços no exterior compreende uma variedade de ofertas, como a execução de um projeto arquitetônico, a execução de serviços de engenharia de todos os tipos, projetos culturais, assessorias e consultorias em diversas áreas, como contábil, educação, jurídica, tecnologia de informação etc.

Neste tipo de negócio é possível que parte do serviço prestado seja executada no país do exportador e parte no país do importador. No caso da construção civil, muitas vezes os equipamentos e outros materiais a serem utilizados poderão compor outro tipo de negócio que será atrelado ao contrato de prestação de serviços, bem como as atividades exercidas por técnicos enviados para a execução da obra. As cláusulas em um contrato internacional de prestação de serviços apresentam geralmente os seguintes itens/cláusulas:

a) Partes Contratantes: exportador/prestador do serviço e importador/contratante do serviço.
b) Informações sobre a licitação pública e as garantias a serem oferecidas pela exportadora, se for o caso.
c) Descrições do serviço a ser prestado em detalhes, informando ainda se serão fornecidos materiais, equipamentos e mão de obra até o seu término e objetivos atingidos.
d) Prazos para entrega dos equipamentos, se for o caso.
e) Forma de entrega dos equipamentos, frete e seguros em geral, se for o caso.
f) Preço contratual dos serviços a serem executados.
g) Prazos e formas de pagamento.
h) Local da execução dos serviços contratados.
i) Prazos e vigência do contrato.
j) Sobre rescisões ou revogações do contrato.
k) Sobre o foro para a solução de controvérsias.
l) Outras cláusulas.
m) Número de vias emitidas do contrato.
n) Local e data da formalização do contrato.
o) Assinaturas das partes contratantes.
p) Assinaturas das testemunhas.

Contrato de Exportação em Consignação

Os contratos de exportação em consignação implicam definir as obrigações, deveres e direitos do exportador e do consignatário do bem que ficará sob sua responsabilidade no exterior, uma vez que o bem exportado sob esta condição pode ou não ser comercializado e, caso não o seja, deverá retornar ao país de origem. Cada país possui normas e procedimentos para esse tipo de exportação e importação. No Brasil, por exemplo, nos normativos sobre exportação e importação não está prevista a "importação em consignação", embora alguns considerem o regime aduaneiro especial "Entreposto Aduaneiro" como importação em consignação.

Em relação à "Exportação em Consignação", os normativos brasileiros aceitam que a maioria das mercadorias pode ser exportada condicionada à sua venda no exterior ou não, mas, para algumas mercadorias, esse tipo de negócio não é permitido e há um prazo máximo para que o bem fique no exterior, sendo que se ele não for vendido, deverá obrigatoriamente retornar ao país.

Os contratos de exportação em consignação são necessários não só por conta dos prazos máximos permitidos pelos regulamentos brasileiros para que o bem fique no exterior sem ser vendido, mas também por conta do risco a que está sujeito o exportador, caso tais normas não sejam cumpridas, como o bloqueio de edições de novos registros de exportações em consignação ou, ainda, no caso do não recebimento dos valores referentes ao bem em consignação, da caracterização da ausência da contratação de câmbio e de o exportador receber sanções administrativas previstas na legislação.

As cláusulas em um Contrato de Exportação em Consignação apresentam geralmente os seguintes itens/cláusulas:

a) Consignante/exportador – consignatário/importador.
b) Descrição minuciosa do bem que ficará sob a guarda do consignatário, quantidade, condições físicas, reposição etc.
c) Sobre a venda e o faturamento do bem.
d) Sobre o valor do bem.
e) Sobre o prazo e meio de pagamento dos bens vendidos, observando as normas vigentes nos países do exportador e do importador.
f) Sobre o prazo de retorno do bem, caso não seja vendido, observando as normas vigentes nos países do exportador e do importador.

g) Local da armazenagem e venda do bem em consignação.
h) Prazos e vigência do contrato.
i) Sobre rescisões ou revogações do contrato.
j) Sobre o foro para a solução de controvérsias.
k) Outras cláusulas.
l) Número de vias emitidas do contrato.
m) Local e data da formalização do contrato.
n) Assinaturas das partes contratantes.
o) Assinaturas das testemunhas.

Contrato de *Franchising*/Franquia

Como já visto, a franquia é uma forma de parceria que permite ao franqueado explorar uma marca, um produto, uma prestação de serviços e até mesmo uma forma de gestão com a autorização e assistência de um franqueador, geralmente o detentor de marcas, patentes ou direitos sobre o objeto que está sendo franqueado.

Esta parceria se caracteriza pela independência das partes em relação ao negócio, ou seja, tanto o franqueador como o franqueado não têm vínculos, mantendo independência jurídica e financeira, embora o franqueado deva aceitar e seguir as condições impostas pelo franqueador para que tenha o direito de utilizar a sua marca, divulgar e comercializar seus produtos ou prestar os serviços, beneficiando-se da exclusividade e da aceitação de bens e serviços geralmente já conhecidos nos mercados.

É óbvio que o franqueado, ao escolher a franquia a ser contratada, já deve ter feito um estudo sobre as oportunidades, a disponibilidade de recursos financeiros, materiais, humanos, técnicos e outros, a solidez do negócio e o retorno que o franqueador oferece, da mesma forma que este também deve fazer uma análise do proponente para verificar sua capacidade e condições para representar sua marca, seus produtos e serviços.

Não há um modelo único para um contrato de franquia, uma vez que cada franqueador estabelece normas e critérios próprios para permitir que terceiros façam uso e explorem seu negócio. Nos contratos internacionais de franquia, em que o franqueador e o franqueado estão em países diferentes, é necessário observar ainda as leis de franquia de cada país, o que exige que o franqueador se adapte a elas se desejar exportar seu negócio.

Em geral, um contrato de *franchising*/franquia contém os seguintes itens/cláusulas:

a) Partes Contratantes: franqueador/exportador – franqueado/importador.

b) Objeto contratado: exploração e utilização pelo franqueado de uma marca comercial, serviços ou produtos, cuja propriedade é do franqueador segundo registros em órgãos competentes etc.; utilização do sistema operacional e gestacional desenvolvido pelo franqueador; abrangência territorial para explorar e negociar o objeto do contrato pelo franqueado, entre outros.

c) Sobre o prazo do contrato, sobre renovações e rescisões.

d) Sobre direitos, deveres e obrigações do franqueador.

e) Sobre direitos, deveres e obrigações do franqueado.

f) Sobre transferência do contrato.

g) Sobre o valor da franquia, incluindo neste item o percentual sobre o faturamento, pagamento de *royalties* e taxas de propaganda, conforme o caso.

h) Sobre multas e penalidades no caso de descumprimento de alguma cláusula pelas partes contratantes.

i) Sobre a arbitragem internacional e o foro em que serão resolvidos os conflitos entre as partes, se houver.

j) Outras cláusulas.

k) Número de vias emitidas do contrato.

l) Local e data da formalização do contrato.

m) Assinaturas do comprador e vendedor.

n) Assinaturas das testemunhas.

Contrato Internacional de *Joint Venture*

O contrato internacional de *joint venture* formaliza uma parceria em que prevê que as partes contratantes empreendam conjuntamente um negócio que implica partilhar recursos e experiências que beneficiarão mutuamente as empresas, resguardando a identidade e independência de cada uma delas.

Uma vez analisada e constatada a viabilidade do negócio, as partes interessadas devem iniciar a implantação do que foi acordado, determinando os termos contratuais em que serão definidas claramente as condições, deveres, obrigações e responsabilidades de cada empresa para que esta parceria obtenha sucesso. É importante ressaltar que há países que, de acordo com a sua política externa, podem dificultar a formação desse tipo de parceria. No entanto, há países que somente aceitam que se invista diretamente em seu mercado por meio de uma *joint venture* com uma empresa local.

Em geral, um contrato internacional de *joint venture* contém os seguintes itens/cláusulas:

a) Partes Contratantes: empresas interessadas em empreender conjuntamente um negócio.
b) Cláusula que define a intenção da criação da *joint venture*.
c) Definição detalhada do objeto/negócio a ser empreendido pelas partes.
d) Definição do local onde o objeto/negócio será estabelecido.
e) Definição do prazo que durará a parceria.
f) Definição dos interesses/objetivos de cada uma das partes em relação ao empreendimento.
g) Definição do modelo legal da parceria que será adotado, as obrigações e contribuição de cada empresa.
h) Definição dos direitos de participação que caberá a cada uma das empresas.
i) Cláusula sobre a composição e atribuição dos órgãos gestores.
j) Cláusula sobre a gestão, representação e delegação de poderes.
k) Cláusula sobre o aporte de capital ou de bens que caberá a cada uma das partes.
l) Cláusula sobre se será aceita a participação de terceiros na parceria.
m) Cláusula sobre a tecnologia/processos empregados e a exigência de sigilo sobre os conhecimentos adquiridos com a parceria.
n) Cláusula sobre as ferramentas de fiscalização e acompanhamento, definindo se será permitida auditoria externa ou não.
o) Cláusula sobre a divulgação e propaganda da *joint venture*.
p) Cláusula sobre as prestações de contas.
q) Cláusulas de "força maior" e de *hardship*.
r) Cláusula sobre as multas e penalidades nos casos de descumprimento de alguma cláusula pelas partes contratantes.
s) Cláusula sobre alterações, rescisões ou cancelamento do contrato.

NEGÓCIOS INTERNACIONAIS E SUAS APLICAÇÕES NO BRASIL

t) Cláusula sobre a arbitragem internacional e o foro em que serão resolvidos os conflitos entre as partes se houver.

u) Outras cláusulas.

v) Número de vias emitidas do contrato.

w) Local e data da formalização do contrato.

x) Assinaturas do comprador e vendedor.

y) Assinaturas das testemunhas.

Contrato de Exportação de *Know-How*

O proprietário de um *know-how* pode exportá-lo para qualquer pessoa, seja em caráter temporário ou definitivo, assim como o direito de seu uso e exploração, mediante remuneração ou até mesmo gratuitamente.

Um dos pontos mais importantes nos contratos de exportação de *know--how* é a manutenção do sigilo absoluto pelo importador, principalmente quando a transferência é temporária, embora haja casos em que uma das condições impostas pelo exportador ao transferir o direito de uso, seja este definitivo ou temporário, é que nada seja divulgado ou transferido para terceiros.

Como em qualquer contrato, quem decide os termos e cláusulas que nele constarão são as partes envolvidas no negócio e dependerá dos interesses de cada um. Em geral, um contrato de exportação de *know-how* contém os seguintes itens/cláusulas:

a) As partes contratantes: exportador/cedente-proprietário do *know--how* – importador/cessionário-pessoa ou empresa que passará a ter direito de uso do *know-how*.

b) Descrição minuciosa do tipo de *know-how* que está sendo cedido – um processo de produção, uma tecnologia, uma fórmula, projeto de uma máquina etc.

c) Valor da remuneração a ser paga pelo cessionário durante o período em que fizer uso do *know-how*, denominado de *royalties*;

d) Prazo de duração do contrato.

e) Prazo para a transferência do *know-how*.

f) Periodicidade e meio de pagamento dos *royalties*.

g) Condições de uso e exploração do *know-how*.

h) Obrigações, deveres, responsabilidades e direitos do cedente.

i) Obrigações, deveres, responsabilidades e direitos do cessionário.

CONTRATOS INTERNACIONAIS

j) Cláusula sobre a exigência de sigilo dos conhecimentos adquiridos com a parceria.
k) Cláusula sobre as multas e penalidades nos casos de descumprimento de alguma cláusula pelas partes contratantes.
l) Cláusula sobre a rescisão ou cancelamento do contrato.
m) Cláusula sobre a arbitragem internacional e o foro em que serão resolvidos os conflitos entre as partes, se houver.
n) Outras cláusulas.
o) Número de vias emitidas do contrato.
p) Local e data da formalização do contrato.
q) Assinaturas do comprador e vendedor.
r) Assinaturas das testemunhas.

Contrato de *Leasing* Internacional

O *leasing* internacional, também conhecido como arrendamento mercantil, é uma das formas que as empresas têm para adquirir um bem no mercado externo por determinado tempo ou, de acordo com o contrato, adquiri-lo após determinado período.

O contrato de *leasing* internacional envolve duas empresas localizadas em diferentes países, sendo que uma delas tem a propriedade do bem que está sendo arrendado/alugado pela outra empresa. Basicamente, os envolvidos em uma operação deste tipo são:

a) Partes Contratantes: empresa arrendadora – utilizará seus recursos na aquisição de um bem escolhido pela empresa arrendatária, sendo que este bem será objeto do arrendamento; e empresa arrendatária – fará a escolha do bem que lhe interessa com o fornecedor, que será adquirido pela empresa arrendatária, passando a fazer uso do bem mediante o pagamento de parcelas/contraprestações por um período determinado que constará em contrato de arrendamento.
b) Fornecedor do bem: empresa que venderá o bem para a empresa arrendadora, faturando-o em seu nome e que o entregará ao arrendatário.

Como já visto no capítulo 7, há três tipos de *leasing* internacional:

Leasing Operacional: quando o contrato assinado entre arrendador e arrendatário prevê a devolução do bem a seu proprietário ao final do contrato.

Leasing Financeiro: quando o contrato assinado entre arrendador e arrendatário prevê que o arrendatário adquirirá o bem ao final do contrato, mediante o pagamento de um valor residual.

Lease back: quando o arrendatário possui um bem e o vende à empresa arrendadora e esta, uma vez proprietária do bem, aluga-o para o ex-proprietário, passando a ser o arrendatário por certo período.

Em geral, um contrato de *leasing* internacional ou arrendamento mercantil contém os seguintes itens/cláusulas:

a) Partes contratantes: empresas arrendadora e arrendatária.

b) Descrição do bem a ser arrendado.

c) Tipo do arrendamento: *leasing* operacional, financeiro ou *lease back*.

d) Condições do bem ao ser devolvido, destacando obviamente o desgaste natural do referido objeto.

e) Valor a ser pago pelo arrendamento; periodicidade do pagamento das parcelas/contraprestações; encargos, caso haja o atraso do pagamento das parcelas/contraprestações.

f) Sobre o interesse de renovação do contrato do arrendamento do bem.

g) Sobre o transporte e funcionamento do bem.

h) Sobre a fiscalização/inspeção por parte da arrendadora do bem em relação a seu correto uso, ao espaço físico onde está instalado, a sua manutenção e conservação etc.

i) Sobre aos deveres da arrendatária.

j) Sobre rescisões, alterações e validades do contrato.

k) Sobre arbitragens internacionais e foros para as soluções dos conflitos entre as partes.

l) Outras cláusulas.

m) Número de vias emitidas do contrato.

n) Local e data da formalização do contrato.

o) Assinaturas do comprador e vendedor.

p) Assinaturas das testemunhas.

CONTRATOS INTERNACIONAIS

Contrato de Representação ou Agenciamento Internacional

Para vender seus produtos ou oferecer seus serviços, as empresas podem utilizar diversos meios ou ferramentas. Uma das formas mais tradicionais usadas pelas empresas é por meio de um vendedor ou uma equipe de vendedores, que, treinados para oferecer os bens e serviços, se especializam na arte das vendas e muitos deles se destacam como o vendedor do ano, ganhando prêmios por seus resultados.

Mas, será que este vendedor premiado está capacitado a fazer vendas de sua empresa no mercado externo? Será que ele conhece as normas e regras do comércio internacional? Será que conhece o mercado a ser atingido, o público-alvo e suas necessidades? E um idioma estrangeiro? Nem sempre.

É por este motivo que as empresas acabam contratando profissionais, geralmente nos mercados/países em que pretendem atuar, para promover seus produtos e serviços e também para efetuar as vendas. Esse profissional contratado que, com base no contrato de agenciamento ou representação assinado entre ele e a empresa contratante, passará a ser o representante legal da empresa naquele mercado.

Como este representante ou agente está sendo contratado para intermediar uma venda entre o fornecedor e o comprador do bem ou serviço, sua remuneração geralmente ocorre após a conclusão da venda e o efetivo pagamento feito pelo comprador do bem ou do contratante do serviço prestado, e a forma e quantia a ser paga deverão ser acordadas entre a empresa e seu representante. Geralmente, a remuneração paga é com base em um percentual sobre o valor FOB/FCA da mercadoria ou sobre o valor cobrado pelo serviço prestado.

Sempre é bom destacar que a empresa interessada em utilizar esse meio para a venda de seus produtos ou prestação de seus serviços deve, necessariamente, buscar informações sobre a competência e idoneidade profissional desse representante ou agente a ser contratado, e, uma vez determinado que este será contratado, atentar para as cláusulas contratuais que determinam as obrigações, deveres e direitos desse profissional como seu representante legal em outro mercado/país.

Em geral, um contrato de representação ou agenciamento contém os seguintes itens/cláusulas:

a) Partes Contratantes: vendedor do bem ou prestador do serviço/exportador – agente ou representante.

b) Objeto do contrato: bem a ser divulgado e vendido ou o serviço a ser oferecido.

c) Descrição minuciosa dos objetos a serem divulgados e vendidos.

d) Os mercados/países em que o objeto do contrato será oferecido e vendido.

e) Sobre as formas de divulgação dos objetos, tais como folhetos, catálogos, propagandas na mídia impressa, virtual etc.

f) Sobre as condições de venda (*Incoterms®*), modalidades de pagamento, preços unitários, embalagens, prazos para entrega/embarque, pontos de embarque etc.

g) Sobre a remuneração do agente, ou seja, a comissão que ele receberá pelos serviços e a forma de pagamento. Nos casos de exportação de bens, a comissão do agente pode ser paga deduzindo da fatura comercial emitida pelo exportador quando este transferir a propriedade do bem para o comprador/importador; após o recebimento do valor pago pelo importador, o exportador providencia o pagamento da comissão a seu representante por meio de uma transferência financeira ou o pagamento pode ser feito por um banco devidamente instruído a pagar o agente por conta da venda que ele fez, após o recebimento do valor pago pelo importador. Neste último caso, denomina-se o pagamento da comissão do agente como "em conta gráfica".

h) Sobre exclusividades na representação e venda.

i) Sobre rescisões, alterações e validades do contrato.

j) Sobre arbitragens internacionais e foros para as soluções dos conflitos entre as partes.

k) Outras cláusulas.

l) Número de vias emitidas do contrato.

m) Local e data da formalização do contrato.

n) Assinaturas do comprador e vendedor.

o) Assinaturas das testemunhas.

QUESTÕES PARA DEBATER

1. Ao elaborar um contrato de exportação em consignação, quais são as cláusulas indispensáveis para proteger o exportador dos riscos inerentes a este tipo de negócio?

CONTRATOS INTERNACIONAIS

2. Em alguns países, o comportamento e as intenções do exportador e do importador são suficientes para concluir uma negociação, sem precisar formalizá-la por meio de um contrato por escrito. Como você resolveria uma situação em que seu parceiro comercial se nega a assinar um contrato de compra e venda de produtos da sua empresa, uma vez que em seu país esta é uma prática frequente?

3. No caso de um contrato de transferência de *know-how* a ser celebrado entre uma empresa brasileira e uma empresa indiana, cujos sistemas jurídicos são diferentes, qual seria a melhor solução para amparar esse negócio?

4. Quais são os objetivos das cláusulas de "força maior" e *hardship* em um contrato internacional e quais as diferenças entre estes dois termos?

5. Quando se manifesta um conflito entre as partes contratantes, quais são os meios disponíveis para sua solução?

REFERÊNCIAS

ADLMAIER, Diogo; SELLITTO, Miguel Afonso. Embalagens retornáveis para transporte de bens manufaturados: um estudo de caso em Logística Reversa. *Revista Produção* [on-line], v. 17, n. 2, p. 395-406, 2007. Disponível em: <http://www.scielo.br>. Acesso em: 4 out. 2010.

ALBUQUERQUE, José Augusto Guillon. O governo Lula em face dos desafios sistêmicos de uma ordem internacional em transição. In: *Carta Internacional*. Publicação do Núcleo de Pesquisa em Relações Internacionais da Universidade de São Paulo – NUPRI/USP, v.1, n.º 1, mar. 2006.

ALTEMANI, Henrique; LESSA, Antonio Carlos (Orgs.). *Relações internacionais do Brasil: temas e agendas*. São Paulo: Saraiva, 2006.

BALLOU, Ronald H. *Gerenciamento da cadeia de suprimentos*. Porto Alegre: Bookman, 2001.

BARBIERI, José Carlos; DIAS, Marcio. Logística reversa como instrumento de programas de produção e consumo sustentáveis. *Revista Tecnologística*, São Paulo, ano VI, n. 77, abril 2002.

BRASIL. Ministério das Relações Exteriores. *Atos Internacionais*. Prática Diplomática Brasileira. Manual de Procedimentos. Brasília: MRE/Divisão de Atos Internacionais, maio de 2008. Disponível em: <http://www2.mre.gov.br/dai/PraticaDiplomatica Brasileira.pdf> Acesso em: 5 de maio de 2011.

— Ministério das Relações Exteriores. *Denominações dos Atos Internacionais*. MRE/Divisão de Atos Internacionais. Disponível em <http://www2.mre.gov.br/dai/003.html>. Acesso em: 5 de maio de 2011.

CARBONE, Gleriani Torres; SATO, Geni Satiko; MOORI, Roberto Giro. Logística reversa para embalagens de agrotóxicos no Brasil: uma visão sobre conceitos e práticas operacionais. *XLIII Congresso da Sober*, São Paulo, 2005.

CÁRNIO, Thaís Cíntia. *Contratos internacionais*. São Paulo: Atlas, 2009.

CÁRPIO, Rómulo Francisco Vera Del. *Carta de Crédito e UCP 600 – comentada*. São Paulo: Aduaneiras, 2008.

CASTELLS, Manuel. *A era da informação: economia, sociedade e cultura: fim de milênio.* São Paulo: Paz e Terra, 1999.

CHURCHILL, Gilbert A.; PETER, J. Paul. *Marketing: criando valor para clientes.* São Paulo: Saraiva, 2008.

CÓDIGO DE DEFESA DO CONSUMIDOR. *Lei n.º 9613, de 3 de março de 1998, alterada pela Lei n.º 10.701, de 9 de julho de 2003.* Brasília, Diário Oficial da União, 2003.

FIGUEIREDO, Lucas. Agronegócios: o Brasil que assusta Bush. *Revista Primeira Leitura,* 2 abr. 2002.

FURLAN, Anderson; FRACALOSSI, William. *Direito ambiental.* Rio de Janeiro: Forense, 2010.

GUIDDENS, Anthony. *As consequências da modernidade.* São Paulo: Unesp, 2001.

HABERMAS, Jürgen. O Estado Nação frente aos desafios da globalização. *Novos Estudos,* Cebrap, São Paulo, 1995.

HERZOG, Ana Luiza. O produto que veio do lixo. *Exame,* 29 dez. 2010.

KEEGAN, Warren J. *Marketing global.* 7. ed. São Paulo: Pearson Prentice Hall, 2006.

KHANA, Parag. A nova ordem mundial ganha outra cara. *O Estado de S. Paulo,* Internacional, 12 dez. 2010.

KOTLER, Philip; ARMSTRONG, Gary. *Princípios de marketing.* São Paulo: Pearson Prentice Hall, 2007.

KOTLER Philip; KELLER, Kevin Lane. *Administração de marketing.* São Paulo: Pearson, 2006.

LACERDA, L. *Logística reversa: uma visão sobre os conceitos básicos e as práticas.* 2002. Disponível em: <http://www.sargas.com.br>. Acesso em: 10 jun. 2010.

LEAL, Catarina Mendes. A Otan e a PESD: duas realidades complementares ou concorrentes. In: *Questões geopolíticas centrais:* Departamento de Prospectiva e Planeamento e Relações Internacionais/Ministério do Ambiente e do Ordenamento do Território. Lisboa: Informação Internacional, v. I, 2004.

LEITE, Paulo Roberto. Empresas brasileiras adotam políticas de logística reversa relacionada com o motivo de retorno e com o direcionador estratégico? *EnANPAD 2010,* Rio de Janeiro. Disponível em: <http://www.anpad.org.br>. Acesso em: 17 maio de 2011.

— *Logística reversa: meio ambiente e competitividade.* São Paulo: Prentice Hall, 2009.

LIST, Georg Friedrich. *Sistema nacional de economia política.* São Paulo: Nova Cultural, 1986.

MAGALHÃES, Vagner. *Austrália facilita imigração, em busca de especializados.* Disponível em: <http://noticias.terra.com.br/mundo/vivernoexterior/interna/0,,OI783650-EI1292,00.html>. Acesso em: 6 jan. 2011.

MARTINS, Eliane Maria Octaviano. *Parcerias empresariais e "joint ventures".* Disponível em: <http://www.tidona.com/pubblicazioni/settembre02_7.htm>. Acesso em: 6 fev. 2011.

REFERÊNCIAS

MENDES, Zilda. *A Alca e o Brasil são compatíveis?* Inter Relações. FASM – Faculdade Santa Marcelina – Departamento de Relações Internacionais. Ano 1, n.º 5.

MENDES, Zilda. *Internacionalização das empresas, a sociedade em rede e o papel dos governos.* Revista Autor. Disponível em: <http://www.revistaautor.com/portal/>. Acesso em: 1 set. 2010.

MINERVINI, Nicola. *O exportador: ferramentas para atuar com sucesso no mercado internacional.* São Paulo: Prentice Hall, 2008.

MURTA, Roberto. *Princípios e contratos em comércio exterior.* São Paulo: Saraiva, 2005.

NEVES, Fernando; VON ZUBEN, Fernando. *Reciclagem do alumínio e polietileno presentes nas embalagens cartonadas tetra pak.* Associação dos Fabricantes de Embalagens de Cartão para Alimentos Líquidos, 1999. Disponível em: <http://www.afcal.pt>. Acesso em: 10 out. 2010.

NOVAES, Antônio Galvão. *Logística e gerenciamento da cadeia de distribuição.* Rio de Janeiro: Elsevier, 2007.

OGDEN, James R. *Comunicação integrada de marketing: modelo prático para um plano criativo e inovador.* São Paulo: Pearson, 2004.

ORCHIS, Marcelo A.; YUNG, Mauricio T.; MORALES, Santiago C. *Impactos da responsabilidade social nos objetivos e estratégias empresariais.* São Paulo: Petrópolis, 2002.

PERRUPATO, Marcelo. *Plano Nacional de Logística e Transportes,* 2010. Disponível em: <www.ministeriodostransportes>. Acesso em: 15 fev. 2011.

PINTO, Edson. *Lavagem de capitais e paraísos fiscais.* São Paulo: Atlas, 2007.

PEREIRA, Edson. *Aliança do Pacífico – O novo bloco econômico internacional e seus efeitos sobre o Mercosul e o Brasil.* Disponível em: http://www.administradores. com.br/artigos/economia-e-financas/alianca-do-pacifico/70977/. Acesso em: 06 jun 2013

PORTER, Michael. *Competição: estratégias competitivas essenciais.* Rio de Janeiro: Campus, 1999.

PORTER, Michael. Parem de gastar tanto dinheiro. *Guia Exame 2007 – Sustentabilidade,* 29 nov. 2007. São Paulo: Prentice Hall, 2009.

RATTI, Bruno. *Comércio exterior e câmbio.* São Paulo: Aduaneiras, 2009.

ROGERS, Dale; TIBBEN-LEMBKE, Ronald. *Going backwards: reverse logistics trends and practices.* Reno: University of Nevada; Reno Center for Logistics Management, 1998.

RUDGE, Luiz Fernando. *Dicionário de termos financeiros.* Banco Santander Brasil S.A., 2003.

RYDLEWSKI, Carlos. O país paga a conta. *Veja,* 23 abr. 2008.

SHIBAO, Fábio; MOORI, Roberto; SANTOS, Mario Roberto. A logística reversa e a sustentabilidade empresarial. In: *Semead 2010,* São Paulo – SP. Disponível em: <http://www.ead.fea.usp.br/semead>. Acesso em: 2 out. 2010.

SOARES, Cláudio César. *Introdução ao comércio exterior: Fundamentos teóricos do comércio internacional*. São Paulo: Saraiva, 2004.

TACHIZAWA, Takeshy. *Gestão ambiental e responsabilidade social corporativa*. São Paulo: Atlas, 2009.

VAZQUEZ, José L. *Comércio exterior brasileiro*. São Paulo: Atlas, 2003.

VIEIRA, Guilherme Bergmann Borges. *Transporte internacional de cargas*. São Paulo: Aduaneiras, 2006.

ZORTEA, Rafael. Análise dos custos para a reciclagem das fibras de papel das embalagens Tetra Pak em Porto Alegre. *ConTexto*, Porto Alegre, v. 1, n. 1, 2.º semestre 2001. Disponível em <http://seer.ufrgs.br>. Acesso em: 10 out. 2010.

ARTIGOS, NOTÍCIAS E TEXTOS

Cedeao lança moeda única em 2020. Publicado em: 28 maio 2009. Disponível em: <http://www.africanidade.com/articles/2527/1/CEDEAO-lanAa-moeda-Anica-em-2020-/Paacutegina1.html>.

Chávez manda expropriar rede de hipermercados do grupo francês Cassino. Disponível em: <http://oglobo.globo.com/economia/mat/2010/01/18/chavez-manda-expropriar-rede-de-grupo-frances-casino-915545621.asp>. Acesso em: 6 fev. 2011.

Cúpula da Unasul traz à tona a questão: para que serve o bloco? Disponível em: <http://veja.abril.com.br/noticia/internacional/cupula-da-unasul-traz-a-tona-a-questao-para-que-serve-o-bloco>. Acesso em: 10 fev. 2011.

Declaração da Cidade de Quebec. Disponível em http://www.summit-americas.org/Documents%20for%20Quebec%20City%20Summit/Quebec/Declaration%20of%20Quebec%20City%20-%20port.htm. Acesso em: 03 jun 2013

Exportando mão de obra. Publicado em: 30 out. 2005. Disponível em: <http://www2.uol.com.br/aprendiz/guiadeempregos/primeiro/noticias/ge101105.htm#1>. Acesso em: 6 jan. 2011.

VII Cumbre de la Alianza del Pacífico. Disponível em: http://www.viicumbrealianzadelpacifico.com/noticias/resultados-de-la-vii-cumbre-de-la-alianza-del-pac%C3%ADfico. Acesso em: 0 6 jun 2013

O que é *joint venture?* Publicado em: 1.º out. 2009. Disponível em: <http://www.carlosescossia.com/2009/10/o-que-e-joint-venture.html>. Acesso em: 6 fev. 2011.

Objetivos da SACU. 2002. Disponível em: <http://www.sacu.int/about.php?include =about/objectives.html>. Acesso em: 6 maio 2011.

OCDE é mais pessimista sobre recuperação na zona do euro apesar de avanlos. Disponível em: http://g1.globo.com/mundo/noticia/2013/05/ocde-e-mais--pessimista-sobre-recuperacao-na-zona-do-euro-apesar-de-avancos.html. Acesso em: 29 maio 2013

Parlacen juramenta a nuevo director de Sieca. Disponível em: <http://www.
prensalibre.com/economia/Juramentacion-Sieca_0_416358552.html>.
Acesso em: 27 jan. 2011.

Perspectives économiques, analyses et projections. Disponível em: http://www.
oecd.org/fr/eco/perspectives/ . Acessp em: 01 jun.2013

Quarta Cúpula das Américas-Declaração de Mar Del Plata. Disponívelo em:
http://www.summit-americas.org/Documents%20for%20Argentina%20
Summit%202005/IV%20Summit/Declaracion/Declaracion_POR%20IV%20
Cumbre-rev.1.pdf . Acesso em: 03 jun 2013.

Tratado de Livre Comércio da América do Norte. Disponível em: <http://www.
nafta-sec-alena.org/en/view.aspx?conID=590>. Acesso em: 6 maio 2011.

The Unfair Commercial Practices Directive – Comunidades Europeias, 2006.
Disponível em: <http://europa.eu/index_es.htm>. Acesso em: 25 nov. 2010.

Tunísia faz 1.ª eleição da primavera árabe. Jornal O Estado de S.Paulo, Internacional, em 23 out 2011

What is Fair Trade. Publicado em: 7 nov. 2009. Disponível em: <http://www.
wfto.com/index.php?option=com_content&task=view&id=1&Itemid=13>.
Acesso em: 14 jan 2011.

VÍDEOS
Associação das Artesãs de Massaranduba
http://www.youtube.com/watch?v=sCVhAJBycXY&feature=related

SITES PARA CONSULTA
Abipet – www.abipet.org.br
Abal – www.abal.org.br
Aladi – www.aladi.org
Alca – www.alca-ttaa.org
Aliança do Pacífico – www.alianzapacifico.net
Apec – www.apecsec.org.sg
Asean – www.asean.org
Banco Central do Brasil – www.bcb.gov.br
Banco Central Europeu – www.ecb.int
Banco da Patagônia – www.bancopatagonia.com.ar
Banco do Brasil – www.bb.com.br
Banco Mundial – www.worldbank.org
BID – www.iadb.org
BNDES – www.bndes.gov.br
Câmara de Comércio Afro-Brasileira – www.afrochamber.com.br
Caricom – www.caricom.org

CCI/ICC – www.iccwto.org.
CEEAC – www.ecowas.org
Celac – www.celac.gob.veCesce – www.cesce.es
Clube de Paris – www.clubdeparis.org
Coaf – www.coaf.fazenda.gov.br
Coface – www.coface.fr
Comesa – www.comesa.int
Comunidade Andina – www.comunidadandina.org
Cosec – www.cosec.pt
DPP – www.dpp.pt
ECGD – www.ecgd.gov.uk
ECOWAS – www.comm.ecowas.int
EFTA – www.efta.int
Embaixada do Reino dos Países Baixos em Brasília, Brasil – http://brasil.nl
  embaixada.org
Embraco – www.embraco.com.br
EXIM – *Export-Import Bank of United States* – www.exim.gov
Eximbank da Coreia do Sul – www.koreaexim.go.kr/en2/index.jsp
Eximbank da Índia – www.eximbankindia.com
Fiesp – www.fiesp.org.br
FMI – www.imf.org/
Forum IBSA – www.forumibsa.org
G20 – www.g20.org
G77 – www.g77.org
Hermes – www.hermes-online.de
IAPMEI – www.iapmei.pt
Ibama – www.ibama.gov.br
IEO – www.ieo-imf.org
Imprensa Nacional – www.in.gov.br
INPI – www.inpi.gov.br
Jornal *O Estado de S. Paulo* – www.estadao.com.br
Maghreb Árabe – www.maghrebarabe.org/en
Marcopolo S.A. – www.marcopolo.com.br
MDIC – www.mdic.gov.br
Mercosul – www.mercosul.gov.br/www.mercosul.int
MRE – Itamaraty – www.mre.gov.br/http://www.itamaraty.gov.br-
Nafta – www.fas.usda.gov/itp/policy/nafta/nafta.asp
O Boticário – http://internet.boticario.com.br/portal/site/internetbr
OCDE – www.oecd.org
OMC – www.wto.org

REFERÊNCIAS

ONU – Brasil – www.onu-brasil.org.br
Opep – www.opec.org
Organização dos Estados Americanos – http://oas.org
Porto de Santos – www.portodesantos.com.br
RFB – www.receita.fazenda.gov.br
Sace – www.sace.it
Sacu – www.sacu.int
SADC – www.sadc.int
SBCE – www.sbce.com.br
Sebrae-SP – www.sebraesp.com.br
Senac – www.sp.senac.br
Sieca – www.sieca.org.gt
Uemoa – www.uemoa.int
UMA – www.maghrebarabe.org/en
Unasul – www.unasursg.org
União Africana – www.africa-union.org
União Europeia – www.europa.eu.int
Vulcabras|Azaleia S.A. – www.azaleia.com.br
WCOOMD – www.wcoomd.org

SIGLAS

Abal – Associação Brasileira do Alumínio

Abipet – Associação Brasileira da Indústria do PET

AFRMM – Adicional ao Frete para a Renovação da Marinha Mercante

AID – Associação Internacional de Desenvolvimento/IDA – *Internacional Development Association*

Aladi – Associação Latino-Americana de Desenvolvimento e Integração/*Asociación Latinoamericana de Integración*

Anac – Agência Nacional de Aviação Civil

Apec – Cooperação Econômica da Ásia e do Pacífico/*Asean Pacific Economic Corporation*

ApexBrasil – Agência de Promoção de Exportação e Investimentos

Asean – Associação de Nações do Sudeste Asiático/*Association of Southeast Asian Nations*

Bacen – Banco Central do Brasil

BID – Banco Interamericano de Desenvolvimento/*Banco Interamericano de Desarrollo/Inter-American Development Bank/Banque Interaméricaine de Développement*

Bird – Banco Internacional de Reconstrução e Desenvolvimento/*IBDR – International Bank for Reconstruction and Developement*

BNDES – Banco Nacional de Desenvolvimento Econômico e Social

Brics – Brasil, Rússia, Índia, China e África do Sul

Caricom – Comunidade do Caribe/*Caribbean Community*

CCI – Câmara de Comércio Internacional/*ICC – International Chamber of Commerce*

Ceca – Comunidade Europeia do Carvão e do Aço/*ECSC – European Coal and Steel Community*

Cedeao – Comunidade Econômica dos Estados da África Ocidental/Ecowas – *Economic Community of West African States*

CEE – Comunidade Econômica Europeia/*ECC – European Econômica Community*

Celac – Comunidade dos Estados Latinoamericanos e Caribenhos

CEEAC – Comunidade Econômica dos Estados da África Central/*Communauté Economique des Etats de l'Afrique Centrale*

Cesce – Companhia Espanhola de Seguros de Crédito à Exportação/*Compañia Española de Seguros de Crédito a La Exportación*

CLM – Conselho de Gerenciamento Logístico/*Council of Logistics Management*

CMMAD – Comissão Mundial sobre o Meio Ambiente e Desenvolvimento

CNSP – Conselho Nacional de Seguro Privado

Coaf – Conselho de Controle de Atividades Financeiras

Coface – Companhia Francesa de Seguro para o Comércio Exterior/*Compagnie Française d'Assurance pour Le Commerce Extérieur*

Comesa – Mercado Comum para África Oriental e Austral/*Common Market for Eastern and Southern Africa*

Conac – Conselho de Aviação Civil

Cosec – Companhia de Seguro de Crédito (Portugal)

CSCMP – Conselho de Profissionais de Gerenciamento de Cadeias de Suprimentos/*Council of Supply Chain Management Professionals*

DES – Direito Especial de Saque

DOU – Diário Oficial da União

DPP – Departamento de Prospectiva e Planeamento e Relações Internacionais (Portugal)

DTA – Declaração de Trânsito Aduaneiro

EADI – Estação Aduaneira de Interior

ECB – Banco Central Europeu

ECGD – Departamento de Seguro de Crédito à Exportação/*Export Credits Guarantee Department* (Inglaterra)

Ecowas – *Economic Community of West African States*/Cedeao – Comunidade Econômica dos Estados da África Ocidental

EFTA – Associação Europeia de Livre Comércio CAELC/*European Free Trade Association*

Exim – *Export-Import Bank of United States*

FEU – *Forty feet* ou *Forty Equivalent Unit*

Fiesp – Federação das Indústrias do Estado de São Paulo

FMI – Fundo Monetário Internacional/*IMF – International Monetary Fund*

GATT – Acordo Geral sobre Tarifas Aduaneiras e Comércio/*General Agreement Tariffs and Trade*

Iapmei – Instituto de Apoio às Pequenas e Médias Empresas e à Inovação (Portugal)

Iata – Associação Internacional de Transporte Aéreo/*International Air Transports Association*

SIGLAS

Ibama – Instituto Brasileiro do Meio Ambiente e dos Recursos Naturais Renováveis

Ibas – Índia, Brasil e África do Sul/*IBSA – India, Brazil and South Africa*

Icao – Organização Internacional da Aviação Civil/*International Civil Aviation Organization*

ICSID – Centro Internacional de Solução de Controvérsia sobre Investimentos/ *International Centre for Settlement of Investment Disputes*

IEO – Gabinete de Avaliação Independente /*Independent Evaluation Office*

IFC – Corporação Financeira Internacional/*International Finance Corporacion*

IMO – Convenção Relativa à Criação da Organização Marítima Internacional

Incra – Instituto Nacional de Colonização e Reforma Agrária

INPI – Instituto Nacional de Propriedade Industrial

Ipea – Instituto de Pesquisa Econômica Aplicada

IRB – Instituto de Resseguros do Brasil

ISPS – Código Internacional para a Proteção de Navios e Instalações Portuárias

MCCA – Mercado Comum Centro-Americano

MDIC – Ministério do Desenvolvimento, Indústria e Comércio Exterior

Mercosul – Mercado Comum do Sul/*Mercado Común Del Sur (Mercosur)*

Miga – Agência Multilateral de Garantia de Investimentos

MRE – Ministério das Relações Exteriores

Nafta – Acordo de Livre Comércio da América do Norte/*North American Free Agreement*

NVOCC – Transportador não operador de navio/*Non-Vessel Operating Common Carrier*

OCDE – Organização para a Cooperação e Desenvolvimento Econômico

OEA – Organização dos Estados Americanos/OAS – *Organization of American States*

OMC – Organização Mundial do Comércio/WTO – *World Trade Organization*

OMA – Organização Mundial de Aduanas/WCO – *World Customs Organization*

ONG – Organização Não Governamental

ONU – Organização das Nações Unidas/UN – *United Nations*

Opep – Organização dos Países Exportadores de Petróleo/Opec – *Organization of Petroleum Export Countries*

Otan – Organização do Tratado do Atlântico Norte/ Nato – *North Atlantic Treaty Organization*

OTM – Operador de Transporte Multimodal

PIGS – Portuga, Irlanda, Grécia e Espanha

RFB – Receita Federal do Brasil

RMCCI – Regulamento do Mercado de Câmbio e Capitais Internacionais

Sace – Seção Especial de Seguros para Créditos à Exportação/*Sezione Per L'Assicurazione Del Credito All'Exportazione*

Sacu – União Aduaneira do Sul da África/*Southern African Customs Union*
SADC – Comunidade para o Desenvolvimento da África Austral/*Southern Africa Development Community*
Sebrae – Serviço Brasileiro de Apoio às Micro e Pequenas Empresas
Secex – Secretaria de Comércio Exterior Senac – Serviço Nacional e Aprendizagem Comercial
Serpro – Serviço Federal de Processamentos de Dados
Sieca – Secretaria de Integração Econômica da América Central/*Secretaria de Integración Econômica Centroamericana*
Solas – Convenção Internacional para a Salvaguarda da Vida Humana no Mar
Susep – Superintendência de Seguros Privados
TEU – *Twenty feet* ou *Twenty Equivalent Unit*
THC – *Terminal Handling Charge*
TSA – *Transportation Security Administration*
UA – União Africana/AU – *African Union*
UE – União Europeia/EU – *European Union*
Uemoa – União Econômica e Monetária do Oeste Africano/*Union Économique et Monetaire Ouest Africaine*
UMA – *Union du Maghreb Arabe/Union del Magreb Árabe*
Unctad – Conferência das Nações Unidas sobre Comércio e Desenvolvimento